江苏省教育科学"十四五"规划一般课题"新时代公民道德素质提升的伦理机制研究"
批准号：D/2021/01/74

培育时代新人理论与实践研究

丁昀／著

南京大学出版社

目 录

绪论 ······ 001
 一、选题缘由与意义 ······ 001
 二、研究述论 ······ 007
 三、研究方法 ······ 016
 四、研究内容 ······ 017

第一章　培育时代新人的理论基础与思想资源 ······ 021
 第一节　马克思主义新人学说的理论基础 ······ 021
  一、马克思主义新人学说的逻辑进展 ······ 022
  二、马克思主义对新人生成充满信心 ······ 030
  三、中国共产党赓续时代新人学说 ······ 037
 第二节　前马克思主义的国外思想资源 ······ 043
  一、古希腊古罗马教育发展人的精神 ······ 043
  二、中世纪宗教教育遮蔽人的发展 ······ 044
  三、文艺复兴打开由神走向人的缺口 ······ 045
  四、现代西方教育之科学和人文的分歧 ······ 046
 第三节　中华优秀传统文化思想渊源 ······ 048
  一、"天人合一"的本体论依据 ······ 049
  二、德本主义的价值论依据 ······ 050
  三、人性本善的人性论基础 ······ 051
  四、民本思想的治理论基础 ······ 052
  小结 ······ 053

第二章　培育时代新人的内涵要义与时代要求 ……………… 055

第一节　培育时代新人的丰富内涵 ……………………… 055
一、确立科学的劳动价值观是培育时代新人之前提 ……… 055
二、合理运用自由时间是培育时代新人之空间 …………… 060
三、满足美好精神生活需要是培育时代新人之动力 ……… 064
四、走向全面个性是培育时代新人之过程 ………………… 069

第二节　培育时代新人的深刻要义 ……………………… 074
一、着眼于立德树人根本任务 ……………………………… 074
二、培育和合共生的思想基础 ……………………………… 076
三、输入全方位精神动力支持 ……………………………… 077
四、创新育人的活动内容和空间 …………………………… 078

第三节　培育时代新人耦合新发展理念要求 …………… 080
一、多样性和能动性的统一意合创新发展向度 …………… 080
二、"种生命"和"类生命"契合协调发展向度 ……………… 082
三、发展性需要和有限资源的矛盾吁求绿色发展 ………… 083
四、时间性和空间性的统一吻合开放发展向度 …………… 084
五、个体性和社会性的统一聚合共享发展 ………………… 085
小结 …………………………………………………………… 087

第三章　培育时代新人的主要成就与实践经验 …………… 088

第一节　培育时代新人的主要成就 ……………………… 088
一、确立和坚持马克思主义根本指导思想 ………………… 089
二、守正创新培养社会主义新人的目标 …………………… 090
三、形成培育时代新人体系 ………………………………… 091
四、健全培育新人体制机制 ………………………………… 092

第二节　培育时代新人的实践经验 ……………………… 094
一、必须牢牢把握人民主体取向 …………………………… 094
二、必须紧扣发展性需要谋布局 …………………………… 097

三、必须抓住思想文化内核建设 …………………… 099

四、必须依靠辛勤劳动创新途径 …………………… 101

小结 …………………………………………………… 103

第四章 培育时代新人的现实问题 …………………… 104

第一节 时代新人劳动价值观遭遇危机 …………… 104

一、"消费主义"消遁勤俭节约精神 ………………… 105

二、"躺平主义"懈怠奋斗精神 ……………………… 107

三、科技迭代欲求创新精神 ………………………… 109

四、"利己主义"销蚀奉献精神 ……………………… 111

第二节 时代新人尚未合理运用自由时间 ………… 113

一、时代新人生成时空有局限 ……………………… 114

二、自由时间消费化娱乐化 ………………………… 116

三、现实交往方式日益虚拟化 ……………………… 118

四、尚未满足终身生成需要 ………………………… 119

第三节 尚未满足新人美好精神生活需要 ………… 121

一、美好需要消费化虚假化工具化 ………………… 122

二、物化需要挤压精神需要 ………………………… 125

三、美好精神生活需要待满足 ……………………… 126

四、尚未确立生态生活方式 ………………………… 128

第四节 时代新人的个性尚在全面生成路上 ……… 130

一、物的依赖关系限制个性全面发展 ……………… 131

二、大众共性教育消解个性全面发展 ……………… 132

三、交往互动不足围限个性全面发展 ……………… 134

小结 …………………………………………………… 137

第五章　培育时代新人的主要目标 … 138
第一节　培塑时代新人科学的劳动价值观 … 138
一、抑制"消费主义"生成勤俭精神 … 139
二、对抗"躺平"心态生成奋斗精神 … 142
三、主动迎接科技迭代生成创新精神 … 143
四、抵御"利己主义"生成奉献精神 … 146

第二节　以积极交往实践拓展时代新人生成的时空 … 149
一、"人类命运共同体"夯实培育时代新人的思想基础 … 150
二、以积极交往实践指引时代新人积淀运用时间空间的智慧 … 153
三、消弭时代新人空间隔离不利境况 … 156

第三节　满足时代新人美好精神生活需要 … 159
一、引导确立美好精神生活需要满足标准 … 159
二、提升新人满足美好精神生活需要能力 … 162
三、引导时代新人更多追求超越性需要 … 166
四、导引时代新人确立生态化的生活方式 … 170

第四节　形塑时代新人的全面个性 … 173
一、奠定时代新人全面个性生成的思想基础 … 174
二、培育时代新人的和合共生精神 … 176
三、生成时代新人"交往的普遍性" … 180

小结 … 185

第六章　培育时代新人的体制机制与原则遵循 … 187
第一节　培育时代新人体制机制建设 … 187
一、培育时代新人的保障体制建设 … 188
二、培育时代新人的长效机制建设 … 193

第二节　培育时代新人的原则遵循 … 194
一、处理好物质生活与精神生活的关系 … 195

二、协调好基础发展和理想发展的关系 …………………… 197
　　三、统合好个性发展与全面发展的关系 …………………… 200
　　四、平衡好主导性与多样性的关系 ………………………… 201
　　五、协同好理论传授与实践育人的关系 …………………… 203
　　小结 …………………………………………………………… 205

第七章　培育时代新人的有效路径与基本方法 ……………… 206
　第一节　掌好培育时代新人的引领向度 ……………………… 206
　　一、价值引领时代新人获得正确的价值选择 ……………… 207
　　二、信念引领时代新人鼓足前进的精神动力 ……………… 208
　　三、行为引领时代新人生成自觉的行为意识 ……………… 210
　第二节　完善培育时代新人的内容体系 ……………………… 211
　　一、以马克思主义理论培育时代新人的思想内核 ………… 211
　　二、以社会主义核心价值观涵养时代新人文化内核 ……… 212
　　三、以中华优秀文化激昂时代新人的精神风貌 …………… 214
　第三节　丰富培育时代新人的基本方法 ……………………… 215
　　一、大思政笃定时代新人的政治方向 ……………………… 215
　　二、实践赋能时代新人的能力提升 ………………………… 216
　　三、家庭、学校和社会协同育人 …………………………… 218
　　小结 …………………………………………………………… 219

结语　展望与反思 …………………………………………………… 220
　　一、展望 ……………………………………………………… 220
　　二、反思 ……………………………………………………… 225

参考文献 ……………………………………………………………… 228
后记 …………………………………………………………………… 246

绪论

培育时代新人是中华民族伟大复兴的重要工程,其理论基础是马克思主义新人学说。马克思先后使用"新人""完整的人""人的全面发展""人的自由发展"等不同称谓,这些表述的精神实质和价值内涵具有内在的连贯性与一致性。培育时代新人已成为新时代的主导价值取向和重要目标,但在实际生活中依然存在疏离培育时代新人要求的行为和做法,相关培育措施需要落地落细落实。新时代新征程为培育时代新人提供了新机遇,提出了一些新要求,注入了新内容,培育时代新人随之跃升到了一个新阶段。据此,明确培育时代新人的意义、价值和地位,对于切实推进社会主义精神文明建设,对于实现中国特色社会主义现代化都具有重要理论意义和实践价值。

一、选题缘由与意义

党的十九大报告提出"时代新人"论题,2019年3·18讲话引发众多学者从思想政治教育角度研究时代新人培养问题。2021年印发的《关于新时代加强和改进思想政治工作的意见》提出,要加快构建学校思想政治工作体系,实施时代新人培育工程。这是立足新时代两个大局背景、学校思想政治工作实际,深化时代新人培养工作的重要举措。[①] "着力培养担当民族复兴

[①] 中共中央 国务院印发《关于新时代加强和改进思想政治工作的意见》,《人民日报》,2021年7月13日。

大任的时代新人"①彰显了思想政治教育要紧跟新时代步伐,在充分考察教育对象思想实际和社会条件的基础上,更好地帮助时代新人较为科学地把握自己和世界。不断丰富和完善时代新人培养体系,是当前思想政治教育改革最核心的目标指向,也是评价思想政治教育成败得失的重要尺度。此后,随着《新时代爱国主义教育实施纲要》《关于全面加强新时代大中小学劳动教育的意见》《新时代学校思想政治理论课改革创新实施方案》等一系列文件颁布,更激发了学者们将培养时代新人与爱国主义教育、与劳动教育、与小学、中学思政课建设及大中小思政课一体化建设结合起来。党的二十大报告强调要"深入开展社会主义核心价值观宣传教育,深化爱国主义、集体主义、社会主义教育,着力培养担当民族复兴大任的时代新人"②。此后,学习贯彻党的二十大报告精神的热潮掀起了培养时代新人纵深研究的大幕,彰显了本书所具有深远的历史意义和显著的时代价值。

(一) 培育时代新人是青少年学生成人成才的要求

党的二十大报告明确提出:"青年强,则国家强。……全党要把青年工作作为战略性工作来抓,用党的科学理论武装青年,用党的初心使命感召青年,做青年朋友的知心人、青年工作的热心人、青年群众的引路人。"③思想政治教育是党的一切工作的生命线,一定要遵循青少年成长成才规律,思想政治教育规律和社会主义现代化建设规律培养时代新人。在中国特色社会主义现代化建设的时代背景下,树立正确的世界观、人生观、价值观和道德观,有理想、敢担当、能吃苦、肯奋斗,是新时代对广大青少年的要求。思想政治教育是立德树人的工作,对于帮助和引领广大青少年树立科学的世界观、人生观、价值观和道德观都极为必要。

---

① 习近平:《高举中国特色社会主义伟大旗帜 为全面建设社会主义现代化国家而团结奋斗——在中国共产党第二十次全国代表大会上的报告》,北京:人民出版社,2022年,第44页。
② 习近平:《高举中国特色社会主义伟大旗帜 为全面建设社会主义现代化国家而团结奋斗:在中国共产党第二十次全国代表大会上的报告》,北京:人民出版社,2022年,第44页。
③ 习近平:《高举中国特色社会主义伟大旗帜 为全面建设社会主义现代化国家而团结奋斗——在中国共产党第二十次全国代表大会上的报告》,北京:人民出版社,2022年,第71页。

当今世界历史性进程凸显了培育时代新人的现实语境,时代新人生成图景成为一个全球性的、总体性的问题摆在世人面前。在错综复杂的世界历史性进程中,科学技术的迅猛发展、物质财富的快速增长、制度安排的不断推进、文化价值观的冲突或互鉴,以及社会分工越来越细、资本逻辑宰制和消费异化掣肘,全球化遭遇了反全球化逆流,同时存在着一些超越民族国家、地区和阶级界限的人类共同利益,如人口、安全、能源、生态、环境、恶性流行病毒、贫富差距等全球性问题,它们体现了人类共同的利益指向、利害关系和普遍性的价值诉求,需要全人类携起手来共同面对和解决。培育时代新人的实践旨向就是着眼于"人类社会或社会化的人类"[①],打碎捆绑在人类身上的精神枷锁,当人类作为统一的主体共同体面对客体时,就会形成一些普遍性、共同性的价值判断和价值追求。时代新人有现实的生存、发展、享受和自我实现美好需要,只有满足这些美好生活需要才能调动其积极性、能动性和创造性,而积极性能动性的发挥是培育时代新人的关键。现实生活中,科学技术的迅猛发展、物质财富的快速增长、制度安排的不断推进,为培育时代新人创造了有利条件,但在研究中,以社会需要为价值导向,强调集体利益和精神需求,一定程度上忽略了时代新人的美好生活需要和利益诉求的满足,忽视了对时代新人的生存意义和价值的追问与观照,割裂了时代新人之物质与精神的统一。

有利于彰显时代新人的价值因素和科学因素相统一的属性。在现实研究中,过度关注时代新人的工具理性,某种程度上遮蔽了其应有的价值理性。若人们总是盯着看得见、摸得着的标准、效益和功名,忽视了对其生存意义和价值的追问与关注;若人们总是苛责而非宽容、总是挤兑而非合作、总是计算而非共享来实现自己和确认自我;总是被工具理性绑架而非追求有价值的生活,这绝非培育时代新人目的。毫无疑问,只有通过在思想上引导人、精神上塑造人和对人的终极关怀才能全面持续培育时代新人。

(二)培育时代新人是社会主义精神文明建设的要求

培育时代新人是社会主义精神文明建设的重要目标和题中之义。在新

[①] 《马克思恩格斯文集》第1卷,北京:人民出版社,2009年,第506页。

中国建立前,中国人的发展处于一个半殖民地半封建、生产力极不发达的很低水平阶段。新中国成立后,中国共产党人面临的重大课题是将马克思主义新人学说与中国实际和时代要求相结合并成为现实。进入新时代,我国人民日益增长的美好生活需要和不平衡不充分发展之间的矛盾彰显了培育时代新人的时代意涵,党的二十大报告指出,要"促进物的全面丰富和人的全面发展",并将"人的全面发展、全体人民共同富裕取得更为明显的实质性进展"[①]纳入2035年我国发展的总体目标,以美好生活方式的擘画和构建,在美好生活方式的追求和享受中培育时代新人。在此历程中,时代新人的需求变化相较于社会发展变化的超前性,社会发展程度和资源的不平衡、不充分决定了时代新人培育状况的不平衡、不充分,并归结为人民日益增长的美好生活需要及其满足这一价值追求上。时代新人既具有新时代的因素和特征,又带有以往社会的深刻烙印,新社会成果越积越多,一方面奠定了培育时代新人的坚实社会基础,另一方面也加大了时代新人选择的困难。人民在现实生活中感受到的问题往往也是亟待解决的问题,回应经济社会文化发展的迫切需要,回应各级政府和人民群众的重大关切,审视培育时代新人面临的挑战,并采取切实有效措施推进是新时代的重大任务。

此外,马克思主义新人学说被遮蔽和曲解(即学术界所谓的"两个马克思"——"青年马克思"与"晚年马克思"或"人本主义或人道主义"马克思与"唯物主义"马克思——的对立),这些现实处境呼唤马克思主义新人学说的指导,吁求发挥新时代在破解这一问题中的重要作用。在全球化和市场经济飞速发展的新时空境遇下,如何纵深研究马克思主义新人学说?如何剖析和破解培育时代新人面临的诸多挑战?如何平衡马克思主义新人学说的理想性与具体实现方式的现实性,以达成理论与实践的有机统一?这些重大理论和现实问题刻不容缓地呈现在马克思主义理论研究者的面前。马克思指出,时代新人生成就是要从"异化""非人"的境况中拯救出来,扬弃单向

---

① 习近平:《高举中国特色社会主义伟大旗帜 为全面建设社会主义现代化国家而团结奋斗:在中国共产党第二十次全国代表大会上的报告》,北京:人民出版社,2022年,第23-24页。

度片面性发展,创建"每个人的自由发展是一切人的自由发展的条件"[1]的共同体。新时代我国改革开放、社会主义市场经济和全球化较为充分发展,时代新人的权利和义务关系发生重大调整、时代新人的主体性意识越来越强烈,这种理论指导下的马克思主义新人学说研究正走向深刻、彻底,其实践也愈发显现出勃勃生机。从拓展学术研究和开辟社会实践的新境界来考量,务必厘清马克思主义新人学说的深厚涵义,不断拓展培育时代新人研究的学术空间和开辟实现的具体方式。

(三) 培育时代新人是完成中国式现代化任务的要求

时代新人的思想道德素质,从来都是一定社会经济基础和文明发展程度的反映,因而提高时代新人的思想道德素质对社会政治经济的发展具有巨大的能动作用,两者互促共进。作为时代新人主体的青少年是中国式现代化建设的生力军,只有全力提高他们的思想道德素质,才能充分发挥他们的主体性、能动性,激发他们以主人翁的责任感创新创造、团结奋斗,战胜现代化建设过程中的种种困难,加速中国式现代化建设步伐。在理念上,廓清培育时代新人的机遇与内在逻辑;在实践中,聚焦于新时代培育时代新人的现实性与理想性、全面性与个体性、过程性与未来性,提升时代新人的主体性和获得感、教育内容的丰富性和针对性、话语体系及其传播的鲜活性和亲和力。自觉关照各种实践活动中培育时代新人的价值指向性,寻求和建立一种培育时代新人的机制,使每一项实践活动都落脚到时代新人的良好人格塑造、责任意识和能力培育提高上。

从根本上来说,时代新人就是人的自由性赓续走向全面平衡而充分的发展,这是一个不断推进的历史进程。新时代理论发展和现实境遇迫使培育时代新人提上日程。近年来,学术界掀起了"回到马克思"寻求真理的研究热潮,深化和拓展了对马克思主义经典作家的文本研究。当前研究呈现出多向度发展态势,总体看,针对马克思主义的经济、政治、文化、生态(随着生态环境恶化,以及全球对生态问题关注增多,对马克思主义生态理论的研

---

[1] 《马克思恩格斯选集》第1卷,北京:人民出版社,1995年,第294页。

究自 21 世纪以来也逐渐成为热点)以及阶级斗争(对此问题的研究有下降趋势)等内容研究成果较为丰富,但有关马克思主义新人学说研究相对薄弱。西方马克思主义者有关马克思主义新人学说的研究,为我们挖掘此问题提供了重要的借鉴和反思。马克思主义新人学说作为指导培育时代新人的科学理论,对其研究应紧扣新时代的热点问题,充分深耕其蕴含的时代价值,从而为培育时代新人过程中存在的突出问题提出切实可行的解决方案。比如,紧密结合确立正确的劳动价值观、美好精神生活需要满足、自由时间合理利用、全面个性培育等展开研究,为这些实际问题的解决出谋划策。

事实上,实践总是以无与伦比的丰富性突破理论界限,因而"新问题"层出不穷。五四运动及其前后的"新民"(严复、梁启超)和"立人"(鲁迅)学说,20 世纪 70 年代末、80 年代初人道主义的呐喊和人的异化问题的讨论;改革开放前,集体利益至上,谈个人"色变";80 年代中后期"人的现代化"问题彰显和"人的主体性"问题探讨,90 年代以后社会主义市场经济与培养人的关系研究,学界普遍认为社会主义市场经济的发展,有利于强化人民群众的独立自主意识、合作竞争意识、公平效率意识、民主法治意识和开拓创新精神等,应肯定和发扬这些主导方面。然而,由于市场经济内在的竞争性和趋利性,必然会对人的发展产生负面效应。比如由此带来的拜金主义、享乐主义、极端个人主义、权利商品化等,阻碍培育时代新人。拒绝全球化,拒绝市场经济是没有出路的,是违背社会发展规律的。只有主动出击,坚持马克思主义理论指导,坚定社会主义方向,以个人利益、集体利益和国家利益相统一为价值取向,弘扬爱国主义、集体主义和共同理想信念,使市场经济高质量服务于培育时代新人的需要。总之,每一时代境遇不同,培育时代新人会呈现不同的问题和需求。"西方的价值观念、多元思想文化等,以巧妙的形式,伪善的面孔,隐性地在校园和学生中传播,影响至深,破坏极强。"[①]意识形态阵地社会主义不占领,就将被西方意识形态侵蚀,亟须重视新时代主题

---

① 鲁明川,曹克亮:《人的全面发展视域下思想政治教育现代化论析》,《思想教育研究》2022 年第 1 期第 59-64 页。

转换下培育时代新人的新境况,攻坚克难,采取多种形式,学校课堂主渠道教育、主题活动体验、新媒体教育传播等多种形式,拓展知识体系,把经济学、政治学、法学、管理学、社会学的相关知识与理论,纳入培育时代新人理论体系框架,深化理论和实践工作者对这些内容的理解和把握,延伸教育内容,新时代不仅要解决理想信仰信念问题,还要在培育健全人格、法治思维、高超能力、纪律严明的担当民族复兴大任的时代新人上下功夫。

二、研究述论

进入新时代,培育时代新人日益成为政治、经济、哲学、心理学、思想政治教育、教育教学、社会发展、生态理论等多学科交叉研究的一个现实问题[①],党的二十大报告擘画了培育时代新人的中国图景并切实推进。基于此,深入梳理分析学术界有关研究,以把握该研究的整体态势及主要面向。

(一) 关于时代新人研究的逻辑进展

第一,提出了两种实践逻辑:新时代历史方位客观要求说、培育和践行社会主义核心价值观的必然要求说[②③]。第二,梳理了三种理论脉络,即马克思主义关于人的"全面自由发展"的科学阐释为时代新人研究提供了理论基础[④⑤⑥];中国共产党在革命、建设、改革时期都高度重视培育新人,积累了丰富的理论和实践经验[⑦];习近平总书记关于时代新人重要论述提供了直接

---

① 刘泽翱,宋霞:《党的十九大以来"时代新人"研究的回顾与展望——基于 CiteSpace 的可视化分析》,《昆明理工大学学报(社会科学版)》2023 年第 2 期第 83-93 页。
② 骆郁廷,项敬尧:《论新时代思想政治教育创新发展的基本遵循》,《思想理论教育》2018 年第 1 期第 4-9 页。
③ 田哲:《关于深化社会主义核心价值观建设的思考》,《党建》2018 年第 7 期第 27-28 页。
④ 孙颖:《试论时代新人的认知基础》,《毛泽东邓小平理论研究》2019 年第 7 期第 39-45 页。
⑤ 栾淳钰:《"时代新人":马克思主义新人观的新发展》,《思想理论教育导刊》2022 年第 5 期第 32-38 页。
⑥ 栾淳钰:《马克思主义经典作家新人学说及其当代价值——基于青年群体的考察》,《思想教育研究》2022 年第 7 期第 53-57 页。
⑦ 李源峰:《中国化马克思主义青年观的发展历程与现实思考》,《学校党建与思想教育》2018 年第 16 期第 73-75 页。

理论来源①②。第三,概括了两种历史逻辑。其一,中国共产党"新人观"继承说。学者们大多认为,注重根据社会发展需要引领制定相应的育人目标是我们党的优良传统,但对于这一传统回溯的划分略有不同③④。戴木才以新中国史为视角,提出中国共产党在新中国成立后高度重视教育"为谁培养人、培养什么人、怎样培养人"这一优良传统的延续⑤。其二,中华优秀传统文化"君子人格"的传承与创新说。王仕民等提出,儒家的君子人格体现着中华优秀传统文化的思想精华,而时代新人承续了儒家君子人格的精神基因与文化血脉,是对君子人格的创造性转化与超越⑥⑦。

(二) 关于时代新人的内涵、特征研究

时代新人内涵丰富,有理念和实践的双重规定。因此,可以从时代新人应具备的基本素质、精神状态和应承担的使命任务三方面入手剖析其内涵⑧。

第一,时代新人应具备的基本素质。学界围绕关键词"习近平、青年、社会主义核心价值观"及爱国主义教育对时代新人应具备的基本素质展开了研究。三素质说。认为"有理想、有本领、有担当"是时代新人的素质要求⑨,"有理想、有道德、有知识"是时代新人的基本规定⑩。四素质说。林伯海等

---

① 陈才烈,白强,梁菲,等:《习近平总书记关于教育重要论述的理论蕴涵、内在逻辑与思维品质》,《重庆大学学报(社会科学版)》2022年第4期第239-250页。
② 冯刚:《习近平总书记关于时代新人重要论述的基本内涵与时代特征》,《湖南大学学报(社会科学版)》2021年第1期第1-7页。
③ 唐艳群:《中国共产党培育时代新人的理念与实践:历史演进与启示》,《重庆社会科学》2020年第9期46-55页。
④ 栾淳钰,白洁:《"培养什么人、怎样培养人、为谁培养人"的原创性贡献》,《天津大学学报(社会科学版)》2022年第3期第223-229页。
⑤ 戴木才:《培养担当民族复兴大任的时代新人——党的十九大报告关于社会主义核心价值观的重要论述》,《道德与文明》2017年第6期第5-7页。
⑥ 王仕民,黄科:《从"君子人格"到"时代新人"——中华优秀传统文化的传承与创新》,《理论探索》2022年第4期23-29页。
⑦ 侯文莉:《从君子人格到时代新人的转化与超越》,《广西社会科学》2020年第3期第91-95页。
⑧ 刘建军:《论"时代新人"的科学内涵》,《思想理论教育》2019年第2期第4-9页。
⑨ 王宝鑫,段妍:《论培养"时代新人"的精神实质》,《思想理论教育导刊》2018年第11期第56-59页。
⑩ 侯文莉:《从君子人格到时代新人的转化与超越》,《广西社会科学》2020年第3期第91-95页。

人认为,二十大报告号召做"有理想、敢担当、能吃苦、肯奋斗"的新时代好青年,明晰了时代新人"担当民族复兴大任"应具有的政治、道德、生活和精神品质要求①,时代新人"包含道德理想、道德认知、道德情感、道德自觉等基本要素"②。五素质说。认为"德智体美劳"是时代新人的必备素养③。当前学界普遍认同时代新人是社会主义核心价值观的坚定信仰者和模范践行者④。还有学者认为时代新人的理论思维是其主体生命活力的体现,应以"系统思维、发展思维、矛盾思维、创新思维、和合思维"为基本意涵⑤。

第二,时代新人应具备"担当精神、奋斗精神、文化自信、创新"等精神状态,努力形成适应新时代要求的思想观念、精神面貌、行为规范⑥。一是时代新人应着眼于世界百年未有之大变局和中华民族伟大复兴的战略全局,明确自身的使命担当,彰显敢于担当的精神状态⑦⑧。二是时代新人敢于开拓奋进、敢于走在时代前列,必然要求具备能展现时代新人精神风貌的奋斗精神⑨。三是时代新人应彰显高度的文化自信,承担起推进中国特色社会主义文化建设的使命任务,应在文化的鉴别和接纳中培育文化自信⑩。四是时代新人应有敢于创新的精神状态。作为中国特色社会主义事业的建设者和参与者,培育守正创新的时代新人和自立自强的创新人才,是中国特色社会主

---

① 林伯海、吴成玉:《新时代好青年"四大品质"要求的时代价值》,《思想理论教育导刊》2023年第2期第137-144页。
② 张驰,宋来:《论时代新人的道德素养及其培育》,《思想政治教育研究》2021年第3期第150-155页。
③ 王婷:《关于时代新人特质的思考》,《北京师范大学学报(社会科学版)》2021年第6期第158-160页。
④ 刘伟:《坚持以社会主义核心价值观涵育时代新人》,《教学与研究》2022年第5期第5-12页。
⑤ 张瑞涛:《论培育时代新人理论思维的内在逻辑及其基本意涵》,《思想政治教育研究》2021年第5期第124-129页。
⑥ 栾淳钰:《"时代新人"的精神状态及其塑造》,《理论导刊》2022年第7期第46-52页。
⑦ 邹绍清:《论五四精神与时代新人的使命担当》,《人民论坛·学术前沿》2019年第8期第40-46页。
⑧ 栾淳钰,陈科旭:《以文化人:"时代新人"担当精神培育现状及对策》,《思想政治课研究》2022年第3期第110-120页。
⑨ 聂莹莹:《奋斗精神涵育时代新人的三重意蕴》,《人民论坛》2022年第2期第111-113页。
⑩ 胡玉宁:《时代新人的文化理解与传承》,《湖南大学学报(社会科学版)》,2022年第2期第8-14页。

义现代化建设的必然要求①。

第三,时代新人应承担起实现"中华民族伟大复兴、中国梦"的使命任务。学者们普遍认为时代新人是"能够担当中华民族伟大复兴大任、立志为中国特色社会主义奋斗终身的有用人才"及实践主体②,时代新人的素质和本领应注重向高层次发展,立足我国现代化建设实践强化其主体参与意识③。微观上,有学者立足中国共产党的百年奋斗史,提出时代新人承担着确保党的事业后继有人的重任④;有学者从文化发展的角度,提出时代新人的文化涵养关系着国家与民族的文化命运,彰显着中华民族优秀传统文化的底气与品格⑤⑥。

(三)关于时代新人主体研究

可划分为对时代新人的主要群体指向和时代新人作为主体性存在的研究,主要聚焦"青年、大学生"等关键词。

一是构成时代新人这一概念的主要群体。当前学界对"时代新人的主要指向是青年"已基本达成共识,普遍认为青年群体是时代新人的主要构成⑦。有学者立足《中长期青年发展规划(2016—2025年)》中对青年的界定(年龄范围14~35周岁),论证了从现在起到21世纪中叶,是当代中国青年走上工作岗位并逐步发挥才能的过程,青年的年龄优势和群体数量优势,决

---

① 叶伟巍,方世熠:《面向守正创新的批判思维培养机制》,《高等工程教育研究》2022年第5期第86-92页。
② 骆郁廷,任光辉:《时代新人与家国情怀》,《马克思主义与现实》2020年第2期第174-180页。
③ 石亚玲,王树荫:《论培养时代新人的理论蕴含与实践指向》,《学校党建与思想教育》2021年第3期第9-12页。
④ 王凯宗,张小飞:《以党的百年奋斗历史涵育时代新人》,《学校党建与思想教育》2021年第17期第39-41页。
⑤ 刘谦,王正阳:《时代新人文化自觉性的独特蕴含及培育路径》,《思想理论教育导刊》2022年第6期第133-139页。
⑥ 栾淳钰,陈科旭:《以文化人:"时代新人"担当精神培育现状及对策》,《思想政治课研究》2022年第3期第110-120页。
⑦ 栾淳钰:《马克思主义经典作家新人学说及其当代价值——基于青年群体的考察》,《思想教育研究》2022年第7期第53-57页。

定了他们必然是新时代历史使命的承担者,青年努力的方向就是争做时代新人。同时,有学者青年理想人格界定为"担当民族复兴大任的时代新人"①"时代新人的主体不是所有人,而是那些价值观和人生观尚在形成中的青少年"②,特别关注"身上涌动着新时代的青春血液的"③大学生群体。习近平总书记的重要讲话凸显了新时代高校人才培养的使命和责任,全面建设社会主义现代化强国需要一大批有理想有担当的时代新人,需要高校向社会输送优质可靠的时代人才④。

二是对时代新人主体性研究。主体性是确证人存在意义和价值的根基。时代新人是新时代中国特色社会主义事业的建设者和参与者,呈现出鲜明的社会化主体角色。时代新人通过实践活动不断超越自身,是具有"类"特征的自由自觉的实践主体⑤,在创造中国式现代化进程中发挥巨大的能动主体性作用⑥。倪素香、吴题提出,劳动教育作为国民教育体系的重要内容,是培养时代新人的重要途径。在劳动教育中以劳动精神、劳动观念和劳动能力为着力点,是培养担当中华民族复兴大任的时代新人的必要环节。⑦

(四)关于时代新人的培育路径研究

一些学者立足于构建中国式现代化的视角考察时代新人的内在规定和培育路径,有学者研究中华优秀传统文化与时代新人的关联,有学者讨论党

---

① 冀建峰,李鸿凯:《论新时代青年的理想人格建设》,《思想理论教育导刊》2019年第4期第147-150页。

② 龚鉴瑛:《时代新人及其培育:主体、主要内涵及培育着力点——基于道德荣誉感的视角》,《探索》2018年第6期第163-160页。

③ 王敏:《新时代大学生美好精神家园建构研究》,济南:山东大学,2021年博士论文。

④ 章琳:《时代新人视域下大学生担当精神培育路径探究》,《思想理论教育导刊》2018年第4期第120-123页。

⑤ 张鲲:《新时代"时代新人"之主体性建构》,《思想教育研究》2018年第10期第24-28页。

⑥ 冯刚,徐先艳:《时代新人的生成逻辑、基本特征和培育路径》,《教学与研究》2022年第4期第92-101页。

⑦ 倪素香,吴题:《论劳动教育的着力点与时代新人的培养》,《马克思主义理论学科研究》2021年第12期第113-120页。

的百年奋斗重大成就与经验对时代新人培育的意义和价值。时代新人培育路径，是指在探讨时代新人丰富内涵的基础上，进一步发掘和揭示其理论和实践的生成机理。

理论上，学者们主要围绕"中华优秀传统文化、马克思主义、习近平新时代中国特色社会主义思想、中国共产党"考察时代新人的培育路径。以马克思主义经典作家的重要论述涵养时代新人[①]，以习近平新时代中国特色社会主义思想培育时代新人，铸魂育人[②]，以红色文化、运用党的百年精神谱系培育时代新人[③]。有学者提出以中国共产党人的精神谱系培育时代新人，必须让时代新人深刻学习体悟中国共产党人精神谱系的核心要义[④]；有学者主张以具体的红色文化资源滋养时代新人[⑤]，以中华优秀传统文化涵养化育时代新人[⑥]；同时，伴随着对中华优秀传统文化育人功能的深入研究，有学者讨论某一具体文化类型的育人功能[⑦]。时代新人的格局观关乎其成长发展的空间、思想引领的效能和中华民族伟大复兴的进程。必须"志存高远"升华格局、"价值引领"提升格局、"把握大势"拓展格局、"社会课堂"锻造格局，有效应对和及时化解格局"窄化""异化""淡化"风险，持续增强时代新人观全局、识变局、顾大局、开新局的能力[⑧]。

实践中，学者们主要围绕"思想政治教育、高校思想政治教育、高校思想

---

① 栾淳钰：《马克思主义经典作家新人学说及其当代价值——基于青年群体的考察》，《思想教育研究》2022年第7期第53-57页。

② 李瑞德，潘玉腾：《习近平关于培养时代新人重要论述：生成逻辑、主要贡献和践行路径》，《思想教育研究》2022年第5期第31-36页。

③ 夏咏梅，王蕾：《运用党的百年精神谱系培育时代新人研究》，《教育与教学研究》2023年第4期第49-59页。

④ 夏宝慧：《中国共产党人精神谱系引领培育时代新人的三重维度》，《思想政治教育研究》2022年第4期第163-168页。

⑤ 王海霞：《红旗渠精神融入时代新人培育的逻辑理路》，《教育理论与实践》2022年第24期第32-35页。

⑥ 龙献忠，陈方芳，刘绍云：《论弘扬中华优秀传统伦理道德文化与培养时代新人》，《郑州大学学报(哲学社会科学版)》2019年第2期第13-18页。

⑦ 梅萍，孟恒艳：《中华优秀传统美育文化的价值意蕴及弘扬》，《社会主义核心价值观研究》2022年第1期第45-53页。

⑧ 付玉璋：《论时代新人的格局观》，《思想理论教育》2022年第11期第101-106页。

政治理论课、社会主义核心价值观、劳动教育"展开,形成了三种研究类型。一是分析思想政治理论课对培育时代新人的作用。学者们普遍认为,培育时代新人是新时代对思想政治教育提出的新使命,思想政治教育对培育时代新人发挥着极端重要的作用[①],改革先锋的共性特质及教育背景,为新时代高校培养时代新人提供了启示和借鉴[②];有学者立足"大思政课"这一概念,认为要善用大思政课培育时代新人[③]。二是研究培育时代新人的课程思政协同作用。有学者提出,课程思政为培育时代新人提供了价值导向,确立了时代坐标,着力于新时代的理想人格塑造[④]。有学者立足具体的课程思政建设,探讨了高校艺术美育滋养时代新人成长的作用[⑤]。三是发掘劳动教育对培育时代新人的重大意义。有学者立足高校开展劳动教育的现实意义,提出以开拓创新、矢志奋斗的劳动精神为引领,加强大学生劳动价值观教育,培育全面发展的时代新人[⑥],分析了劳动精神、劳动观念、劳动能力对时代新人培育的重要意义[⑦]。

(五)研究评析

培育时代新人是党的十九大以来学界广泛讨论和持续关注的热点话题,学者们立足现实,着眼新时代发展需要,紧跟党和国家的最新路线方针政策,围绕时代背景、主体建设、思想内涵、培育路径展开研究并取得了丰硕成果,对落实立德树人根本任务、助力实现中国式现代化的奋斗目标作出了

---

① 张彦:《论培育时代新人的思想政治教育使命》,《思想理论教育导刊》2019年第4期第138-142页。
② 代玉启:《高校培养时代新人的理路创新探析——基于对改革先锋共性特质与教育背景的考察》,《国家教育行政学院学报》2019年第12期第67-74页。
③ 徐蓉,周璇:《善用"大思政课"推进教学改革创新》,《思想理论教育》2021年第10期第60-65页。
④ 王晓宇:《"课程思政"的价值观教育研究》,长春:吉林大学,博士论文,2022年。
⑤ 杨馥嫚:《新时代高校艺术美育的实施路径》,《中国高等教育》2022年第S3期第61-63页。
⑥ 陈攀,陈春萍,刘翔:《新时代高校深化劳动教育的"三新"发展路径论析》,《湖南科技大学学报(社会科学版)》2022年第3期第177-184页。
⑦ 倪素香,吴题:《论劳动教育的着力点与时代新人的培养》,《马克思主义理论学科研究》2021年第12期第113-120页。

积极贡献,相关研究较为厚实和成熟。同时,此研究仍有不足之处,存在可深入拓展的研究空间。

第一,系统理论体系建构进程缓慢。只有站在培育时代新人的高度才更能凸显新时代的价值和意义,因为新时代就是要促进时代新人的全面发展和社会的全面进步,那么如何把握和认识时代新人,遵循怎样的内在逻辑与范式,培育时代新人理念又该如何去实践?进言之,时代新人作为一种对新时代具有启迪意义和引领作用的"应然",应具体体现在哪些方面?对应于此,作为新时代之"实然"有哪些问题,应该如何克服这些问题?如何从教育内容、手段、方法、载体上创造和培育时代新人的因素、环节、条件和前提?这些都是进一步研究需要深思的问题。应该立足中国,放眼世界,对共产党员、杰出人物、社会模范、乡贤能人、青年群体等特殊性群体展开针对性教育,实现时代新人培养的整体性与针对性的有机结合,构建起一个适合中国国情、把握时代特征、满足培育时代新人需要的思想体系,积累培养时代新人的普遍规律和实践经验①。

第二,应立足中国式现代化进程赓续丰富内涵研究。中国式现代化是以实现中华民族伟大复兴为进路,以推动社会的现代化和人的现代化为双重主线的发展历程,必须高度重视时代新人在现代化建设与实现中国梦过程中的中流砥柱作用②。从内涵深化上看,立足中国式现代化进程探讨时代新人的内涵与演进路向,不仅是这一"担当民族复兴大任"主体的必然选择,也是中国式现代化道路的客观要求。以"以中国式现代化全面推进中华民族伟大复兴",为时代新人的未来研究提出了客观要求;同时,中国式现代化本质上是"人的现代化",因而探讨在现代化进程中,作为"类"主体的时代新人如何贡献力量、推进自身全面发展,是深化时代新人内在规定性的应有之义。从内容关联上看,对时代新人的研究虽然成果较丰硕,但与诸多相关联

---

① 唐艳群:《中国共产党培育时代新人的理念与实践:历史演进与启示》,《重庆社会科学》2020年第9期第46-55页。

② 段立国:《中国现代化进程中"时代新人"的演进逻辑》,《马克思主义理论教学与研究》2022年第3期第32-39页。

概念的关系,例如,时代新人与"理想人格"和"立德树人"的关联等仍待进一步梳理,以促进培育时代新人的理论和实践体系更加完备。

第三,应整合研究力量建构多学科研究视阈。目前有关思想政治教育培育时代新人研究的学者数量已然初具规模,其中栾淳钰(主持两项有关"时代新人"的国家社会科学基金项目)发文量在 10 篇以上,冯刚、骆郁廷、韩震等发文量均在 5 篇以上,并且部分学者之间已初步形成了合作研究网络,但仍需进一步构建跨领域、跨学科的协同研究平台和交流协作机制。从研究成果上看,这一命题的相关研究成果多为学术论文,系统阐释的著作类成果仍较为阙如。从研究力量来源看,主要力量集中于马克思主义理论学科,其他学科的研究力量较为薄弱,多学科交叉研究视角亟待开拓。因此,未来应进一步加强整合不同学科、不同视阈的研究力量,进行交叉学科研究的理论融合,进一步深耕对培育时代新人的学理阐释,拓展培育的现实路径,打造一批系统化、集成化的研究成果。

众所周知,培育时代新人是一个无止境的过程,或许只有在未来的共产主义社会才能无限接近,但新时代如何体现培育时代新人的阶段性成功?马克思所处时代与新时代有天壤之别,我们应不断随着时代发展,密切联系中国式现代化、全球化和我国社会主义市场经济条件下人的发展的新态势,不断与时俱进拓宽、丰富培育时代新人的研究视界和问题域。比如,新时代科技革命诱发人类实践样态与生产生活方式的急剧变化对于培育时代新人究竟意味着什么?回应人类劳动新变化与教育变革的新要求,我们应当秉持什么样的劳动观以及劳动价值观?时代新人发展的时间、空间不平衡不充分、人的素质和教育程度的不协调(体脑分离问题、城乡人发展不平衡)、物质世界对于精神世界的侵蚀问题(虚无、抑郁症等精神疾病)、科学技术的双重影响(网络虚拟化产生的双重人格问题)、道德素质养成任重道远(道德失范、诚信危机)等问题。亟需结合新时代特征,以问题为导向,强化实证研究,观照与回应社会现实,深入观察实践、体验实践、总结实践,服务于培育时代新人的鲜活实践。

三、研究方法

笔者认真研读马克思主义文本,提出时代新人生成问题是马克思一生理论探索和实践追求的目标,时代新人学说与人的全面发展理论一脉贯通,马克思坚信时代新人生成不断呈现出新的前景和新的希望。依据马克思劳动价值论、习近平新时代中国特色社会主义思想和党的十九大、二十大报告和相关文件精神,深刻阐释时代新人的内在规定性,即确立正确的劳动价值观是新人生成的前提、合理运用自由时间是时代新人生成的空间、满足美好精神生活需要是时代新人生成的动力、走向全面个性是时代新人生成的过程。这四者既相互影响又相互支撑,既互为前提又互为因果,将任何一个要素割裂分离出去,都会造成时代新人涵义的不完整,必定不可避免地对时代新人培育途径和方式带来深刻影响。据此,展开理论分析和问题考察。

理论分析与实证研究的结合。以马克思主义新人学说为指导思想和方法论基础,以问题导向,而对问题的理论分析来源于对社会现实的实证研究。为此,将不惧艰辛地搜集和阅读各种有关中外文文献、数据,进行认真考辨,加以分析综合。坚持理论与实践、具体与抽象、分析与综合有机结合的思维方式,深入叩问马克思主义新人学说的内在规定性,以此概念为前提,展开问题分析和解决框架,将宏大叙事与日常小叙事结合起来,将培育时代新人置于其产生的新时代条件和中国特色社会主义现代化建设的大背景下解读,一方面实事求是地评价其历史地位和历史局限性;另一方面探讨其当代价值并予以充分肯定,将意义追寻与价值诉求结合起来,由理论→现实→实践展开论述。

宏观分析与微观研究的结合。研究对象定位于"培育时代新人"。近期人文学界微观研究方兴未艾,极大地丰富了相关研究,但同时也日渐暴露出过分陷入微观现象而对宏观大局有所忽视的倾向。本书将尝试宏观分析紧密结合微观研究,以理论逻辑、历史逻辑和实践逻辑为序,分别概述了培育时代新人思想史与学术研究进展,马克思主义新人学说的历史演进与深厚意涵,培育时代新人的理念与原则、成就与经验、挑战与应对,力图以开阔视野、开放思维,系统辩证地把握培育时代新人的理论与实践问题。通过搜集、积累、调查、研究古今中外报刊书籍、学术期刊及互联网络论文等相关文献,了解目前研究现状,加以比较,去粗取精,以便系统阐述培育时代新人的全貌,分析问题成因,并探索其路径。

跨学科研究方法。适应今天极度复杂的大科学时代的多学科性的、非线性的、不稳定性的、不确定性的、多维度的、多层次性的、跨国界的、总体性的、全球化的和开放性的现实或问题,掩盖了复杂多变的整体、部分和整体之间的互动、多维度的实体和最本质的问题。因此,在探讨培育时代新人的挑战时,应突破学科藩篱,通过不同学者、不同学派、传统与现代、本土与域外等多方面的比较,综合借鉴哲学、政治学、文化学、人类学、社会学、教育学等多学科研究成果和方法,与时俱进、开拓创新地引领研究纵向深化和横向拓展,更好地为本书提供厚实的理论基础,打破学科界限,多学科、多视角,有广度、有深度地对培育时代新人进行全面、充分的研究,深入剖析其影响机理,并综合借鉴多学科成果和方法应对这些挑战,展现培育时代新人的丰富内容和突出特点。

四、研究内容

培养时代新人这一命题的提出,可以从马克思主义新人学说、西方资源镜鉴、中华优秀传统文化、中国共产党奋斗历程和新时代伟大变革中找到其理论根源和实践自信。而从理论命题切换到生动实践,则需要围绕培塑科学的劳动价值观、以积极交往实践拓展时空、满足美好精神生活需要、形塑全面个性等,构建体制机制、遵循基本原则、掌握好引领向度、完善内容体系、创新方式方法等。

第一章　培育时代新人的理论基础与思想资源

培育时代新人的理论基础是马克思主义新人学说,资本主义生产方式奠定了新人生成的物质技术前提,资本主义"锻造"了工人阶级队伍即资本自身的"掘墓人","自由人的联合体",给予新人改造自我和社会的广阔可能性。马克思主义对新人生成充满信心,中国共产党领导集体将培养新人作为一以贯之的理论和实践追求。马克思主义产生以前的国外思想家多考察抽象的人、孤立的人，或从文化视角研究人的一部分或某一个方面，基本上是历史唯心主义的，忽略了人的社会关系及社会条件，以抽象的人性论来分析"片面的深刻"的人。中国传统文化中"天人合一"的本体论依据、以德立人极的价值论依据、人性本善的人性论基础、民本思想的治理论基础，这些资源有局限性，但它所强调的特别是以民为本、"天人合一"、爱国精神和责任担当，所提倡的精神境界和人格修养，所尊崇的气节操守和道义担当，所阐扬的做人原则和人生价值，直到现在其普遍价值和积极意义不言而喻。

第二章 培育时代新人的内涵要义与时代要求

其一，依据马克思主义新人学说、习近平新时代中国特色社会主义思想和党的十九大、二十大报告和相关文件精神，深刻阐释时代新人的内在规定性，即确立正确的劳动价值观是前提、合理运用自由时间是空间、满足美好精神生活需要是动力、走向全面的个性是过程。这四者既相互影响又相互支撑，既互为前提又互为因果。据此，展开理论分析和问题考察。接着分析培育时代新人的深刻内涵，即着眼于立德树人根本任务，培育和合共生的思想基础，输入全方位的精神动力支持，创新育人的活动内容和空间。其二，论述培育时代新人耦合新发展理念的要求，即多样性和能动性的统一意合创新发展，"种生命"和"类生命"契合协调发展要求，发展性需要和有限资源相统一吁求绿色发展，时间性和空间性相统一吻合开放发展要求，个体性和社会性的统一聚合共享发展。

第三章 培育时代新人的主要成就与实践经验

进入新时代，以习近平同志为核心的党中央高度重视培养时代新人，培根铸魂、守正创新，取得的实质性成就是确立和坚持马克思主义根本指导思想，守正创新培养社会主义新人的目标，形成新时代培育时代新人新体系，健全新时代培育新人体制机制。取得的经验是必须牢牢把握人民主体取向，必须紧扣发展性需要谋布局，必须抓住思想文化内核建设，必须依靠辛勤劳动创新途径。这四方面既有观念支撑的契合性，又有实践支撑的同构性与协同性。

第四章　培育时代新人的现实问题

当前培育时代新人存在一些现实问题。首先,时代新人的劳动价值观受到严重挑战,表现为"消费主义"消遁勤俭精神,"躺平主义"懈怠奋斗精神,科技迭代创新精神,"利己主义"销蚀奉献精神。其次,时代新人尚未合理运用自由时间,表现为时代新人生成时间不充裕,自由时间消费化娱乐化,现实交往方式日益虚拟化,尚未满足终身生成需要。再次,尚未满足时代新人美好精神生活需要,表现为美好精神生活需要消费化虚假化,物化生活需要挤压精神生活需要,美好精神生活需要亟待满足,优美生态需要尚未满足。最后,时代新人的个性尚在全面发展路上,表现为物的依赖关系限制个性全面发展,大众共性教育消解个性全面发展,交往互动不足囿限个性全面发展。

第五章　培育时代新人的主要目标

其一,培养时代新人正确的劳动价值观,表现为抑制"消费主义"生成勤俭精神,对抗"躺平"心态生成奋斗精神,主动迎接科技迭代生成创新精神,抵御"利己主义"生成奉献精神。其二,拓展时代新人生成的时间空间,即教导时代新人树立正确的时间观,指引时代新人积淀运用时空智慧,涵养时代新人终身学习能力素质,消弭时代新人空间隔离不利境况。其三,满足时代新人美好精神生活需要,即引导确立美好生活需要满足标准,提升新人满足美好精神生活需要能力,引导时代新人更多追求自我实现需要,导引时代新人确立生态化的生活方式。其四,形塑时代新人的全面个性。表现为奠定时代新人个性生成思想基础,培育时代新人的和合共生精神,生成时代新人"交往的普遍性"。

第六章　培育时代新人的体制机制与原则遵循

培育时代新人的体制机制,包括保障体制建设(党的集中统一领导体制、政策导向保障体制、社会协调管理体制)和长效机制建设(内生认同动力机制、理论发展机制、践行激励约束机制、评价考核机制)。培育时代新人的原则遵循是,处理好物质生活世俗性与精神生活超越性的关系,协调好时代新人的基础发展与理想发展的关系,正确认识时代新人的个性发展与全面发展的关系,平衡好时代新人的主导性与多样性的关系,协同好理论传授与实践育人的关系。

第七章 培育时代新人的有效路径与基本方法

其一,培育时代新人的引领进路,即通过价值引领使时代新人获得正确的价值认知,得出正确的价值判断,作出"为他人的主体性"的价值选择;通过信念引领,为时代新人提供前进的动力、指引正确的方向,使其不断在攻坚克难中追求创新实干;通过行为引领,使时代新人由自发到自觉的行为意识得以形成,使理解、尊重与宽容内化为自己的生活行为方式。其二,提升培育时代新人的内容驱动力,表现为提升培育时代新人的内容驱动力,以社会主义核心价值观涵养时代新人的文化内核,以优秀文化激昂时代新人的精神风貌。其三,培育时代新人的基本方法,即大思政笃定时代新人的政治方向,实践赋能时代新人的能力提升,家庭、学校和社会协同育人。

结语 展望与反思

培育时代新人是一件历史性任务,其理论形态和实践式样不断更新发展,关键在于准确把握新时代的使命要求和现实呼唤。其一,平等互利、合作共赢,构筑共同价值。其二,美人之美、美美与共,凝聚时代新人力量。其三,和合共生智慧擦亮时代新人的世界眼光。

培育时代新人是一个系统工程,必须始终保持一种自觉的研究态度。对社会发展和培育时代新人存在的问题和未来的发展方向保持批判性检视,对有益现象大力宣传推广,同时对不利因素进行研究、批判和反思,都是研究中极具现实意义的部分,是创新的基础和必要。

第一章
培育时代新人的理论基础与思想资源

必须深入考察马克思主义思想整体才能正确理解马克思主义新人学说。马克思在《1844年经济学哲学手稿》一书中初次提出,"人以一种全面的方式,就是说,作为一个总体的人,占有自己的全面的本质"①;《德意志意识形态》中揭示了分工和私有制阻碍了新人生成,预言未来社会劳动将成为新人生成的手段和需要,实现自由劳动,并指出现实的共产主义运动能为新人生成创造条件;《哲学的贫困》揭示了新人"职业的痴呆"极端被异化的状态;在《1857—1858年手稿》中提出了人对人的依赖关系、人对物的依赖关系和自由个性三形态理论。新人和"异化的人"相对应,是人扬弃异化以后的理想发展状态,即以全面的方式同世界发生关系,意蕴着人以一种健全的生命方式存在,意蕴着新人的本质的全面丰富性,亦即全面占有属人的社会关系,达成真正的人与自然、人与社会的和解、人向自身的回归,在人的现实的、最终过渡到共产主义运动的实践中走向全面发展。

第一节　马克思主义新人学说的理论基础

马克思主义新人概念是从一般意义上谈人的全面发展,它具有鲜明的

---

① ［德］马克思:《1844年经济学哲学手稿》,北京:人民出版社,2000年,第85页。

时代性,和"完整的人""人的自由全面发展"具有内在的一致性。长期以来,理论研究者和实践工作者都非常重视马克思主义新人学说研究,参与人数众多,其研究成果可谓汗牛充栋,从这一概念提出到理论成熟是一个不断发展、完善和丰富化的历史逻辑过程,清晰呈现这一理论和实践推进的曲折性和前进性。

一、马克思主义新人学说的逻辑进展

学术界对于马克思主义新人学说研究和实践考察由来已久,将不可回避或必须阐述清楚的论题:马克思主义新人学说提出的历史背景和理论前提是什么?培养新人是马克思一生理论探索和实践追求的目标吗?可以说,作为一位对后世有宏阔影响的伟大革命家,马克思主义新人学说发展所呈现的轨迹,绝不是一条笔直平滑的阳关大道,而是一条盘综错节逐渐上升的螺旋式曲线。

(一)马克思主义新人学说的探索阶段

学术界一般认为从马克思中学时代——《1844年经济学哲学手稿》是新人学说的探索阶段,主要考察了马克思思想转向的过程。① 马克思主义究竟在什么样的前提下谈论新人?马克思对于人的认识经历了由"抽象的人"向"现实的人"的转变。马克思胸怀"为人类谋福利"的远大抱负,批判黑格尔和费尔巴哈,由把人看成抽象的"自我意识"(黑格尔)和抽象的"类"(费尔巴哈),转向"现实的人"、人的劳动和劳动中形成的社会关系;由对绝对理念、价值悬设的道义批判,转向对资本主义社会条件下劳动异化、人的"畸形""非人化"的现实批判。从人的劳动及其现实社会关系出发,马克思主义把对人的认识和研究奠立在唯物史观的方法论基础上。

时代深深影响着人类的理论探求和价值旨归,马克思提出新人学说有着深刻的时代背景。马克思在1842年写的《共产主义和奥格斯堡总汇报》

---

① 李颖:《论马克思恩格斯发展理论的分期》,《理论月刊》2016年第11期第11-16页。

中,论及那个时代的重要任务是实现共产主义,无产阶级要求占有中等阶级的一部分财产,成为当时巴黎、曼彻斯特和里昂大街上的焦点事件。马克思1843年移居巴黎后,他住在工人区,广泛接触工人阶级,观察、了解他们的生活和斗争情况,目睹了资本主义的罪恶和灾难深重的无产阶级,虽然他下决心要昭示无产阶级摧毁资本主义社会、解放全人类的历史使命,并开始着手研究资本主义经济结构,但尚未找到历史发展的客观规律,又极为反感当时流行的形形色色的空想社会主义学说和共产主义学说,在这样的境况下,马克思清晰地意识到,他唯一能利用的批判武器只能是费尔巴哈的人本主义异化理论,称赞费尔巴哈是"旧哲学的真正克服者"。1844年年初,马克思发表的《论犹太人问题》和《黑格尔法哲学批判导言》两篇重要文章,论述了人类解放不是从思想上解放,而是从产生这种思想的现实社会中并借助社会力量才能解放,提出无产阶级是人类解放的物质力量。《手稿》沿着这条路线,深入探索无产阶级的斗争地位、历史使命和解放途径问题。

马克思主义新人学说着眼点是人类整体。新人和"异化的人""贫瘠的人"相对应,是人克服异化以后的生成结果。异化的人就是受私有制、旧式分工和外在强制而片面的、畸形发展的人,而人类未来发展的希望就在于不断克服导致自身异化、片面化的因素,逐渐丰富人的本质规定性生成新人。在《手稿》中,马克思阐发了劳动实践在人的生成过程中的无可替代作用。马克思通过对新人学说的相关概念,如,"资本""异化劳动""分工""私有财产""共产主义"等做出全面而深刻的分析,为进一步探索培养新人开辟了新的方向。通过对资本主义生产关系下"异化劳动"根源和本质的揭示,为理解新人的概念与生成问题确立了新的思想脉络。

理论上,英国古典政治经济学派漠视甚至否认了人,只考虑如何最大限度地榨取作为赚取利润工具的工人的价值,而不是如何多方面地发挥他们的创造精神,"劳动在国民经济学中仅仅以谋生活动的形式出现"[①]。马克思谴责古典政治经济学派把工人只当做创造剩余价值的工具,只当做仅仅有

[①] [德]马克思:《1844年经济学哲学手稿》,北京:人民出版社,2000年,第14页。

最必要的肉体需要的劳动的牲畜,看不到劳动之外有各种需要和境况的活生生的工人。①"不知道有处于劳动关系之外的劳动人。小偷、骗子、乞丐、失业的、快饿死的、贫穷的和犯罪的劳动人",都是些游荡在国民经济学领域之外的幽灵。②因此,马克思认为必须改变这种非人的状况,必须扬弃这种人剥削人的私有制。

现实中,资本主义私有制造成的异化劳动使工人非人化,是马克思生活的时代人的发展的悲惨境遇。在18、19世纪期间,资本主义迅速发展,取得了比过去一个世纪的物质总和还要多的物质文明成果,为培养新人奠定了物质基础,"于是,资本就违背自己的意志,成了为社会可以自由支配的时间创造条件的工具……从而为全体[社会成员]本身的发展腾出时间。"③同时伴随人的发展的异化:一是资本主义私有制条件下,人的劳动受制于资本逻辑的宰制,成为追求高额利润的手段,导致人的不自由发展;二是社会生产以追求物质财富的积累为目的,造成"一部分人"(资本所有者)的发展以牺牲另一部分人(工人)的发展为代价,造成人的不平等发展;三是在大机器工业生产条件下,个人从属于机器,成为某种局部劳动的工具,使人的身体某一部分或某一方面的能力单向度畸形发展。资本主义私有制惨无人道地损害了工人的利益,使工人丧失了作为人的最基本的需要。"肮脏,人的这种腐化堕落,文明的阴沟(就这个词的本义而言),成了工人的生活要素。完全违反自然的荒芜,日益腐败的自然界,成了他的生活要素。他的任何一种感觉不仅不再以人的方式存在,而且不再以非人的方式因而甚至不再以动物的方式存在。"④"'异化劳动'把自主活动、自由活动贬低为手段,也就把人类的生活变成维持人的肉体生存的手段"⑤,导致一个人同他人相异化,并且每个人都同人的本质相异化,人自身成为统治人的异己力量。而自由就是"他们

---

① [德]马克思:《1844年经济学哲学手稿》,北京:人民出版社,2000年,第15页。
② [德]马克思:《1844年经济学哲学手稿》,北京:人民出版社,2000年,第66页。
③ 《马克思恩格斯全集》第31卷,北京:人民出版社,1995年,第103页。
④ [德]马克思:《1844年经济学哲学手稿》,北京:人民出版社,2000年,第122页。
⑤ [德]马克思:《1844年经济学哲学手稿》,北京:人民出版社,2000年,第58页。

的劳动活动本身,个人正是通过这种活动使他们自身得以差异与实现的"①。

有学者提出新人是马克思早期创立新世界观历程中的过渡性概念,它随着马克思新哲学的创立,新人被马克思人的全面发展概念所取代。事实上,《手稿》对新人学说的奠基和初步表述,是马克思主义探索新人生成问题的逻辑起点,人的全面发展理论是新人学说的展开和深化。从理论发展脉络讲,新人概念及其培育是马克思主义理论体系中的一个重要关节点,对他后来人的全面发展理论的形成产生了深远影响。从《手稿》中新人思想脉络出发,马克思在其后著述中,逐渐明晰了新人学说的逻辑架构。这是马克思主义理论合乎逻辑的展开和深化,是留给后人最宝贵的精神遗产之一。从马克思主义理论发展的历程和著作先后顺序来看,马克思《手稿》里提出新人概念的时间早于《德意志意识形态》(以下简称《形态》)初步提出"人的全面发展"理论,这样导致一些专家、学者认为《手稿》是马克思青年时期的未成熟作品,而轻视或忽略这一理论,习惯于从《形态》及以后文本展开对马克思主义新人学说的研究,这是失之偏颇的。

(二)马克思主义新人学说的形成发展阶段

马克思主义新人学说的形成发展阶段,一般是按照《神圣家族》——《德意志意识形态》——《共产党宣言》中的观点来阐述的②,应广大人民群众获得解放的需要而生发,以提高新人认识世界和改造世界能力。1844年下半年写作《神圣家族》时期,马克思恩格斯着重于在批判旧世界中与旧的世界观划清界限,在向新世界观转向的过程中,提出并着眼于实践的视角,对于人——社会——自然发展进行了一系列论述。马克思恩格斯的着眼点开始从抽象到具体的人,指出了历史是人民创造的。马克思恩格斯在《形态》中第一次提出人的全面发展这一科学概念,即"全面地发展自己的一切能力""发挥他的全部才能和力量""由整个社会共同经营生产和由此而引起的生

---

① [美]古尔德:《马克思的社会本体论:马克思社会实在理论中的个性和共同体》,王虎学译,北京:北京师范大学出版社,2009年,第113页。
② 李颖:《论马克思恩格斯发展理论的分期》,《理论月刊》2016年第11期第11—16页。

产的新发展,也需要完全不同的人,并将创造出这种人来",①使新人尽可能通晓整个生产系统,成为"各方面都有能力的人,即能通晓整个生产系统的人"。②马克思恩格斯认为新人生成有两种意义。其一,新人生成是共产主义的本质特征。"代替那存在着阶级和阶级对立的资产阶级旧社会的,将是这样一个联合体,在那里,每个人的自由发展是一切人自由发展的条件"③,亦即理想社会的最高境界,他们多次强调每个人自由而全面的发展是共产主义社会的"基本原则"。其二,从新人生成过程来表征。新人生成程度与生产力发展水平相匹配,只有在共产主义社会物质财富基础足够厚实、精神境界极大提高的条件下,才能得到彻底实现,即个人能力、素质以及社会关系的逐步提高、持续发展的过程。列宁提出全面发展的人是"受到全面训练的人,即会做一切工作的人"。④当然,相对而言,"会做一切工作"并非每一个人行行精通,而是强调全方位提高新人的心智、体能、业务、品格等综合素质。关于这一点,马克思有过精彩描绘:"因而使我有可能随自己的兴趣今天干这事,明天干那事,上午打猎,下午捕鱼,傍晚从事畜牧,晚饭后从事批判,这样就不会使我老是一个猎人、渔夫、牧人或批判者。"⑤当然,这种远景短期难以实现。

新人生成是马克思主义对人的解放的最高理想境界和不懈追求。新人生成离不开人的精神世界全面发展,人的精神世界全面发展是促进新人生成的精神动力。马克思主义认为,精神活动是最使人向往的一个活动领域,是新人生成的一个主要方面,是人的智力获得更高层次发展的最有效途径;缺乏人的精神价值追求,人的发展是畸形的、是虚无的,也是永远达不到目标的海市蜃楼。因此,精神价值不应该是人类生活的奢侈品,而是人类生活的必需品。新人是社会的存在物,人的本性决定了新人要追求精神价值,对

---

① 《马克思恩格斯全集》第1卷,北京:人民出版社,1995年,第242页。
② 《马克思恩格斯全集》第1卷,北京:人民出版社,1995年,第243页。
③ 《马克思恩格斯全集》第1卷,北京:人民出版社,1995年,第294页。
④ 《列宁论教育》,北京:人民教育出版社,1990年,第209页。
⑤ 《马克思恩格斯选集》第1卷,北京:人民出版社,1995年,第306页。

精神价值的需要和创造,是人类社会应有的追求,是人之为人的标志,也是社会文明进步的表征。新人的实践活动离不开精神动力的推动作用。人的实践活动总是在一定的意识支配下进行的,正确意识对新人的实践活动起积极作用;相反,错误意识对新人的实践活动会产生消极作用。同时,由于社会物质的多样性和不确定性,决定了新人的实践活动不可能一帆风顺,要使新人的实践活动始终向着一定的目标前进,就必须唤起新人内心的精神动力。

把人类自身生产当作决定人类历史发展方向和前途的根本方面,是《形态》又一重大理论贡献。"每日都在重新生产自己生命的人们开始生产另外一些人,即繁殖。这就是夫妻之间的关系,父母和子女之间的关系,也就是家庭。这种家庭起初是唯一的社会关系,后来,当需要的增长产生了新的社会关系的时候,这种家庭便成为从属的关系了。"①"生命的生产,无论是通过劳动而达到的自己生命的生产,或是通过生育而达到的他人生命的生产,就立即表现为双重关系:一方面是自然关系,另一方面是社会关系;社会关系的含义在这里是指许多个人的共同活动……"②人们通过劳动实践创造满足自己生存发展需要的物质和精神生活条件,创造属人的历史。这种创造既受自然环境的激发和制约,又受前人创造的以及自己创造的物质和精神生活条件的激发和制约。新人的生产活动造就了现实的丰富性,造就了人与人、人与自然、人与社会的错综复杂关系,造就了人类的鲜活历史。

(三) 马克思主义新人学说的成熟阶段

从《资本论》及其三大手稿到《哥达纲领批判》再到《共产党宣言》是马克思恩格斯新人学说的成熟阶段。《资本论》及其手稿基于新的经济事实和哲学分析,进一步深化和创造性发展了新人学说,使其趋于完备和系统化。

马克思主义在考察新人生成时,总是和"世界历史"、普遍交往联系在一

---

① 《马克思恩格斯选集》第1卷,北京:人民出版社,1995年,第80页。
② 《马克思恩格斯选集》第1卷,北京:人民出版社,1995年,第80页。

起,提出世界历史性普遍交往是新人生成的必要途径。新人交往起始于由需要和生产方式决定的物质联系,这种联系随着时代进步不断运用新的形式、载体和方法,因而就呈现出鲜明的时代特征即"历史"。① 随着全球化纵深推进,必须更加注重世界历史性普遍交往,从新人的简单生命需要出发,"因此第一个历史活动就是生产满足这些需要的资料,即生产物质生活本身,而且,这是人们从几千年前直到今天单是为了维持生活就必须每日每时从事的历史活动,是一切历史的基本条件"②,为历史进步提供了世俗的经验基础,使其从天国转向人间,从上帝和神转变到对人自身的关照。"已经得到满足的第一需要本身、满足需要的活动和已经获得的为满足需要而用的工具又引起新的需要"③,人类正是在满足生存发展需要和生产劳动需要条件下相互推动赓续前行,生生不息的。此外,《形态》又一重大贡献是把人类自身的生产当作决定人类历史发展方向和前途命运的根本方面:起初家庭是唯一的社会关系,当需要增长衍生了新的社会关系的时候,这种家庭便随之成为从属的关系了。新人通过劳动实践造就满足生存发展需要的物质和精神生活条件,造就属人的文明历史。

马克思恩格斯以"从事实际活动(劳动)的人"为出发点,条分缕析地论述了"异化劳动"的社会根源,即"旧式分工"与"私有制"对新人生成的消极影响。这种分工原初始于性行为,发展到由于新人的先天禀赋(例如智力、体力的差别)、不同需要和偶然因素差异等造成。各个不同发展阶段的分工呈现出各种不同形式的所有制差异。④ 分工和私有制本源上是同义词,对同一件事情,一个是指活动本身,另一个是指活动的产品归属⑤,"他是一个猎人、渔夫或牧人,或者是一个批判的批判者,只要他不想失去生活资料,他就始终应该是这样的人"⑥"那么人本身的活动对人来说就成为一种异己的、同

---

① 《马克思恩格斯选集》第1卷,北京:人民出版社,1995年,第81页。
② 《马克思恩格斯选集》第1卷,北京:人民出版社,1995年,第79页。
③ 《马克思恩格斯选集》第1卷,北京:人民出版社,1995年,第79页。
④ 《马克思恩格斯文集》第1卷,北京:人民出版社,2009年,第521页。
⑤ 《马克思恩格斯文集》第1卷,北京:人民出版社,2009年,第526页。
⑥ 《马克思恩格斯文集》第1卷,北京:人民出版社,2009年,第537页。

他对立的力量,这种力量压迫着人,而不是人驾驭着这种力量。"①分工不仅造成工人阶级的普遍异化,"也以精神劳动和物质劳动的分工的形式在统治阶级中间表现出来"②,这就意味着人的全面异化和社会的普遍分裂。从现实来看,分工具有历史的必然性,它实现了规模化生产、提高了劳动生产率和生产力的发展,但同时它导致新人的活动固定化和异化,使新人迫于生存压力而局限于某一种生产部门,使新人生成受到限制而畸形发展。然而分工又是克服异化,生成新人的动力和必经阶段。异化的扬弃和异化走着同一条道路,生产力的发展导致分工的产生和发展,因此消灭分工、扬弃异化的前提必定是生产力的高度发展。

  马克思、恩格斯提出了消灭私有制和旧式分工是新人生成的重要条件和有效途径,即"要改变一般的人的本性,使它获得一定劳动部门的技能和技巧,成为发达的和专门的劳动力,就要有一定的教育和训练"③。恩格斯也认为:"……教育就会使他们(年轻人)摆脱现代(马克思恩格斯生活的时代)这种分工为每个人造成的片面性。"④正是通过教育把人类已有的科学文化知识、劳动技能和经验,从少数人拥有传授给更多的人掌握,并且世世代代地积累传承下去,使新人不断从新的社会现实中获得新的知识、技能和经验,提升认识能力、实践能力和生活能力。共产主义"本身就是个人自由发展的共同条件",通过"共产主义革命"是实现人的全面发展的现实途径。⑤在《哲学的贫困》中,马克思从生产的技术特性上,论证了"分工和机器"对人的发展的双重影响:分工产生了特长和专业,"个人对普遍性的要求以及全面发展的趋势",使人多方面发展;同时产生职业的痴呆,又潜在地"消除着专业和职业的痴呆"⑥。在《共产党宣言》中,马克思恩格斯从"世界历史""普遍交往"的角度出发,着眼于无产阶级的悲惨生存境遇和实际行动,提出消

---

① 《马克思恩格斯文集》第1卷,北京:人民出版社,2009年,第537页。
② 《马克思恩格斯文集》第1卷,北京:人民出版社,2009年,第551页。
③ 《马克思恩格斯选集》第2卷,北京:人民出版社,1995年,第174页。
④ 《马克思恩格斯文集》第1卷,北京:人民出版社,2009年,第689页。
⑤ 《马克思恩格斯全集》第3卷,北京:人民出版社,1960年,第516页。
⑥ 《马克思恩格斯选集》第1卷,北京:人民出版社,1995年,第169页。

灭阶级和阶级对立的"自由人的联合体"的设想和规定,"在那里,每个人的自由发展是一切人的自由发展的条件"①,用新人的未来批判、解构非人的现实。列宁基于俄国国情提出,新人生成是一个曲折漫长的历史过程,必须"有相当发达的物质生产资料的生产"提供坚实的物质基础;必须消灭"生产资料私有制"和旧式分工,解除新人生成的制度枷锁;普遍提高新人的文化素质;摒弃小农心理习惯,适应社会主义建设的实践需要;作为一项长期事业建设国民教育,即便资金紧张也要优先保障教育经费投入;将教育与生产劳动相结合,在劳动实践中锻造新人的能力和素养。

总之,马克思主义新人学说通过对人的劳动、需要、时间、个性等社会关系本质的历史考察,把培养新人奠基在"实践唯物主义"之上。在马克思主义人学发展历程中,尽管马克思先后使用"新人""完整的人""人的全面发展""人的全面而自由发展"等不同称谓,但其基本内涵、精神实质和价值旨归具有内在的连贯性与一致性。

二、马克思主义对新人生成充满信心

新人生成问题是马克思一生理论探索和实践追求的目标。马克思指出:"人类全部力量的全面发展成为目的本身。在这里,人不是在某一规定性上再生产自己,而是生产出他的全面性。"②马克思主义对人类的未来前景充满信心:物质积累极大丰富有利于满足人的合理需要,"三大差别"最终消除提升了人争取自由和解放的制度基础和个性能力,"上午打猎,下午捕鱼,傍晚从事畜牧,晚饭后从事批判"的悠然自在的日常生活,"以每一个个人的全面而自由的发展为基本原则"的自由人的联合体……尽管这期间会有无尽的流血牺牲、曲折和反复。

---

① 《马克思恩格斯选集》第1卷,北京:人民出版社,1995年,第294页。
② 《马克思恩格斯文集》第8卷,北京:人民出版社,2009年,第137页。

（一）资本主义生产方式奠定了新人生成必需的物质技术前提

马克思赞扬"资产阶级在历史上曾经起过非常革命的作用"①，在资本主义普遍异化中绽放了人的全面发展的曙光。资产阶级摧毁了一切封建的宗法的社会关系和伦理观念，摆脱了封建人身依附关系的束缚，建立了自由、平等、竞争等价值观念。"无产阶级解放所必需的物质条件是在资本主义生产发展过程中自发地产生的"②。资本主义生产方式的全球化提供了人类在世界范围内普遍联系和交往的平台，"单个人才能摆脱种种民族局限和地域局限而同整个世界的生产发生实际联系，才能获得利用全球的这种全面的生产的能力"③，拓展了新人生成的空间。马克思在《经济学手稿》（1857—1858）中认为，个人在生产力的普遍发展、交往的普遍性或世界市场的实际发展结果，通过认识发展中的"限制"而越过某种"界限"，使得不断消灭对这一发展的限制成为可能。④ 因此，"资本一方面要力求摧毁交往即交换的一切地方限制，征服整个地球作为它的市场，另一方面，它又力求用时间去消灭空间，就是说，把商品从一个地方转移到另一个地方所花费的时间缩减到最低限度。资本越发展，从而资本借以流通的市场，构成资本流通空间道路的市场越扩大，资本同时也就越是力求在空间上更加扩大市场，力求用时间去更多地消灭空间"⑤。此外，资本主义利用先进的科学技术有助于消除"三大差别"，将使以体力劳动为主的传统产业工人数量下降，使体力劳动本身变得有尊严和更体面。现代化的交通、通信工具大大缩小了城乡之间的时空距离，使农村人口从与世隔绝的和愚昧无知的状态中解放出来，把城市和乡村紧密联结在一起。资本还自发促进新社会因素的产生，孕育和生成未来社会的生产关系因素："它在使生产过程的物质条件和社会结合成熟的同

---

① 《马克思恩格斯选集》第1卷，北京：人民出版社，1995年，第274页。
② 《马克思恩格斯文集》第10卷，北京：人民出版社，2009年，第438页。
③ 《马克思恩格斯选集》第1卷，北京：人民出版社，1995年，第89页。
④ 《马克思恩格斯全集》第46卷下册，北京：人民出版社，1980年，第36页。
⑤ 《马克思恩格斯全集》第30卷，北京：人民出版社，1995年，第538页。

时,也使生产过程的资本主义形式的矛盾和对抗成熟起来,因此也同时使新社会的形成要素和旧社会的变革要素成熟起来。"①从而,"为个人生产力的全面的、普遍的发展创造和建立充分的物质条件。"②

(二)资本主义"锻造"资本自身的"掘墓人"

新人的自由和解放能否从"理想"走向"实存",不仅有赖于人挣脱羁绊的热望,更取决于是否有将这种欲求转变为现实的主体和能力。

资本主义生产方式创造更多的自由支配时间、为未来新社会锻造多方面发展的高素质建设人才。资本的本性驱使劳动变换、职能更动和工人普遍流动成为可能,从而使工人通过互相交替的活动方式成为多方面发展的个人。资本主义生产,确切地说,资本在追求剩余价值最大化的过程中,新人要获得全面发展与解放"工作日的缩短是根本条件"③,"使每个人都有充分的闲暇时间去获得历史上遗留下来的文化——科学、艺术、交际方式等等——中一切真正有价值的东西;并且不仅是去获得,而且还要把这一切从统治阶级的独占品变为全社会的共同财富并加以进一步发展。"④虽然在私有制条件下,闲暇时间往往是以一部分人剥削另一部分人的剩余劳动时间来实现的,但"尽量多地创造劳动"且"把必要劳动减少到最低限度",客观上为工人和社会生产力的充分发展创造了"大量可以自由支配的时间"⑤,从而把工人作为具有尽可能"丰富的属性和联系的人""广泛需要的人"或"高度文明的人"⑥生产出来,一定程度上造就了新人关系和能力的全面性。马克思指出:"要使这种个性成为可能,能力的发展就要达到一定的程度和全面性,这正是以建立在交换价值基础上的生产为前提的,这种生产才在产生出个人同自己和同别人相异化的普遍性的同时,也产生出个人关系和个人能

---

① 《马克思恩格斯全集》第44卷,北京:人民出版社,2001年,第576-577页。
② 《马克思恩格斯全集》第30卷,北京:人民出版社,1995年,第512页。
③ 《马克思恩格斯文集》第7卷,北京:人民出版社,2009年,第929页。
④ 《马克思恩格斯全集》第3卷,北京:人民出版社,1995年,第150页。
⑤ 《马克思恩格斯全集》第31卷,北京:人民出版社,1998年,第619页。
⑥ 《马克思恩格斯全集》第30卷,北京:人民出版社,1995年,第389页。

力的普遍性和全面性。"①资本家阶级不得不"承认劳动的变换,而承认工人尽可能多方面的发展是社会生产的普遍规律,并且使各种关系适应于这个规律的正常实现。"②资本刺激起来无止境追求"剩余价值的欲望"推动了整个社会的普遍勤劳,有力地促进了生产力发展。在马克思生活的资本主义初期阶段,资本家靠剥夺工人的劳动时间才得以享受可自由支配的时间。现在,在资本主义社会,尤其是在发达资本主义国家,"由于给所有的人腾出了时间和创造了手段,个人会在艺术、科学等方面得到发展"③。这样,不但资本家可以享用自由支配的时间,工人阶级的劳动时间缩短了很多,可以享用的自由支配时间也增加了很多,得以有更多时间开展科学、艺术等活动,从而为新人自身生成创造条件。

高度发达的社会分工是资本主义商品经济快速发展的前提,有利于克服旧式分工的弊病。分工使个体有机会掌握分门别类的知识、技能和技巧,生产出多样化的产品,而由所有这样的个体结合成的总体,便会综合生成多方面的知识、技能和技巧,生产出种类繁多的产品。例如,一种生产中,他必须花费较大的体力才能完成;另一种生产中,他必须灵巧地处理;在第三种生产中,他必须高度集中、一丝不苟才能胜任,等等;而事实上同一个人不太可能全部拥有这些素质。"经常重复做同一种有限的动作,并把注意力集中在这种有限的动作上,就能够从经验中学会消耗最少的力量达到预期的效果。"④作为总体工人的一个"肢体",各个工人的片面性得以发挥到恰到好处,甚或极致。这样,作为总体的"工人"就会趋向全面。在分工条件下,单个人生产的产品不可能满足日趋丰富的美好生活需要,必须相互交换其他许多个人的综合产品。这无疑强化了人们彼此之间的相互联系和相互依赖,互通有无。随着精细化的分工和日益扩大的市场,新人之间的交往会不断扩大和普遍化,每个人的能力都可能充分发展。"要使自由个性成为可

---

① 《马克思恩格斯全集》第30卷,北京:人民出版社,1995年,第112页。
② 《马克思恩格斯文集》第9卷,北京:人民出版社,2009年,第312页。
③ 《马克思恩格斯全集》第31卷,北京:人民出版社,1998年,第100-101页。
④ 《马克思恩格斯全集》第44卷,北京:人民出版社,2001年,第393页。

能,能力的发展就要达到一定的程度和全面性。"①"用那种把不同社会职能当作互相交替的活动方式的全面发展的个人,来代替只是承担一种社会局部职能的局部个人。"②资本主义工业化驱使劳动者锻造"把不同社会职能当作互相交替的活动方式"的素质与能力。"这种生产力是由协作本身产生的。劳动者在有计划地同别人共同工作中,摆脱了他的个人局限,并发挥出他的种属能力。"③协作过程也是新人觉悟和能力提高的过程。同时,在资本扩张的过程中,大批城市居民转变成有同等地位和共同利害关系的劳动者,并为他们创造了更多社会交往的机会,使他们得以"联合起来",无意中将他们造就成一个自为阶级。

当前科学技术日益展露出强大威力,西方发达资本主义国家的工人阶级生产生活状况发生了巨大变化,在此情况下,无产阶级依旧是资本主义社会发展的积极力量吗?他们实现彻底解放的途径何在?事实证明,历史的进展并没有解决马克思在《手稿》中提出的问题,而是使它变得更加瞩目,这也是《手稿》一直广受关注的重要原因之一。有人说,当代资本主义国家对待工人的态度"温和友善",不仅把工人当做劳动者,而且关怀劳动之外的工人。他们不仅没有把工人的油榨干,而且发给工人高薪酬,提供医疗保险、失业救济等高福利,从摇篮到坟墓几乎全面保障。就像一片广阔的海滩,现在人人可以自由地去娱乐、享受,这些社会福利措施实际上提供了资本主义国家更多地向社会主义转变和过渡的因素和条件。在现实可能性上,如恩格斯所洞见:资本主义终将向社会主义投降。应当承认,由于发达资本主义国家科学技术的巨大发展和运用,工人劳动时间缩短,无疑给工人造就了更多的自由支配的时间,高薪酬使工人能享受到全世界丰富的物质、精神成果,但是由于资本主义的剥削本质和固有矛盾没有改变,决定了工人地位不可能彻底改变。所以,在充分肯定资本主义国家对新人生成提供的有利条件、辩证汲取其文明成果的同时,也必须充分认识到其局限性,联合起来彻

---

① 《马克思恩格斯全集》第30卷,北京:人民出版社,1995年,第112页。
② 《马克思恩格斯全集》第23卷,北京:人民出版社,1972年,第535页。
③ 《马克思恩格斯全集》第44卷,北京:人民出版社,2001年,第382页。

底砸碎它的枷锁,才能建立新人生成的"自由人的联合体"。

(三) 指明"自由人的联合体"的路径设想

"代替那存在着阶级和阶级对立的资产阶级旧社会的,将是这样一个联合体,在那里,每个人的自由发展是一切人的自由发展的条件。"①亦即解除人类整体与个体的对抗,使个体的全面发展成为人类整体全面发展的条件。在《资本论》中也指出未来理想社会是一个"自由人的联合体"②。马克思主义认为,唯有全世界无产阶级联合起来,通过革命斗争才可以达到"自由人的联合体"。只有在共产主义这种真正自由的共同体中,社会遵循大写的共同体逻辑,每个人的生成才有可能。在马克思所处的资本主义时代,阶级对立普遍化,"并未触及整个共同体的生活,不如说只发生在不同共同体之间,绝没有支配全部生产关系和交往关系"③。面对工人阶级赤裸裸的贫困与社会关系普遍异化的境况,马克思主义深刻领悟到,必须揭露并改变工人阶级的悲惨处境,并化为实现共产主义的革命行动。轰轰烈烈的无产阶级革命运动渐行渐远,几近遁出新人的视界。当今,国际交往在全球化推动下更加密切频繁,现代交通与通讯极大缩短了世界各地的时空距离,新人之间呈现出史无前例的紧密共生。如今在国家间合作发展中酝酿的共同体意识,某种程度上回应了理想社会的追求。

为了正确处理新时代本国发展与他国合理关切的问题,谋求世界范围内的人类共同发展与社会和谐,党的十八大报告首次倡导"人类命运共同体"意识,之后习近平总书记在国际国内多个场合阐释充实,诉诸实践。"人类命运共同体"倡导全球范围内的合作,它使人类意识到自身正在参与的世界历史性进程,并作为一个整体去共同经历和克服人类发展困境和危机。追寻"自由人的联合体"理想之路依然敞开,"人类命运共同体"不啻一种回应现实社会与时代呼唤的积极行动。

---

① 《马克思恩格斯全集》第1卷,北京:人民出版社,1995年,第294页。
② 《马克思恩格斯全集》第25卷,北京:人民出版社,1972年,第95页。
③ 《马克思恩格斯文集》第8卷,北京:人民出版社,2009年,第53页。

"自由人的联合体"为新人生成提供了可能,但无论在何种境况下,单个的人"全面"总是相对的、有限的,只有人类整体的全面发展才永无止境。因此,将每个人的"全面"理想化是不切实际的,人与人只有合作成共同体,消除了非自愿的分工,共同体的成员之间才能相互取长补短,才有可能克服个体局限,实现"完整"意义上人的生成。"自由人的联合体"是作为整体"类"的"人"达到完整性生成的唯一途径:"只有到了外部世界对个人才能的实际发展所起的推动作用为个人本身所驾驭的时候,才不再是理想、职责等等,这也正是共产主义者所向往的。"[①]只有消灭了资本主义的剥削和压迫,新人生成才可能同社会化大生产的要求具有全面的一致性,才能最终建成以"自由人的联合体"为基本结构的共同体,新人终将在其中充分生成着自由与个性。

(四)新人有改造自我和社会的广阔可能性

纵观人类发展史,尽管确有倒退和沉沦,但并没改变人类前进的总方向,人类每一次跃迁之后对自我与外部世界的理解和认识更加深刻,更加趋近自由和解放的目标。马克思绝不是一个盲目的乐观派,他始终号召"整个社会都必须为其胜利的条件而战斗"。

新人生成问题是当代人类实践活动中兼有现实性和理想性的一个重要课题。马克思主义新人学说是人的全面发展理论的逻辑延展,两者在精神实质上(在关注人的完整性生成问题上)密切联系、高度一致,既是人的价值追求、应然状态的愿景和未来目标,一定程度上又是新人努力创造条件使其走向生成途中的现实运动,但同时务必在"应当"与"是"之间保持必要的张力,既要致力于做"应当"维度上的工作,又不可忽视在"是"维度上的努力,关键是要结合新时代世情、国情和党情,深入考察影响新人生成的深层障碍和根源,创造其生成的根本条件和实现形式。

此外,新人有三种基本存在样态:个人的单个样态、群体的特殊样态和作为种属的一般样态。从中区分出个人,能使新人生成问题现实化和具象

[①] 《马克思恩格斯全集》第3卷,北京:人民出版社,1960年,第330页。

化,因为新人的群体和类的问题主要是通过个人问题鲜活地呈现出来,比如纷繁复杂的社会关系、独立自主性、积极能动性和创新创造潜力等,就是通过无数鲜活的个人(或个性)得以表达和呈现的,舍谈个人,新人生成的问题就会因空洞抽象而陷入虚无;从中区分出个人,恰可以促使新人生成问题的研究走向"深处",并有可能深入研究新人的微观领域,因为无论如何,群体和人类只涉及新人的宏观领域,难涉及新人的内心深处和微观领域;从中区分出个人,可以找到一条现实的、具体的提高新人生成的积极路径,因为把新人看作群体和人类,注重的是从社会层面来提高新人的积极性,而区分为个人,则必须注重从个性和心理层面提高新人的积极性。实践证明,后一种路径对提高新人积极性十分重要。个人、群体和类的区分,可以提供一种理解人类的社会历史发展进程的有效线索,因为个人、群体和类在历史上的发展作用和状态不同,决定了彼此之间生成的关系迥异。况且在不同历史时期,这三者所占据的历史地位有天壤之别。譬如,资本主义社会的发展以牺牲个人甚至牺牲某一阶级群体的完整性生成为代价(如无产阶级、英国"圈地运动"中的农民),而到马克思设想的共产主义社会,每个人的全面发展和自由个性将成为整个社会的最高价值追求。共产主义社会既是时代新人全面而自由地生成素质潜能,以便全面拥有自己本质的社会形态,又是新人素质潜能螺旋式全面而自由发展的自然结果。

三、中国共产党赓续时代新人学说

中国共产党将培养新人作为一以贯之的理论和实践追求,注重根据社会发展需要和时代使命引领制定相应的育人目标是中国共产党的优良传统。"人的解放与发展是一个历史范畴,其内涵与标准是一个不断变化发展的过程,在革命、建设、改革时期及其不同阶段有着不一样的目标和内容。"[①]为中华民族复兴培养新人是中国共产党的历史使命,本书将时代新人做"一

[①] 王树荫:《人的彻底解放与全面发展——中国共产党百年思想政治教育的价值导向》,《马克思主义研究》2020年第10期第95—107页。

般性"理解,将马克思主义新人学说与中国的具体实际相结合,继承、创新和发扬了其科学实质和时代内涵。我国每一代领导人都会适时提出培养青年的目标:从培养中国革命青年先锋队到培养"四有新人""四个新一代"到培养担当民族复兴大任的时代新人。可见,培养时代新人继承和发展了既往人才培养目标,其过程大致经历了四个阶段。

(一)新中国成立至十一届三中全会

新中国成立后百废待兴,一穷二白,学术界鲜有研究新人生成问题,实践中的成就是,社会主义制度的确立,废除了阶级剥削和压迫的私有制,建立了以生产资料公有制为基础的社会主义基本经济制度、人民民主专政的政治制度和"百花齐放、百家争鸣"、民主的科学的大众的文化制度,初步实现了新人的政治解放和经济解放,人民当家做了主人,从此站起来了,具备了人与人之间平等的制度性前提,为异化劳动的消除创造了有利条件。劳动者成了生产资料的所有者、社会和企业的主人,其地位发生了翻天覆地的变化,我们生产的产品用来满足社会和个人的需要,劳动成了为自己、为社会的劳动。新时代中国个性发展所承担的历史使命,是使人民从封建主义对人性的蔑视、压制、摧残中解放出来,从资本主义生产方式"异化"所导致的物对人的统治、对人的个性扼杀中解放出来。但由于生产力水平落后,基础过于薄弱,为增厚国家发展实力特别是工业化基础,"高积累、低消费"成为此时的主要政策导向,新人的物质文化生活需要满足程度较低并成为制约新人生成的"短板"。新中国成立后一段时间,过于强调集体性、统一性,为了集体的利益,很少考虑个人发展和享受的各种需要,视追求个人自由、"个体价值""自我实现""个性解放"等是不必要的"恶",更勿奢谈积极主动地张扬人的个性。如此非但不能满足新人生成需要,反倒成为消解乃至扼杀独立个性的工具。我们要发展积极的"在共同生活中的个性",限制消极的带有破坏的个性,恰是为了更为有力地促进良好个性的发展,就好比拔出毒草让庄稼茁壮生长。

以培养新人作为我国教育的基本原则和政策方针的理论支撑,最早出现在1951年初召开的全国高等教育会议和中等教育会议的报告中。政府颁发的文件,最早是1952年3月18日版发的《中学暂行规程(草案)》和《小学暂行规程(草案)》。这一年,以刊载于《人民教育》1952年第3卷第2期的《谈"全面发展"》(潘梓年)和《我对"全面发展"的看法》(张凌光)两篇文章为契机,学术界、教育界展开了初步讨论,但歧义较多。20世纪80年代以来,西方人本主义思潮传入,马克思人的全面发展理论再次成为关注的议题,展开了广泛讨论,但由于研究对象的复杂性和研究过程的艰难性,仍未达成接近马克思主义新人学说本意的共识。早在红军时期,毛泽东同志就认识到,要发动人民群众参加革命运动:"就得和群众在一起,就得去发动群众的积极性,就得关心群众的痛痒,就得真心实意地为群众谋利益。解决群众的生产和生活问题,盐的问题,米的问题,房子的问题,衣的问题,生孩子的问题,解决群众的一切问题。"[①]这一思想对于新时代思想政治教育培养时代新人工作仍有重大现实意义。在党的七大上,毛泽东同志创造性地提出了"思想教育"的概念:"掌握思想教育,是团结全党进行伟大政治斗争的中心环节,如果这个任务不解决,党的一切政治任务是不可能完成的。"[②]他还提出了"没有正确的政治观点,就等于没有灵魂"[③]的重要观点。党的第一代领导集体对人的全面发展的追求,符合当时中国的实际,培养了一大批优秀的共产党人。

(二)改革开放至党的十六大前

改革开放以来,中国共产党领导集体在培养新人方面做了许多卓有成效的探索和实践,取得了显著的理论成果和丰硕的实践成效,使最大公约数的人民对全面发展有了切身感受和鲜活体验。培养新人实践先行,如何解决人民的温饱问题并踏步走向小康社会成为主要政策导向。1980年党中央提出了"以经济建设为中心",1987年党的十三大确立"三步走"战略,明

---

① 《毛泽东选集》第1卷,北京:人民出版社,1991年,第138-139页。
② 《毛泽东选集》第3卷,北京:人民出版社,1991年,第1094页。
③ 中共中央宣传部:《毛泽东邓小平江泽民论思想政治工作》,北京:学习出版社,2000年,第3页。

确提出了到1990年解决人民温饱问题、到20世纪末实现新人生活达到小康的战略目标。以邓小平同志为核心的第二代领导集体把新人生成探索与对"什么是社会主义、如何建设社会主义"的时代主题结合起来,把新人生成与实现社会主义的本质结合起来,将探索新人生成理论与改革开放的实践紧密结合起来,实现了马克思主义新人学说从理论向实践的飞跃。邓小平同志在1992年南方谈话中指出:"中国的事情能不能办好,社会主义和改革开放能不能坚持,经济能不能快一点发展起来,国家能不能长治久安,从一定意义上说,关键在人。……对这个问题要清醒,要注意培养人。"[①]邓小平同志明确提出了社会主义精神文明建设的任务是"适应现代化建设的需要,培养有理想、有道德、有文化、有纪律的社会主义公民",并把培养"四有"新人作为全党全国人民的价值追求,为培养时代新人开辟了新思路,体现在:一是密切关注人的生存样态和现实命运是这一时期关于培养新人的集中体现。面对新人普遍贫穷的物质生活和单调乏味的文化生活,邓小平同志提出了"社会主义本质,是解放生产力,发展生产力,消灭剥削,消除两极分化,最终达到共同富裕"[②]。基于这种认识,邓小平同志进一步阐述了评判社会主义改革开放是非得失的"三个有利于"标准,即"是否有利于发展社会主义社会的生产力,是否有利于增强社会主义国家的综合国力,是否有利于提高人民的生活水平"[③]。二是热切呼唤新人主体意识的觉醒和时代观念的更新。邓小平同志认为:"人的因素重要,不是指普通的人,而是指认识到人民自己的利益并为之而奋斗的有坚定信念的人。"[④]时代新人是具有"解放思想、实事求是"主体意识的人,思想和观念的解放是社会主义初级阶段培养时代新人最重要、最深层次的要求。三是确认新人的本体论是这一时期培养时代新人的重要基石。邓小平同志在研究现实的人基础上,肯定人的利益、存在、价值和追求,强调社会主义现代化建设必须以人民的利益、权利和

[①] 《邓小平文选》第3卷,北京:人民出版社,1993年,第380页。
[②] 《邓小平文选》第3卷,北京:人民出版社,1993年,第373页。
[③] 《邓小平文选》第3卷,北京:人民出版社,1993年,第372页。
[④] 《邓小平文选》第3卷,北京:人民出版社,1993年,第28页。

价值为最高标准,"如果只讲牺牲精神,不讲物质利益,那就是唯心论"①。人民群众是改革开放和社会主义现代化建设的主体,人民群众的丰富实践是检验认识正确与否的标准。

江泽民同志认为:"人民,只有人民,才是我们工作价值的最高裁决者。"②"人心向背,是决定一个政党、一个政权兴亡的根本性因素。"③"我们建设有中国特色的社会主义各项事业,我们进行的一切工作,既要着眼于人民现实物质文化生活的需要,同时又要着眼于人民素质的提高,也就是促进人的全面发展,这是马克思主义关于建设社会主义新社会的本质要求。"④从建设社会主义新社会本质要求的高度肯定了培养时代新人的价值目标:"建设有中国特色的社会主义,必须着力提高全民族的思想道德素质和科学文化素质,为现代化建设提供强大的思想保证、精神动力和智力支持。"⑤指出了培养时代新人的价值意义和应着力的方向。

(三) 党的十六大至党的十八大前

中国共产党领导集体重视培养时代新人的现实问题和时代价值:高度关照满足人民的物质文化生活需要,并将它置放到国家战略层面。2002年党的十六大明确将邓小平同志提出的物质文明、精神文明建设布局,结合培养时代新人样态的变化,细化为经济建设、政治建设、文化建设"三位一体"。十六届四中全会提出构建社会主义和谐社会的五个要点,其中第二、第三说的是解决阶层矛盾、协调利益关系的问题。思想工作不可能取代直接的物质利益分配,或重新配置社会资源,或直接给人民以看得见的物质利益来解决这些矛盾,但它至少可以通过调节的方式纠正人民的认识偏差和心理偏差,可以增进不同利益群体的沟通和理解,从而缓解人民的心理失衡和心理

---

① 《邓小平文选》第2卷,北京:人民出版社,1993年,第146页。
② 《江泽民论有中国特色社会主义(专题摘编)》第3卷,北京:中央文献出版社,2002年,第638页。
③ 《江泽民文选》第3卷,北京:人民出版社,2006年,第185页。
④ 江泽民:《在庆祝中国共产党成立八十周年纪念大会上的讲话》,《人民日报》2001年7月2日。
⑤ 江泽民:《论"三个代表"》,北京:中央文献出版社,2001年,第65页。

冲突。由于多数人的思想问题往往是和实际情况联系在一起的,因此,要培养时代新人,必须既讲道理,又办实事。经过20多年的不懈奋斗,新人生成的"短板"——物质文化生活需要满足程度低——补长了,但追求高速发展的市场化取向诱发了经济发展与资源环境的尖锐矛盾,伴随着工业化和城市化快速扩张、收入分配差距逐渐拉大,产生了诸多的不和谐因素和社会矛盾等,人与自然、人与社会、人与人之间的不和谐因素逐步累积。为了解决人、自然与社会之间日益突显的矛盾,倡导全社会"坚持以人为本,树立全面、协调、可持续的发展观,促进经济社会和人的全面发展"①,据此,在发展理念、发展政策中将"人"的地位史无前例地提到了新的高度。胡锦涛同志旗帜鲜明地提出要培养青年"成为理想远大、信念坚定的新一代,品德高尚、意志顽强的新一代,视野开阔、知识丰富的新一代,开拓进取、艰苦创业的新一代②。党的十七大报告提出:"坚持以人为本,就是要以实现人的全面发展为目标。"③

(四)进入新时代

中国共产党领导集体和实践部门开始探索培养时代新人的整体性、系统性推进方案。党的十八大报告将科学发展观列入党的指导思想,提出经济、政治、文化、社会和生态文明建设"五位一体"总体布局。经过十年多的探索,培养时代新人的中国方案已经初具雏形并付诸实施:坚持以人民为中心的价值导向,坚持人、自然、社会的和谐,必须结合党的中心任务、基本路线通盘筹划;培养时代新人总是在特定的历史条件下推进的,必须结合时代背景、物质基础和社会主要矛盾进行评判,形成时代新人共建共治共享、平等和谐共处、人与自然和谐共生的新图景。习近平总书记"进一步明确经济发展以社会发展为目的,社会发展以人的发展为归宿,人的发展以精神文化

---

① 《胡锦涛文选》第2卷,北京:人民出版社,2016年,第104页。
② 胡锦涛:《胡锦涛在同团中央新一届领导班子成员和团十六大部分代表座谈时的重要讲话》,《中国青年报》2008年6月15日第1版。
③ 《十六大以来重要文献选编》(上),北京:中央文献出版社,2005年,第850页。

为内核"①体现了马克思主义的核心价值,贯穿着"个人——社会"关系的脉理。习近平总书记着眼于新时代的历史方位,阐述了培养时代新人与社会全面进步相统一、以人民为中心、展现时代新人的丰富内涵、以新发展理念指引实践路径等重要命题。这些思想继承、发展和深化了马克思主义新人学说,标志着中国特色社会主义现代化建设与培养时代新人进入了一个新时代。

第二节 前马克思主义的国外思想资源

近代西方的发展史,实质上就是人不断自我觉醒和发展的历史。梳理人类文明发展史上有关培育新人的理论基础与思想资源具有重要的借鉴和启示意义。

一、古希腊古罗马教育发展人的精神

"在古希腊教育实践基础上形成和发展起来的古代希腊教育思想,成为现代教育思想的一个距今最远的渊源。"②古希腊、古罗马十分注重教育,认为教育是使人的灵魂得以发展的最有效途径。柏拉图把灵魂结构划分为情欲、意志和理性三部分,"乃是用智慧统治感情和知觉"③。亚里士多德认为,教育应与人的自然发展相适应,以体育、德育、智育和美育实现身体、情感和理智的和谐发展,引导人民在"善"的实现中获得相对完善的心性发展,他鼓吹作为灵魂"品质"的德性是推动人的行为的巨大力量,论证了人是理性的动物,人就应该热爱智慧,追求智慧,学以致知,寻求人生"至善"美德——理智。在古希腊"四达德"中,理智是最高的品德,统摄其他诸德。正义是这种

---

① 杨敏:《习近平人的全面发展思想探析》,《科学社会主义》2018年第2期第92-96页。
② 单中惠:《西方教育思想史》,太原:山西人民出版社,1996年,第3页。
③ [法]皮埃尔·勒鲁:《论平等》,王允道,译,北京:商务印书馆,1996年,第99页。

纯粹理性的外化及在社会生活中的体现,节制与勇敢是受纯粹理性指导的意志。理智不是自然而然形成的,主要由教导形成、由培养而增长,古希腊道德教育的最终目的是培养理智、理性,激发人的思维能力,发展人的智慧,使人的灵魂接近真理。古希腊人还表达了这样一种理想——教育应该使整个人得到发展,使人的整体完美,不仅要注重发展人的智力、体力,而且要注重情感、判断力和创造力的发展,即注重"和谐教育"。

二、中世纪宗教教育遮蔽人的发展

恩格斯指出:"中世纪把意识形态的其他一切形式——哲学、政治、法学,都合并到神学中,使它们成为神学中的科目。因此,当时任何社会运动和政治运动都不得不采取神学的形式。"①奥古斯汀、阿奎那、爱德华兹、韦伯从不同的角度论证了人是上帝的奴婢,人从属于上帝。马克斯·韦伯在《新教伦理与资本主义精神》一书中,考察了资本主义伦理文化与精神气质的演变,指出"合理地获取财富"、节俭与勤劳的"世俗的禁欲主义"、通过人的内在修养获得上帝的恩典的积极意义,推动了资本主义现代化的形成与发展。② 西方现代化"由于这种新的精神,即资本主义已经开始发生作用"③,而新教伦理是催生近代资本主义精神的精神资源与动力,生成了资本主义精神的价值内核,彰显了"西方的现代性",精神导引和激发了西方现代化。道德教育被看作是实现神性的重要途径,通过道德教育,使人养成一种为善的惯习,使人趋善避恶,进入天国这个尽善尽美的世界,但宗教道德教育以压制和排斥人的利益需求为核心,使人丧失积极进取精神,把自己的命运寄托于神秘力量,并心甘情愿成为跪倒在上帝脚下进行忏悔的奴式教育。在中世纪后期,随着封建制度及其精神衰微和近代城市文明的兴起,在欧洲大

---

① 《马克思恩格斯选集》第 4 卷,北京:人民出版社,1995 年,第 255 页。
② [德]马克斯·韦伯:《新教伦理与资本主义精神》,于晓译,北京:生活·读书·新知三联书店,1997 年,第 108-109 页。
③ [德]马克斯·韦伯:《新教伦理与资本主义精神》,于晓译,北京:生活·读书·新知三联书店,1997 年,第 49 页。

地上,发生了一系列重大事变:文艺复兴、宗教改革、科学革命、启蒙运动,这些重大事变呈现了空前广泛而深刻的人类思想解放和观念变革。

三、文艺复兴打开由神走向人的缺口

文艺复兴是人类走出中世纪的现代性进程中必须提及的现代性宏大叙事。它大约于13世纪以后在欧洲兴起,作为新兴城市文明的发源地——意大利,则是文艺复兴的滥觞。文艺复兴时期,以神为本位的神本主义让位于以人为本的人本主义,"为个人主义打开了由神走向人的第一道缺口",[①]这一时期,文艺复兴所激发的个人主义成为近代西方的主流价值观念,人文主义者和启蒙思想家竭力倡导古希腊时代"身心既善且美"的光荣传统,力图实现人的身心和谐发展。夸美纽斯认为人是可教育的,是需要教育的,只有通过教育,人才能成为一个人。他说:"事实上只有受过恰当教育之后,人才能成为一个人。""假如要形成一个人,就必须由教育去形成。"[②]他认为,人生下来具备知识、德行、虔信的种子,要通过教育和行动才能使这些种子生根、发芽、茁壮成长。因此,他主张人人都接受教育,提出"一切男女青年都应该进学校"[③]。洛克主张教育的目的在于达成健全精神与健全身体的统一,爱尔维修认为教育是改造人性与道德乃至整个社会的关键手段,杜威断言"教育即道德"。卢梭、裴斯泰洛齐等伟大的教育家也用毕生精力去造就新兴资产阶级所需要的和谐发展的人。对丰富而完整的人性的发现,是文艺复兴的"一项尤为伟大的成就"[④]。恩格斯说:"这是一次人类从来没有经历过的最伟大的、进步的变革,是一个需要巨人而且产生了巨人——在思维能力、热情和性格方面,在多才多艺和学识渊博方面的巨人时代。"[⑤]文艺复兴时期人们对古代文化的推崇,对教会和神父的嘲讽,对现实生活的关注,对现世

---

① 宋希仁:《西方伦理思想史》,北京:中国人民大学出版社,2004年,第433页。
② [捷]夸美纽斯:《大教学论》,北京:教育出版社,1999年,第24页。
③ [捷]夸美纽斯:《大教学论》,北京:教育出版社,1999年,第37页。
④ [瑞士]雅·布克哈特:《意大利文艺复兴时期的文化》,何新译,北京:商务印书馆,2002年,第302页。
⑤ 《马克思恩格斯选集》第3卷,北京:人民出版社,1972年,第445页。

幸福的追求,对感官享受的满足,对人文精神的彰显,实际上表现为一种理性化和世俗化的过程,这是一种具有现代性的去蔽和祛魅。

　　文艺复兴和宗教改革的观念变革,首先在于把人与神提到了并重的地位,把人们的注意力由对于神的崇拜转移到对人自身的认识上来,进而把人的认识对象从自身扩展到了广袤无垠的自然界,并由此催生了科学革命。科学革命抛弃了亚里士多德的目的论传统,摒弃了宗教神学的世界观,史无前例地在自然面前形成了一个支配性的技术架构。在神、自然、人的三角关系中,神的力量被渐次驱逐出去。自然成了理性和知识施展自身的对象,成为人们表达自己意志和能力的场所。科学革命带来的自然科学突飞猛进的发展,使整个社会生活逐渐从神圣的超验领域退却,转向充满烟火味的世俗天地,从而促进了西欧启蒙运动的蓬勃兴起。17、18世纪由此被称为"理性的时代"或"启蒙的时代"。

四、现代西方教育之科学和人文的分歧

　　19世纪中叶以来,随着德国古典哲学的终结,哲学朝着两个不同的方向发展,一个是马克思主义哲学的诞生,另一个是现代西方哲学思潮的出现。从思想倾向上看,现代西方哲学主要包括科学主义和人本主义两大流派。

　　科学主义较为忽视对人的价值理性的培养。科学主义的总体倾向是把自然科学看作是人类文化中具有最高价值的部分,追求自然科学知识那样的唯一性、确定性、永恒性,认为一切科学技术成果都能够为人类带来巨大的好处,科学技术可以改变一切。科学主义作为现代西方的一种主流社会思潮,影响到个人生活和社会发展的方方面面,对人的发展的影响也是深刻的。这时期的道德教育建立在知识教育和理性发展的基础上,注重道德认知和智力的发展,即对道德知识的认识、理解和理性思考,尤其是道德思维能力的发展,主张以教学、教师、教材、课堂为中心;教师在教育、教学过程中具有绝对的尊严与权威,学生只能无条件的服从,只能围着教师的指挥棒转,处于消极被动的地位,成为知识的"容器"。这种道德教育在科学主义理

念的支配下,把理性看作是推动人的行为的力量,桎梏于理性的目的,忽视了情感、意志、直觉、需要、信念等非理性因素的存在,忽视对价值理性的培养。从而,人的心灵和理想人格的塑造变得毫无价值,人与自然、人与社会以及人的肉体和灵魂之间的矛盾日益加剧,价值理性的丧失成为一个可经验的事实。"人的视线更多地停留在追求功利的操作层面,超功利的精神追求则被淡化,高度发达的物质文明隐匿着深度的人文危机——价值理性的迷误。"①

人本主义强调人是世界和哲学之本,主张非理性是人之本,必须让人的非理性、本能、潜意识等从理性、社会性、自觉性的压抑下解放出来,给人以自由。人本主义的思想和观点延伸到教育领域,对西方道德教育产生了深远影响。人本主义道德教育确立了个人在道德教育中的主体地位,倡导"以学生为中心",主张学生是道德教育的主体,教师是学生成长的促动者,倡导师生之间的平等对话和交流。但是,由于人本主义教育过分强调学生的个人主体性、个人价值和绝对自由,忽视教师的主导作用,不但会陷入道德相对主义和道德教育的无政府主义,还易使个人脱离他人和社会,沉浸在自我奋斗、自我设计、自我选择、自我创造的迷梦中,从而诱发个人主义,这在实践中是相当有害的。人本主义反对传统的理性主义,主张人的"意志"(叔本华、尼采)、"生命冲动"(柏格)、"存在"(萨特)、"潜意识""人格结构理论"模式(弗洛伊德)等非理性因素才是世界的本原和人的本质。他们主张非理性的道德教育,重视道德教育在培养人的非理性因素方面的积极作用,认为道德教育应该培养人的个性和独立人格,十分强调情感、情意等非理性因素在道德教育中的重要作用,认为道德教育的基本内容是情感教育、情意教育,道德教育应该介入学习者的身心、情感、认识等各方面的成长,要给学生更多的关爱,更重视学生的情感体验。人本主义道德教育的反理性对于克服唯科技教育、唯理性主义教育的偏失有积极的意义,但如果将世界、人以及社会生活的本质完全归结为非理性,同样是荒谬的。席勒警告"为了培养个

---

① 陈立新,包晓明:《价值理性迷误与文化重建》,《福建论坛》2000年第4期第52页。

体的个别能力而必须牺牲他的整体,这种做法肯定是错误的。"①为了纠正现代人的人性片面化,席勒设想"审美国度"里的"审美的人"是类与个体的和谐一致、能力与个性全面发展的统一,但席勒未能解决怎样从片面化的现代人走向个性全面发展的人。早期空想社会主义者也在其著作中描绘了和谐发展的人及其社会的美好图景,欧文在构想和实践未来新型社会"劳动公社",或称"合作新村"时,主张和践行培养"全面发展的人"②。空想社会主义者批判资本主义的分工制度造成人的畸形发展,主张每个人应尽可能经常变换工种,培训青年从事尽可能多样化的技术活动,普遍义务生产劳动和普遍义务教育结合以消灭体力劳动和脑力劳动的对立等,这些思想闪耀着真理性的光辉,但空想社会主义者用抽象人性论去解释人的片面发展的根源,造成了理论与实际脱节现象。

马克思主义新人学说形成以前的国外思想家在考察培养人的问题时,基本上是历史唯心主义的,研究培养人的一部分或某一个方面,不注重培养人的整体社会条件,以抽象的人性论来分析"片面深刻"的人,不能照亮培养人的全貌,这种情况类似于"盲人摸象",使关于培养人的认识处于"碎片化"的状态。

第三节 中华优秀传统文化思想渊源

"中华优秀传统文化已经成为中华民族的基因"③,它时刻影响着时代新人的思维方式与实践活动。中国传统思想家和教育家在相关论述和学说中对培养人问题进行多方面的思考和研究,所提出的合理思想至今仍有重要的参考价值,毛泽东曾指出:"从孔夫子到孙中山,我们应当给以总结,承继

---

① [德]弗里德里希·席勒:《审美教育书简》,冯至、范大灿译,北京:北京大学出版社,1985年,第30页。
② [英]欧文:《欧文选集》第2卷,北京:商务印书馆,1981年,第147页。
③ 《习近平谈治国理政》第1卷,北京:外文出版社,2018年,第170页。

这一份珍贵的遗产。这对于指导当前的伟大的运动,是有重要的帮助的。"①习近平总书记将"担当大任"与"民族复兴"联系在一起,提出具有深厚中国元素的"时代新人"要求,实现了中华优秀传统文化的创造性转化和创新性发展。尤其是儒家的君子人格凝聚着数千年中华优秀传统文化的思想精华,而时代新人赓续了君子人格的精神基因与文化血脉,并实现了对其创造性的超越。因此,也可以说中华优秀传统文化是培育时代新人的价值根源、价值滋养和价值旨归。

一、"天人合一"的本体论依据

中国儒释道都追求"天人合一"的理想境界,即把自然界万事万物与整个人类社会、包括人自身在内看作一个统一、和谐的整体,人是"天地之心"、万物之灵,是宇宙的精华,"人者,天地之心也,五行之端也"②。孟子讲"天之所与我者"③"尽其心者,知其性也;知其性则知天矣",④即人性在于人心,尽心则能知性。老庄贬抑人为,主张不要以人灭天。他强调"天降大任""苦其心志,劳其筋骨"的磨砺,可谓是对担当大任者做了经典表述。老子曰:"人法地,地法天,天法道,道法自然。""道"是本真如此,为自己立法,不囿限于他物的最高法则。庄子赞誉"天地与我并生,万物与我为一"的精神境界。⑤董仲舒说:"天、地、人,万物之本也。天生之,地养之,人成之。天生之以孝悌,地养之以衣食,人成之以礼乐,三者相为手足,合一成体,不可一无也。"⑥张载认为,天地本来无心,没有知觉,是人"为天地立心"。从《周易》"与天地合其德,与日月合其明,与四时合其序,与鬼神合其吉凶",到董仲舒的"天人感应",再到宋明理学的"天人合一""天人一物"等,中国哲人感兴趣的是建

---

① 《毛泽东选集》第2卷,北京:人民出版社,1991年,第534页。
② 《礼记·礼运》。
③ 《孟子·告子上》。
④ 《孟子·尽心上》。
⑤ 《庄子·齐物论》。
⑥ 董仲舒:《春秋繁露》,北京:书目文献出版社,1988年,第369页。

立起一个天地人浑然一体的宇宙模式。人生应当以体认"天理"、成就"天命"为要务,而"天理"以仁为心,故立德成仁是实现人生价值的根本途径。

"万物一体""仁"是人伦道德及人与自然和谐相处的理论根据。"万物一体"表现为人与人、人与禽兽、草木、瓦石都"为一体",见其"哀鸣""摧残""毁坏",必有"不忍""悯恤""顾惜"之心,追寻到了人所必备的精神境界,却没有为如何做到人与自然和谐相处提供具体途径。人与自然和谐相处,除了必须具有"天人合一"境界外,还必须依靠人的认识、实践,掌握自然界的运行规律,尊重自然、保护自然、顺应自然。

二、德本主义的价值论依据

"德本主义"以儒家以德立人极的思想最具代表性,是"修己"与"安人"或"内圣"与"外王"这两大要务的基础和最终依据。德本主义始于孔子,在他看来,"仁"是人的本质规定,作为"仁"德化身的君子以追求德为根本的乃至唯一的使命:"君子怀德,小人怀土。""君子喻于义,小人喻于利。"①"民之于仁也,甚于水火。"②所以,为政者在施政时应当尊重和顺应这一本性,"道之以德,齐之以礼",体现了德本主义思想的良苦用心。在孟子那里,道德是人所固有的本性:"人皆有所不忍,达之于其所忍,仁也;人皆有所不为,达之于其所为,义。"③孟子并不否定物欲和自然生命的存在和意义,不过,它们与道德需要相比,是等而下之的,因为后者是人之为人的根本,具有统率一切的最高价值,所以,如果生存与道义发生了冲突,不能两全,必然是"舍生取义"。荀子通过迂回的路径证明道德(通过思想道德教育)能够使原本性恶的人弃恶从善,"故圣人化性而起伪,伪起而生礼义"④,即积累善行达到稳定不变的程度,恶就从根本上变成了善。"蓬生麻中,不扶而直;白沙在涅,与之俱黑。兰槐之根是为芷,其渐之滫,君子不近,庶人不服。其质非不美也,

---

① 《论语·里仁》。
② 《论语·卫灵公》。
③ 《孟子·尽心下》。
④ 《荀子·性恶》。

所渐者然也。故君子居必择乡,游必就士,所以防邪僻而近中正也。"①"水火有气而无生,草木有生而无知,禽兽有知而无义,人有气有生有知,亦且有义,此最为天下贵也"。② 贵即最有价值,而人之所以最有价值,就是因为人具有其他万物所不具备的道德精神。程颢、程颐言:"君子所以异于禽兽者,以有仁义之性也。苟纵其心而不知反,则亦禽兽而已。"由此,把"德"界定为实现人格尊严和人生价值的唯一正确路向。儒家以德立人极的思想既是对人本质的合理预设和终极关怀,又为人们思想道德教育提供了本体论的根据。儒家坚信培养人的思想道德修养是可能而且是必然的,其必要性、必然性来自道德是人的本质规定,其修养理论成为道德理论的核心和归旨,也成为个人生活的主要内容。

三、人性本善的人性论基础

人性论是中国传统文化的理论基础,有什么样的人性论,也就有什么样的中国传统文化及人的发展理论。关于人性问题有众多不同的观点,如性善论、性恶论、性无善无恶论、性有善有恶论、性三品说等。由于儒家思想在中国两千多年的封建社会中占据统治地位,因此,儒家的人性论——性善论,始终是人性问题的主导思想。儒家人性善假设指出,人性之中先验性地具备了一切道德的要素和"善端",孔子"仁"的学说和他的"性相近,习相远也",③主张要重视人的后天道德教化,通过道德教化,使人养成良好习惯,直至成为圣人君子,达到个体至善。《中庸》讲"天命之谓性,率性之谓道",既然率性而行称为道,那么,性当然就是善的。孟子第一次明确而系统地提出了人性善理论。他说:"人性之善也,犹水之下也。人无有不善,水无有不下。"④他认为,人先天就有恻隐之心、羞恶之心、辞让之心、是非之心。这"四心"就是人性中具有的仁义礼智"四端":"仁义礼智,非由外铄我也,我固有

---

① 《荀子·劝学》。
② 钱逊,陈瑛:《中国传统道德·理论卷》,北京:中国人民大学出版社,1995年,第75页。
③ 《论语·阳货》。
④ 《孟子·告子上》。

之也。"①他要求人民最大限度地发挥主观能动性,弘扬光大本性中所固有的"四端"。

人性善假设论证了人是伦理的、有德性的存在,人能够用德行即道德的良知良能制导自己的欲望,使之符合社会的需要和规范,对于提高人的思想道德素质起了积极作用。我们今天批判继承中国传统的人性善理论,最主要的就是继承其追求道德至善的执着精神和远大目标;同时也要剔除传统道德教育在理想人格上的神秘色彩,把远大的道德理想与个人切身的处境紧密结合起来,脚踏实地地在道德境界的阶梯上不断攀升。

四、民本思想的治理论基础

培养人问题同中国传统文化中"民本思想"有密切联系。孟子提出"民为贵,社稷次之,君为轻",他还强调"民心"问题是国家兴废、社稷安危的根本所在。他说:"桀纣之失天下也,失其民也;失其民者,失其心也。得天下有道:得其民,斯得天下矣;得其民有道:得其心,斯得其民矣。"一句话概括,"得民心者得天下"。《管子》曰"政之所兴,在顺民心;政之所废,在逆民心。"有见识的历代政治家在一定程度上都较重视人民的地位,主张国家要以民为本,国君要明察体恤民心民意,这样才能夺得天下、稳固政权。这固然是出于维护统治者阶级利益的根本目的,是把"忠君""爱民"作为一个问题的两个方面。孔孟劝导国君的实际用意是"宽则得众""惠则足以使人",但他们毕竟说出了一些有利于老百姓的主张。

考虑和关心老百姓的切身利益才能得到老百姓的衷心拥护。"民以食为天"②,孔子曰:"足食足兵,民信之矣。"墨子认为"民有三患:饥者不得食,寒者不得衣,劳者不得息",老百姓穿衣吃饭是最迫切、最突出的实际需求和问题,统治者应潜心研究如何"兴天下之利,除天下之害",让老百姓能过上安稳的日子。孟子呼吁统治者高度重视老百姓的切身利益,"仰不足以事父

---

① 《孟子·告子上》。
② 《汉书·郦食其传》。

母,俯不足以畜妻子;乐岁终身苦,凶年不免于死亡;此惟救死而恐不赡,奚暇治礼仪哉(这样每个人连救活自己的性命都怕来不及,哪里还有工夫讲究礼仪呢)"?在他看来,"老者衣帛食肉,黎民不饥不寒,然而不王者,未之有也";"老吾老以及人之老,幼吾幼以及人之幼,天下可运于掌"。无论是在中国传统社会还是在新时代,家庭始终是国人安身立命和全面发展之所,而重视家庭和家庭建设则是中华民族的优良传统。

小结

马克思主义新人学说蕴含着重要命题。它是培育时代新人的理论基础,尽管马克思先后使用"完整的人""人的全面发展""人的全面而自由发展"等不同称谓,但其基本内涵、精神实质和价值旨归具有内在的连贯性与一致性。马克思主义对新人生成充满信心。资本主义生产方式奠定了新人生成必需的物质技术前提,资本主义"锻造"了工人阶级队伍,即资本主义自身的"掘墓人",指明"自由人的联合体"的路径设想,新人整体有改造自我和社会的广阔可能性。中国共产党领导集体将培养新人始终作为一以贯之的理论和实践追求。新中国成立至十一届三中全会,初步实现了人民的政治解放和经济解放,人民当家做了主人从此站起来了,具备了人与人平等的制度性前提。改革开放至党的十六大前,培养新人实践先行,使最大公约数的人民对全面发展有了切身感受和鲜活体验,解决人民的温饱问题并踏步走向小康社会成为主要政策导向,人民从此富起来了。党的十六大至党的十八大前,高度关照满足新人的物质文化生活需要,而且将它置放到国家战略层面。坚持以人为本,就是以培养新人为目标,实现人民共同富起来的目标。进入新时代,中国共产党领导集体和实践部门开始探索培养新人的整体性、系统性推进方案。习近平总书记以新时代历史方位为视野,阐述了培养时代新人与社会全面进步相统一、以人民为中心、展现新人的丰富内涵、以新发展理念指导新人的实践等重要命题。马克思主义新人学说为新时代从理念到实践培养时代新人提供了具体的思想指导和方法论原则。

马克思主义新人学说形成以前的古希腊、古罗马教育使人的灵魂得以发展，中世纪宗教教育遮蔽新人生成，文艺复兴打开由神走向人的第一道缺口，科学主义忽视对价值理性的培养，人本主义主张非理性是人之本，在论述培养人和新人生成时，多考察抽象的人、孤立的人，或从文化视角，研究人的一部分或某一个方面，基本上是以历史唯心主义的、利己主义的抽象人性论来分析"片面的深刻"的人，不能照亮新人生成全貌，这种情况类似于"盲人摸象"，使关于新人生成的认识处于"碎片化"状态。

中华优秀传统文化中"天人合一"的本体论依据、以德立人极的价值论依据、人性本善的人性论基础、民本思想的治理论基础等，着眼于适应我国传统社会的需要，为"救时之蔽""忧世之乱"，为人与自然的和谐相处而提出的方略，而后成为治国安邦、济世救民、统治管理人民的手段，虽然它具有封建性、等级性甚至压抑人性的一面，是封建主义意识形态的重要组成部分，但它所强调的特别是以民为本、"天人合一"、爱国精神和责任担当，所提倡的精神境界和人格修养，所尊崇的气节操守和道义担当，所阐扬的做人原则和人生价值，直到现在仍具有普遍价值和积极意义。

第二章
培育时代新人的内涵要义与时代要求

新时代教育的根本任务是立德树人、培育时代新人,即从内容到方法,从理论探讨到体系建构,从体制机制到政策措施落实,从事实上的地位到实际的效果,都亟待依据培育时代新人根本任务的新要求而改进和提升。

第一节 培育时代新人的丰富内涵

依据马克思主义新人学说、可资借鉴的中外思想资源、习近平新时代中国特色社会主义思想和党的十九大、二十大报告和相关文件精神,深刻阐释时代新人的内在规定性,即确立科学的劳动价值观是新人生成的前提、合理运用自由时间是时代新人生成的空间、满足自我实现需要是时代新人生成的动力、走向全面的个性是时代新人生成的过程。这四者既相互影响又相互支撑,既互为前提又互为因果。据此,展开理论分析和问题考察。

一、确立科学的劳动价值观是培育时代新人之前提

劳动在人类形成发展过程中起了决定性的统领作用(一切社会关系都是在劳动的基础上发展起来的):它不仅使人从动物中脱离出来,创造了人本身,而且确保了个体生存和类生命的延续。任何劳动都在一定的社会条

件下展开,随着时代发展,劳动内涵和意义也随之演进。洛克提出劳动是一切财产之源,亚当·斯密断定劳动是一切财富的源泉,在马克思的劳动体系中,劳动是人类社会存在和发展的基础,是全部生产力的源泉和人性的真正表现,被誉为人类创造世界的最高能力。由原初劳动到异化劳动,再到自由劳动的转变,以致自由劳动的完全实现,这是一个否定之否定的螺旋式上升过程。"马克思恩格斯在批判扬弃关于异化劳动、劳动与人的关系基础上,提出了充满辩证张力的'劳动—人'的思想"[1],推动人类社会进步的根本源泉是全体劳动者。

(一) 原初劳动创造了人

原初意义上的劳动,就是改变事物的自然状态使之适合人类生存和发展的活动,是人类生命延续的内在要求和人之为人最基本的存在方式,人类在劳动中生成自己、激发潜在的劳动需求和动力,"促使他们在劳动中自由自觉地发挥自己的体力和智力,获得应有的发展"[2]。

马克思不单单赋予劳动以创造新人(直立行走、人手的形成、语言的产生和人脑的形成都是劳动的产物)的本体论意义,更主要的是赋予劳动(非异化的劳动)以能动的主体性意义。他认为,正是通过劳动使环境发生适合人类生存与发展需要的变化,使人从动物中脱离出来,并与动物区别开来。"一当人开始生产自己的生活资料的时候……人本身就开始把自己和动物区别开来。"[3]人类进入劳动本身的过程就是展现自己本质力量的过程,人的诞生与自然界对人的生成,通过新人的劳动(人类发展的积极推动力量)这一中介,开启了新人的世界性发展历程。"生命的生产,无论是通过劳动而达到自己的生命生产,或是通过劳动而达到他人生命的生产,就立即表现为

---

[1] 宋吉玲,杨怡凡:《价值·要义·路径:共同富裕视域下的劳动价值观培育》,《社会主义核心价值观研究》2023年第4期第41-50页。

[2] 崔中平:《马克思的劳动异化论对当下劳动教育的启示》,《教育研究》2020年第12期第31-39页。

[3] 《马克思恩格斯选集》第1卷,北京:人民出版社,1995年,第67页。

双重关系：一方面是自然关系，一方面是社会关系"。① 在劳动过程中，不仅生成了人自身生命，而且形成了多方面的关系——本质上说，一切社会关系都是劳动关系——劳动过程中所形成的相互需要、相互联系与相互交往的关系。其中自然关系说明新人为什么劳动，社会关系澄明新人劳动的性质以及为何劳动。社会关系的基础是自然关系，人在原有自然关系的基础上形成了原初丰富性的社会关系。在原始条件下之所以尚未出现异化，是由于需要本身的原始性，是由于劳动分工的初步性（这是指人格方面或性欲方面的），是由于没有一种对功能机构化的等级划分。劳动不仅要维系个体的生命存续，还要为组织（氏族、部落、城邦或者现代民族国家）的生存提供物质基础。

在原初劳动过程中，"人""学习着"成为"人"。而这一"学以成人"的"学习"：一种是"人"在其"成人"过程中要学习的"知识"，是由其自身在劳动中、在与大自然的相互作用中创造出来。创造过程也即"自学"的过程，但由于人类个体生命作为一种未完成的开放性、有限性存在，要能够赓续存在和发展，就必须将已经创造出来的、可"获得"的"知识"或文化成果保存并传承下去，就必须通过自身生命的生产创造新的人类生命——以"学习"掌握前人已经通过"自学"创造出来的文化成果，即传承已经"获得"的文化成果。② 这最为积极地证明了原初劳动创造了人。

（二）异化劳动进程中新人的片面发展

异化劳动是人类劳动史的一个必经环节。异化劳动使劳动者丧失其自由生命本质——每个人的完整性、自主性、情感性和统一性都被碾得粉碎，"随着劳动的社会性的发展，以及由此而来的劳动之成为财富和文化的源

---

① 《马克思恩格斯选集》第1卷，北京：人民出版社，1995年，第88页。
② 王南湜：《恩格斯"劳动创造了人本身"新解——一个基于马克思主义哲学人类学的阐释》，《马克思主义与现实》2020年第5期第42—52页。

泉,劳动者方面的贫穷和愚昧、非劳动者方面的财富和文化也发展起来"①,为新人的解放创造了物质条件。劳动作为新人的对象化活动意味着新人对自身及其对象的依赖与超越,这一方面促成了新人的个性化发展,孕育了社会的复杂多样性、层次性和无限生机活力,促进了劳动分工,是人类进步的最伟大动力。另一方面,使新人从大自然中分化出来的"劳动"这一推进力量,随着时间推移和实践发展,逐渐发展成享受与劳动相分离、手段与目的相分离、工作与报偿相分离的异化劳动:滋生了各种社会矛盾和多方面的社会分化。劳动越专门,人们的劳动就越异化,越是在异化中工作:占据极大部分人们生活的劳动时间就是越痛苦的时间,越不能满足自己的需要和发挥自己的作用。"异化劳动把自主活动、自由活动贬低为手段"②,也就把人的类生活变成维持人的肉体生存的手段。在这种异化状态下,"劳动所生产的对象,即劳动产品,作为异己的存在物,作为不依赖于生产者的力量,同劳动对立。"③这样不仅不能彰显新人之为人的主体性存在,不能使新人在劳动中实现自己的本质力量,相反,他的劳动及其产品却以一种独立于、外在于他的形式和力量,成了禁锢人性的枷锁和祸端。"他在自己的劳动中不是肯定自己,而是否定自己,不是感到幸福,而是感到不幸,不是自由地发挥自己的体力和智力,而是使自己的肉体受折磨、精神遭摧残。"④虽然在劳动中劳动者运用自己的智慧和力量创造了物质财富和精神财富,促进了生产力的提高和社会进步,但由于是在强制性的压迫状态下劳动,他们体会不到自身劳动的意义,更不认肯自己是创造历史的主体!糟糕的是,这种异己力量控制随着世界历史性进程呈现快速扩大的趋势,"单个人随着自己的活动扩大为世界历史性的活动,越来越受到对他们来说是异己的力量的支配,受到日益扩大的、归根结底表现为世界市场的力量的支配"。⑤ 那么,如何消除异

---

① 宋吉玲,杨怡凡:《价值·要义·路径:共同富裕视域下的劳动价值观培育》,《社会主义核心价值观研究》2023年第4期第41-50页。
② [德]马克思:《1844年经济学哲学手稿》,北京:人民出版社,2000年,第58页。
③ [德]马克思:《1844年经济学哲学手稿》,北京:人民出版社,2000年,第52页。
④ [德]马克思:《1844年经济学哲学手稿》,北京:人民出版社,2000年,第54页。
⑤ 《马克思恩格斯选集》第1卷,北京:人民出版社,1995年,第89页。

化?"共产主义只消灭劳动及其成果(财富)的私人占有性质,而不消灭劳动及其成果本身,并且,从根本上说,只有劳动及其成果到一定程度,才能消灭它们的异化性质。"①即是说,异化劳动的产生与消除是历史的产物,不以人的意志为转移。从《1844年经济学哲学手稿》开始,马克思一系列著作中逐渐扬弃异化概念(淡出了马克思主义哲学的视域),从而作为附属范畴为新的革命理论服务,这在某种程度上逐渐澄明了异化劳动克服的可能性。

(三) 确立科学的劳动价值观生成时代新人

马克思认为,劳动转化为自由劳动与新人生成同趋一个过程。自由劳动是新人从自由发展的全部才能中生成的创造性活动。②"人的发展前提是劳动者从异化劳动中解放出来……充分展示自己个性从而实现自己本质力量的过程。"③客观地看,异化劳动本身增加了自由的可能性,因为必要劳动越是变得外在于个体,就越不会使个体陷入必然性,越有可能在必然王国争取现实的自由。孙迎光教授认为,人的全面发展就是扬弃异化,摆脱了拥有感的,以全面方式(不是片面的、拥有欲支配下的方式)"占有自己全面的本质"。④"在共产主义社会里,已经积累起来的劳动只是扩大、丰富和提高工人的生活的一种手段。"⑤这时人类生存发生质的变化,劳动将成为自由自觉的、创造性的活动。一旦我们只能迫于生理需要(包括社会化了的生理需要)而劳动,我们显然就没有达到真正的自由。"人的类特性恰恰就是自由自觉的活动,"⑥马克思豪情满怀地阐发了克服异化后劳动的意义,"我的劳动是自由的生命表现,因此是生活的乐趣""我在劳动中肯定了自己的个人生命,从而也就肯定了我的个性的特点。"⑦物质财富和精神财富是劳动所创

---

① 陈桂生:《人的全面发展理论与现时代》,上海:上海教育出版社,1988年,第30页。
② 《马克思恩格斯选集》第3卷,北京:人民出版社,1960年,第248页。
③ 陈新夏:《人的发展的新路向》,《马克思主义与现实》2010年第2期第54-59页。
④ 孙迎光:《马克思"完整的人"的思想对当代教育的启示》,《南京社会科学》2011年第5期第106-112页。
⑤ 《马克思恩格斯选集》第1卷,北京:人民出版社,1995年,第287页。
⑥ 《马克思恩格斯全集》第42卷,北京:人民出版社,1979年,第96页。
⑦ 《马克思恩格斯全集》第42卷,北京:人民出版社,1979年,第38页。

造出的两种价值形态,"充裕的物质生活和闲暇时间"内蕴着物质富足与精神富有,"厚植劳动情怀、倡导劳动立身、澄明劳动创造价值、伸张劳动正义"①,随着时代新人之间社会关系异己性的消灭,"劳动已经不仅仅是谋生的手段,而且本身成了生活的第一需要"②和"实在的自由"③。"人终于成为自己的社会结合的主人,从而也就成为自然界的主人,成为自身的主人——自由的人"。④ 这样劳动时间量不再阻碍时代新人的发展,劳动机能可以相互交换,所有这些便结束了异化状态。

二、合理运用自由时间是培育时代新人之空间

时间是培育时代新人不可回避的重要维度,而当前立足时间面向切入的研究成果较为匮乏。时间对于培育时代新人具有构成性作用,教育时空更是构筑教育意义的结构性基础。鉴于此,从时间维度展开对培养时代新人成效的经验性研究,具有极强的现实意义。马克思认为,"工作日的缩短"或闲暇时间的增多是新人生成的"根本条件",而劳动转化为真正的自由劳动是自由时间获得的先决前提。"劳动时间本身只是作为主体存在着,只是以活动的形式存在着。"⑤劳动赋予了时代新人生命价值的本体意义,使时代新人生命活动的时空结构成为主体性的能动存在。而自由时间的获得和运用,最终使劳动由谋生的手段转化为生活的目的,进而实现劳动意义的革命性升华。随着时代发展、社会全面进步及劳动生产力的提高,整个社会劳动时间持续减少,闲暇时间在增多,越来越深刻形塑着新人的日常生活,时间"作为人的生命尺度和发展空间"所具有的重要意义越发凸显。利用自由时间之量、辨清自由时间之质、把握自由时间之义构成了培养时代新人的新课

---

① 张晶,秦在东:《当代青年的劳动价值观危机及破解理路》,《思想教育研究》2022年第1期第98-103页。
② 《列宁选集》第3卷,北京:人民出版社,2012年,第197页。
③ 《马克思恩格斯全集》第30卷,北京:人民出版社,1995年,第615页。
④ 《马克思恩格斯选集》第3卷,北京:人民出版社,1995年,第760页。
⑤ 《马克思恩格斯全集》第30卷,北京:人民出版社,1995年,第121页。

题、新任务和新举措。①

(一) 历史是时代新人的实践活动在时间中的展开

要把握历史,把握生活,把握时代新人生成的条件,必须有一个历史和生活从中显露出来的境域,这个境域就是时间。在深刻理解和批判"时间是第一个有形体的本质"(赫拉克利特语)、"时间是由无数刹那延续的集合"(亚里士多德语)、"绝对的、真实的、数学的时间"(牛顿语)、"时间是纯粹的直观"(康德语,强调人对时间的主体地位)等旧的形而上学时间观的基础上,马克思从现实的人及其实践活动出发考察时间空间,"时间实际上是人的积极存在,它不仅是人的生命的尺度,而且是人的发展的空间",②此种对时间的革命性阐释是马克思关于时间理论的重要命题,凸显了时间对时代新人的生命和存在的价值和意义,以及新人对于时间的选择性、自主性——时间可以通过新人实践活动形式的变化而拓展新人的活动空间。之后马克思进一步展望自由时间的性质和运用对于新人生成的革命性价值和意义:"自由时间——不论是闲暇时间还是从事高级活动的时间——自然要把占有它的人变为另一主体",③使每个人充分发展,充分展现自己的本质力量。马克思说:"自由时间是不被生产劳动吸收的,而用于娱乐和休息从而为劳动者的自由活动和发展开辟广阔天地的余暇时间。"④首先自由时间是社会时间,它"承载着人的认识、经验、体验、价值、生命追求,已经被人们赋予了丰富的意义"⑤,即用于娱乐和休息、发展自由个性的时间,是自由得以铺展开的现实地平线,直接关涉到工人阶级何以能解放全人类以及新人生成问题。马尔库塞对此有深刻的认同:"自由的第一个前提就是缩短劳动时间,

---

① 姚文杰:《自由时间:新时代思想政治教育的新视域》,《思想教育研究》2020 年第 6 期第 21-25 页。
② 《马克思恩格斯全集》第 47 卷,北京:人民出版社,1979 年,第 532 页。
③ 《马克思恩格斯文集》第 8 卷,北京:人民出版社,2009 年,第 204 页。
④ 《马克思恩格斯全集》第 26 卷下册,北京:人民出版社,1974 年,第 281 页。
⑤ 王猛:《试析马克思的自由时间观》,《湖北民族学院学报(哲学社会科学版)》2014 年第 1 期第 107-110 页。

使得纯粹的劳动时间量不再阻止人类的发展""决定人的生存内容的,不是劳动时间,而是自由时间。"①因为在自由时间内,新人可以随自己的意志和爱好决定做什么、不做什么,摆脱了强制性和受压迫的状态,体现了新人生成的主体性和自觉性。在未来,自由劳动和休闲将是新人不可分割的存在和发展方式,如果新人除了必要的睡眠时间外(甚至连必要的睡眠时间也被剥夺或保证不了),都在从事谋生的活动,那么我们不可能有什么实质性发展。

(二)自由时间来源于新人所创造的剩余时间

马克思通过批判资本主义社会中的私有制和异化劳动,揭示社会必要劳动时间和剩余劳动时间构成社会时间,自由时间是从剩余劳动时间里抽离出来的。必要劳动时间满足基本生存需要,是人类社会生存和发展的基础。在人类社会早期,生产力极其低下,单个人独自无法生存,人们共同劳动,几乎利用全部生命活动时间来满足基本的生存需要,几无可能有时间及空间来发展个人的各方面能力。当社会发展到阶级社会,开始出现剩余劳动,少数剥削阶级从维持生存应承担的必要劳动中脱离出来,利用多数被剥削阶级的剩余劳动给他们提供的自由时间,"社会的自由时间是以通过强制劳动吸收工人的劳动为基础的,这样,工人就丧失了精神发展所必需的空间,因为时间就是这种空间。"②导致自由时间创造与占有的背反——少数人剥削多数人的剩余劳动而获得自由时间,拓展发展的空间;多数人被迫劳动,被榨取剩余时间,丧失自由发展的空间。这样一方的自由时间就是另一方被剥削的时间。自由时间被剥削阶级占有,未在整个社会范围内转化为可自由支配、自由发展的时间。

(三)自由时间的获得和运用拓展新人生成的空间

马克思提出:"整个人类发展的前提就是把这种自由时间的运用作为必

---

① [美]马尔库塞:《爱欲与文明》,上海:上海译文出版社,2005年,第173页。
② 《马克思恩格斯全集》第32卷,北京:人民出版社,1998年,第343页。

要的基础。"①现代社会发展的一种必然趋势即劳动时间逐渐缩短,自由时间日益增多,这是人们长期努力奋斗的结果。"那时(共产主义社会),财富的尺度绝不是劳动时间,而是可以自由支配的时间。"②以自由时间作为财富的衡量尺度,体现了马克思对衡量人生价值和意义的标准的理解超越了同时代弥漫的资本逻辑的掣肘。自由时间增加使人们能够有更多自由活动的空间和更大自由度发展个性,人类存在的空间并不只是无止境的物质世界,而是人类通过有限的生命时间与外部世界发生多种多样的联系。此外,生产力的发展和自由时间的增加相互促进,呈现正相关关系,共同促进人的全面发展。"社会生产力的发展将如此迅速,以致尽管生产将以所有的人富裕为目的,所有的人的可以自由支配的时间还是会增加。"③"节约劳动时间等于增加自由时间,即增加使个人得到充分发展的时间,而个人的充分发展又作为最大的生产力反作用于劳动生产力。"④

(四)联合起来的个人占有和支配自由时间是新人生成的途径

时代新人对时间的依赖关系——新人的任何实践活动都要经过、花费一定的时间,时间是新人的生存方式;新人对时间的能动关系,即新人能够按自身发展需要,增加能展现/减少不能展现自身生命本性的实践活动时间,从而为实现自己的全面本质、创造生命价值提供条件。"当全体社会成员共同占有生产资料,每个人都必须劳动时,人们才能获得自由支配的时间,才能同等地、愈益丰富地得到生活资料、享受资料和发展资料。"⑤随着科学技术的发展,劳动的合理化和自动化必定减少消耗在异化劳动中的能量,从而释放更多的自由能量,为实现个体机能的自由发展目标服务——因为他减少了生产生存必需品的必要劳动时间,从而使新人可以充分利用节约

---

① 《马克思恩格斯全集》第32卷,北京:人民出版社,1998年,第215页。
② 《马克思恩格斯全集》第31卷,北京:人民出版社,1998年,第104页。
③ 《马克思恩格斯全集》第31卷,北京:人民出版社,1998年,第104页。
④ 《马克思恩格斯全集》第31卷,北京:人民出版社,1998年,第107-108页。
⑤ 冯春芳:《马克思闲暇生活思想探讨》,《河海大学学报(哲学社会科学版)》2014年第3期第15-19页。

下来的时间发展那些自由王国所需要的能力。

时代新人生成与自由时间的获得是直接联系在一起的。社会生产力发展到极高程度,物质资料充分涌流,自由时间就会出现,在这种客观条件下,新人高度丰富的社会实践、社会交往和社会关系为自身发展提供新人主体性和能动性的发挥空间和条件,而社会则通过公序良俗和完善的制度安排为新人生成创造社会交往的空间和可能性。马克思强调,"只有到了外部世界对个人才能的实际发展所起的推动作用为个人本身所驾驭的时候,才不再是理想、职责等"①,由此可见,新人必须全面地占有自身与社会的物质和精神的交往关系,而让其成为一种反噬异化的力量,为此从前被异化的人将得到彻底解放,自由劳动将成为人类生命的自由自觉的本质,新人将在全新的社会形态中转变为全面发展的人。

三、满足美好精神生活需要是培育时代新人之动力

"人的需要的丰富性乃是社会主义状态下人的本质力量的证明,也是社会主义优越性的核心表征"②,马克思主义在展望未来共产主义社会时指出,"足以保证每个人的一切合理的需要在越来越大的程度上得到满足",③时代新人日益增长的美好生活需要是生产力获得较高发展的动力,时代新人衣着、饮食、居住、闲暇的需要普遍得到满足,且这种普遍满足将扬弃异化劳动(这一点至关重要),亦即新人生存不受异化劳动的支配。马克思主义认为,人类生活由生产生活、肉体生活、精神生活构成。其中,最基本、最首要的生产生活,它是维持肉体生活、通向精神生活的前提条件和必经之路。在美好生活构建中,三者占据着不同地位、扮演着相异角色:生产生活是美好生活的源头活水和主要支撑,肉体生活(生产生活的直接目的)是美好生活的具体体现和物质基础,精神生活(由生产生活决定并受制于肉体生活)是美好

---

① 《马克思恩格斯全集》第 3 卷,北京:人民出版社,1960 年,第 330 页。
② 项久雨:《新时代美好生活的样态变革及价值引领》,《中国社会科学》2019 年第 11 期第 4-24+204 页。
③ 《马克思恩格斯选集》第 3 卷,北京:人民出版社,2009 年,第 460 页。

生活的本质体现和核心标准。新时代应更加重视新人的精神存在，突出生产生活的精神向度，增加肉体生活的美学意蕴，重建精神生活的丰富样态。①美好生活需要包括在知识能力、时间空间、生产生活领域等多方面要求，涵盖器物、制度和精神文化等多方面条件和机会，美好生活需要的判断标准，主要取决于是否与新时代的发展方向相一致，是否使新人更加重视精神性和发展性需要，是否使新人充满了生机活力和创新精神。

（一）美好精神生活需要蕴含着更高的价值和意义

马克思主义认为，需要蕴含着价值和意义——既揭示新人是能动的自然存在物，也揭示物的"匮乏"，它是新人生存与发展的原动力和内在根据，具有推动实践创新的积极作用。更为重要的是，满足新人的各种需要是人类从事劳动的一般目的和内在动机，对时代新人的行为切实能够发挥综合作用的因素，只有时代新人的需要才能承担起来。"任何个人如果不是同时为了自己的某种需要和为了需要的器官而做事，他就什么也不能做。"②需要即时代新人的本性，虽然劳动和社会条件是新人的行为初始原因，然而劳动要影响新人的行为，除了通过需要之外，别无其他途径。换句话说，劳动创造条件满足需要，同样也创造满足方式，并且通过需要和其满足来决定新人的各种行为。在社会中，需要发辉最佳动力作用的条件，即需要全部转化成从事劳动的需要，付出的劳动与需要满足呈正相关联。相反，异化劳动——与自身需要相分离的劳动，本应作为满足需要的手段的劳动反过来阻止、扼杀需要——缺少内在动力。需要与劳动具体的现实的统一是社会主义建设创造力的源泉。习近平总书记强调"用勤劳的双手和诚实的劳动创造美好生活，拒绝投机取巧、远离自作聪明"③"不断满足人民群众多样化、多层次、

---

① 武潇斐:《"美好生活"的构成要素、内在规定与创造路径——基于〈1844年经济学哲学手稿〉的释读》，《中共福建省委党校学报》2018年第4期第19-24页。
② 《马克思恩格斯选集》第3卷，北京：人民出版社，2009年，第286页。
③ 项久雨:《新时代美好生活的样态变革及价值引领》，《中国社会科学》2019年第11期第4-24,204页。

多方面的精神文化需求"①,比如深入实际,调查研究,精准对接新人日益多样化高水准的精神生活需要,促进社会公平正义,共享改革发展成果,提升新人的整体生活水平,引导新人追求共享性精神生活需要满足等,实现精神生活共同富裕的现实性与长远性、社会性与个体性、全面性与差异性的平衡。

(二)美好精神生活需要遵循着"需求上升规律"

从历史上看,时代新人的需要是一个开放系统,具有不确定性、差异性和复杂性等特性,不会永远停留在一条水平线上,它伴随着社会实践的发展、遵循着"需求上升规律"而发展。起初,为满足某种直接需要必须有所活动,这一活动只是作为满足这一需要的活动而出现,比如饿了寻找食物的活动,找到食物填饱肚子后这一活动即结束。而在往后的发展中,这种关系颠倒过来,即"已经得到满足的第一个需要本身、满足需要的活动和已经获得的为满足需要而用的工具又引起新的需要,而这种新的需要的产生是第一个历史活动"②。需要产生动机,动机促使时代新人去活动,在活动的基础上,时代新人又产生新的需要,驱策新人去开拓更广阔的活动领域,新人生成的过程就是通过活动满足和创造需要的过程。美国社会心理学家马斯洛对此进行过深入研究。马斯洛认为,人是一种不断需求的动物,除短暂的时间外,极少达到完全满足的状态。一个欲望满足后,另一个迅速出现并取代它的位置;当这个被满足了,又会有一个站到突出位置上来。并且,满足了的需要不再是需要:机体的控制者和行为的组织者只能是未满足的需要。如果饥饿得到满足,它在人目前的原动力中就变得无足轻重了。③ 由此可见,需要虽能控制主体的活动,但只有在它有对象需要的情况下,并且是在需要尚未得到满足的时候,它才能执行这个机能。

---

① 习近平:《扎实推动共同富裕》,《先锋》2021年第10期第5—8页。
② 《马克思恩格斯选集》第1卷,北京:人民出版社,1995年,第79页。
③ 《马克思恩格斯选集》第1卷,北京:人民出版社,1995年,第43—44页。

（三）美好精神生活需要引领着时代新人价值观念的跃升

时代新人的每一具体需要都是内容和其形式的统一体，需要满足方式的改变和发展，引领着新人价值观念的嬗变。"这个自然的必然性的王国会随着人的发展而扩大，因为需要会扩大；但是，满足这种需要的生产力同时也会扩大。"[1]在最初的发展过程中，时代新人的自然性需要——吃、喝、性行为等等是主要的，在新人的生活中占据着重要的位置；而新人的社会性需要——劳动、交往、道德等，则要以自然性需要为前提，是从自然性需要发展而来的。"我们的需要和享受是由社会生产的，因此，我们对需要和享受是以社会的尺度……去衡量的"。[2] 事实正是这样，在一定历史发展阶段，时代新人的社会性需要越来越扩大，在时代新人的生活中所占的位置越发重要，甚至新人的自然性需要也渗透进强烈的社会性，使自然性需要不可避免地从属于社会性需要。把需要范围缩小到每个新人的一生，其历史过程几乎也是这样；因为时代新人作为一个整体，或作为一个系统，是社会的缩影。多种美好生活需要共存，说明新人的生活丰富多彩。一个小伙子午休时，随便寻着个僻静处，一面啃着面包，一面读着哲理小说。仅这一个镜头便可说明：他不只为满足自然性身体需要，也为满足生活性社会需要；他不只为满足物质需要，也为满足精神需要；他不只为满足继续劳动的需要，也为满足再认识的需要。就仅读哲理小说一事，又可从其精神需要中，分解为心理的、审美的、智力的、道德的、交往的、认同的等等需要。吃饱喝足了，工作时间恰好也到了，小伙子又回到机器旁干起活来，这时各种需要便立即转换为劳动的需要了，新人的需要就是这样不断地循环转换着、发展着。

当前，时代新人的每一种需要都构成一个由一系列复杂条件相伴随的综合体，推动着新人美好生活需要的发展，改变着个人、群体、组织、阶级和民族的需要，从而把时代新人生成推向一个更为高级、更加丰富多彩的历史

---

[1] 《马克思恩格斯文集》第 7 卷，北京：人民出版社，2009 年，第 928 页。
[2] 《马克思恩格斯文集》第 1 卷，北京：人民出版社，2009 年，第 729 页。

阶段。"实现人的全面发展,满足人的多重需要是前提"①。在现实生活中,不同环境条件可以诱发和满足时代新人不同的需要,而环境条件的变换、更新和发展,不仅引起需要的量的不断增长,也会引起需要的质的飞跃发展。"工人必须有时间满足精神的和社会的需要,这种需要的范围和数量由一般的文化状况决定。"②时代新人个体的需要将从社会需要中获取人类发展水平上的内容,并内化为追求的目标和动机,从而达致时代新人整体需要的目标整合和动力体系的发展。马克思提出,"需要是同满足需要的手段一同发展的,并且依靠这些手段发展的。"③黑格尔也认为:"需要和手段,作为实在的定在,就成为一种为他人的存在,而他人的需要和劳动就是大家彼此满足的条件。"④任何不起眼需要的满足,通常都会引起新一轮更高级的需要,并促使满足需要的手段一道发展——因为新人是在错综复杂的社会关系中相互支撑的共生性存在,必须相互联系、彼此配合着行动——"我"要想从其他人那里获得满足需要的手段,"我"就不得不接受别人的意见,而同时"我"也不得不生产满足别人需要的手段,没有谁能够完全不依靠别人、不被他人提供帮助,却又完全不为他人服务而得以生存和发展。一句话,只有在联合的共同体中才能获得美好生活需要的可持续满足。

(四)高质量供给逐渐满足美好精神生活需要

转变需要的结构及表达需要、满足需要的方式。在资本主义现代化大生产方式中,在无限追求利润的驱动下,产生了相互勾连的无限生产、虚假需要和异化消费的动态过程——无限生产是初始的推动力,异化消费和虚假需要既是其结果又里应外合形成了新的推动力,三者互推共进,形成资本主义生产方式持续生长的动力。无限生产→商品"过剩"→刺激消费→扩大新人的"基本需要"→奢侈品(广告操纵)→必需品,这样致使需要不再发自

---

① 钟明华:《人的全面发展:共同富裕的价值旨归》,《国家治理》2021年第45期第24-28页。
② [德]马克思:《资本论》第1卷,北京:人民出版社,2004年,第269页。
③ 《马克思恩格斯选集》第2卷,北京:人民出版社,1995年,第218页。
④ [德]黑格尔:《法哲学原理》,范扬、张企泰译,北京:商务印书馆,1961年,第207页。

于新人的内心,而异化成纯粹的外部"制导",消费由满足需要的方式变异为生产进一步扩张的推动力。随着文明建设的发展,要调整新人的需要结构,引导新人更多追求精神需要——对文化、道德和理想的希求,对自身完美性的追求等。我们还可以在消费领域之外,比如生产领域中(基于自由劳动对人的全面发展的重要作用),创造出一种能促进时代新人直接参与"生产性闲暇"和"创造性劳动"需要的环境,寻求时代新人的满足感和幸福感。比如以平等的、全体人为基础的共同联合体结构来组织劳动,使每个人充分发挥自己的特长和能力,使每个人自由和自主地决定自己的切身需要,在生产活动中实现自己的愿望和价值,由此实现需要结构及表达需要和满足需要方式的逐步完善。

四、走向全面个性是培育时代新人之过程

马克思主义把人的理想发展状态称为"全面个性",把个性与全面联系起来,用全面来规定个性。全面个性,是指个人能作为个人,扬弃异化,扬弃束缚新人生成的各种形式的劳动异化、资本异化和消费异化,摆脱人的依赖关系和物的依赖关系,且能根据个人意愿充分自由地表现和发挥其创造能力,自由地实现自己的日常生活和社会生活。全面个性是在生产力高度发展的基础上和社会关系的不断丰富中逐步生成的。

(一) 个性生成和社会发展互为前提、相互促进

马克思恩格斯在《形态》中提出,新人的个性是受非常具体的阶级关系所制约和决定的,只是在他们与另一个阶级的对立中才出现的,新人就是生成为"有个性的个人"。因为社会关系决定着新人的社会角色和地位,决定着新人如何发展、向何处发展、能够发展到什么程度。马克思人的发展三大形态理论内含着一个核心问题,即新人的社会关系不断发展完善的历史过程,表现为不断地冲破原有社会关系的束缚(从"原始丰富性的""异化的""偶然性的""狭隘地域性的"个人向"完整的""自由的""有个性的""世界历史性的"个人的发展),摆脱人的依赖和物的依赖的依附关系,重构、拓展新

的社会关系的过程。黄明理教授认为,人的个性主要不是差异性、个别性和有限性,而是丰富性、普遍性和超越性。个人不可能在孤独的状态下自满自足和展现个性。① 全面个性不同于前资本主义社会的依附于"原始部落""奴隶社会"或"封建社会"等"自然的个性"或"依附的个性",不同于资本主义社会中处于商品、货币、资本、资产阶级及其国家等抽象的和虚幻的共同体中的"偶然个性",也不同于我国社会主义初级阶段生产力不发达、人的依赖关系和物的依赖关系共存条件下的"有限性独立的个性",而是体现了在生产力高度发展、社会财富充分涌流,"在共同占有和共同控制生产资料的基础上联合起来的"普遍性、丰富性和超越性的个性。全面个性即消除"作为独立于他自身之外的社会权力和社会关系同他自己相对立"②的状况,确立"个人对偶然性和关系的统治""现实联系和观念联系的全面性"、需要全面性、感觉丰富性、"生命的生活"创造性、精神自主性和个人能力全面性,展现出个性的广阔性、深刻性、开放性、积极性和独特性。"由于随着完全形成的人的出现又增添了新的因素——社会,这种发展一方面便获得了强有力的推动力,另一方面又获得了更加确定的方向"③,个性和社会发展互为前提、相互促进。

(二) 个性生成仍处于物的依赖阶段

生成全面个性的物质基础积累的过程,伴随着社会结构的转变过程和时代新人的精神气质等内在结构的历史性生成过程。由于我国是在一穷二白的经济境况下走上社会主义道路的,必须依靠尽快提高生产力,恢复发展经济,不断生产出丰富多样的物质产品,满足新人基本的物质、文化发展需要;国家要想强大,也需要发展和扩大物质财富,这样,物化现象将会不断延展并繁殖着新的物化现象。在"物"的面前,人不但重新丧失了独立性,而且

---

① 黄明理:《马克思人性论思想对思想政治教育的启示》,《马克思主义研究》2009 年第 5 期第 110-114 页。
② 《马克思恩格斯全集》第 30 卷,北京:人民出版社,1995 年,第 112 页。
③ 《马克思恩格斯选集》第 4 卷,北京:人民出版社,1995 年,第 378 页。

表现为"人"之规定性的丧失,人以一种"异化"状态存在。现在中国已经成为世界第二大经济体,新人的生活水平得到了大幅度提高,目前的问题是,如何在"物"与"人"之间搭建桥梁,使"物"为自由全面发展奠基?但是麻烦在于,韦伯发现,物的世界已经生成了自身的发展逻辑,不完全由人来控制了!"在资产阶级社会里,资本具有独立性和个性,而活动着的个人却没有独立性和个性。"①在资本现代性、消费异化宰制、市场经济演变、文明冲突和共存的时代际遇下,必须研究物世界的发展向度,而不能按照已经多元化、异质化的某类"人"的主观视角或价值判断随意阐释"物的世界"的延展。

(三)在和合共生中推进全面个性生成

当下个性全面发展仍处于初级阶段,这一阶段独立个性、个性的独立性与对人与物的依赖性并存,促进或阻碍全面个性发展的正反两方面的因素和条件共时并存。有利的一方面,政治、经济、文化、社会及生态"五位一体"持续协调发展,为新人的个性全面发展提供了和谐稳定健康的大环境,增加了新人的闲暇时间,拓展了其存在空间,以"自由个性"为导向已经成为新时代中国人个性自由的现实发展趋势。以科学技术为主导的生产力水平的提高,比如,交通运输能力突飞猛进,数字化网络融合技术的迅猛发展,为新人在现实和虚拟空间的移动和沟通交流提供了很大便利,使地球缩小成"地球村",增加了新人可支配的自由时间,使个性全面发展得以可能。此外,市场经济是新人最普遍的生活现实,其运行方式为新人个性全面发展提供了广袤的时空。市场经济产生日益发达的物与物的直接流通、商品交换和日益深入的人与人的生命融合、本质交换:人与物的世界历史性的普遍转换,把新人的能力、新人的创造性对象化到物中去,扩大了人与人之间的交往关系,使每个人都有可能占有人的"类本性"和"类能力",但同时人与人关系的"物化"现象却是不容忽视的负面影响。以弥漫全球的资本逻辑为代表的种

---

① 《马克思恩格斯选集》第1卷,北京:人民出版社,1995年,第287页。

种经济风险,滋生了新的贫富差距,加大了生存压力,在不同利益群体和阶层内部及其之间产生了包括个性发展在内的各种异化;长期存在的资源及财产分配不均也加重了新人在发展机遇上的不平等,从物质到精神压缩了个性全面发展的空间。在观念上,绵延数千年的对于金钱和权力的依赖,依然毒化着时代新人个性发展的环境空间,侵蚀着独立新人全面个性赖以生成的基础,甚至是当前时代新人个性发展的瓶颈。基于此,为了摆脱各种异化作用,应从休闲生活的拓展、创造能力的提升以及精神生活的丰富等方面寻找新人全面个性生成的方式和途径。

时代新人的劳动实践活动与其他生命活动不同,它起着决定性的统领作用(一切社会关系都是在劳动的基础上发展起来的),是时代新人的有目的的活动的总和,它既体现着新人的需要的内在本质、类本质和"人是一切社会关系的总和"的现实的社会本质,还体现着新人所具有的个性特征,等等。劳动是新人为了满足自身的需要才进行的,时代新人的需要是在劳动实践的基础上产生的,需要又随劳动或生产的发展不断合理化,并向劳动推出新的更美好需要,在此过程中,劳动日趋多样化和个性化——劳动多样化内含着新人总体性生成,劳动个性化内蕴着人的个性化生成,且越来越突显出非物质劳动或精神劳动的价值。劳动创造了时间并把它引入到世界之中,当下"数字化的智能劳动以及越来越个性化的劳动选择为劳动解放和人的发展开辟了广阔的自由空间与自由时间,为人类走向全面的自由劳动和真正的自由全面发展展现了可期待的图景。"①时代新人全面个性的生成,在时空的直接统一性上,归结于自由时间的运用,但"自由个性发展不是唯个体的发展,而是个体在全面的、自由的、个性化发展的同时,也作为其他'一切人的自由发展的条件'的共同发展,是整个人类联合体的共同且全面发展。"②因为首先,时代新人的劳动必须借助于特定的物质、文化、社会形式和

---

① 程从柱:《劳动教育何以促进人的自由全面发展——基于马克思主义劳动观和人的发展观的考察》,《南京师大学报(社会科学版)》2020年第3期第16—26页。
② 程从柱:《劳动教育何以促进人的自由全面发展——基于马克思主义劳动观和人的发展观的考察》,《南京师大学报(社会科学版)》2020年第3期第16—26页。

社会关系进行,它是主体性和客观现实性的统一,而时代新人的现实需要是使劳动的主体性和客观现实性统一的内在根据。其次,时代新人的美好精神生活需要促使其劳动具有创造性,生产出特定的物品满足特定的需要;又使其具有社会制约性,时代新人需要的满足方式和满足状态是受动的、受制约的。时代新人既是需要的主体,又是需要的客体;既需要发展社会,也需要社会来发展自身。需要提供了时代新人本身作为主客体统一的内在规定,提供了时代新人不断追求、不断发展的内在根据。第三,时间和空间则是劳动和需要展开的条件,生成了当今的世界历史性活动和构建人类命运共同体的人类文明新形态①。第四,在个性全面发展这一问题中,其中最重要的是社会如何利用和实现这一发展的条件问题。在以往对这一问题的讨论中,只是列举许多个性全面发展的"条件",而很少分析这些条件是如何起作用的。这就很难讲清楚——为什么资本主义社会为个性发展"锻造了许多条件(异化的武器)",但这些条件却不用于个性的发展,或者为什么不能最有效地为个性发展所利用呢?为什么这些条件却反过来阻碍个性的全面发展呢?显然,这里有一个社会运用条件的目的和方式问题。② 另一个重要问题是个人如何把外部客观条件的可能性变成现实性的问题,这里个人内部主观的能动的调节、选择和利用自由时间(尤其是在科学技术创造了大量闲暇时间的当下)就起关键作用了。再比如生产力是个性全面发展的最重要的条件之一,但如何运用它来为自身全面发展服务就是一个根本问题。时代新人的个性千差万别,他们往往根据自身的需要来取舍外部客观条件服务于自身的发展,为此,个性全面发展的程度也千差万别。由此看来,在个性全面发展问题上,既要考察外部客观条件,又要关注社会运用这些外部客观条件的目的、性质和方式,以及个人主观能动性地调节、控制、选择和利用的作用,夸大任何一方都难以讲清楚个性全面发展的问题。

---

① 陈曙光:《世界大变局与人类文明的重建》,《哲学研究》2022 年第 3 期第 5-15＋125 页。
② 丁昀:《思想政治教育丰富人民精神生活之意蕴与路径》,《江苏师范大学学报(哲学社会科学版)》2023 年第 5 期第 115-124 页。

第二节　培育时代新人的深刻要义

如前所述,时代新人是一个历史性、生成性概念,有着深厚的理论内涵和哲学意蕴,其培育是主客体相互作用、相互塑造的复杂过程,必须着眼于立德树人根本任务、培育和合共生的思想基础、输入全方位的精神动力支持、创新育人的内容和空间。

一、着眼于立德树人根本任务

党的十八大报告提出要"把立德树人作为教育的根本任务"①之后,党和人民高度重视、热心支持立德树人事业,以适应并满足新时代中国特色社会主义现代化强国建设需要,"我们的教育绝不能培养社会主义破坏者和掘墓人"②,其所立之德、所树之人是中国特色社会主义现代化所需之德及所要之人。立德树人既是实现教育强国的政治要求,又是提升时代新人文明素质和文明程度的法定要求,社会各主体要主动承担相应的责任、履行相应的义务,敏锐地捕捉住"现阶段任务"而设定目标真抓实干,而不是形式主义地对待,甚或把它当成一种负担,上级推动搞一搞,敷衍了事。可以充分利用当地的公共文化基础设施,像文化馆、群艺馆、图书馆、科技馆、文娱活动中心等,拓展立德树人的时间空间。运用实践与认识关系的规律、思想政治教育规律等激发精神动力的功用性价值和手段性价值,呈现人民智慧结晶和追求真善美的创造性价值,又对于社会可持续发展有着重要的社会性价值和现实性价值。为此,应发自内心而不是功利化地高度重视,不能搞一阵风式运动,着力"塑造共同的理想信念、凝聚共同的价值理念、弘扬共同的道德观念",增强时代新人的精神力量,呈现出新时代"中国方案"对凝聚人类共同

---

① 胡锦涛:《坚定不移沿着中国特色社会主义道路前进　为全面建成小康社会而奋斗——在中国共产党第十八次全国代表大会上的报告》,北京:人民出版社,2012年,第35页。
② 习近平:《论党的宣传思想工作》,北京:中央文献出版社,2020年,第343页。

价值追求的示范效应,从而进一步延展人类共同价值的作用空间,深化人民群众立德树人的高度认同和行动自觉。

同时,清醒地认识到立德树人成效易受复杂的社会环境影响而反复,需长期艰苦不懈地巩固和创新。即使略有成就,也不能满足一时一地的成功,面对新时代复杂的国内外局势,若不下一番苦功夫,踏铁留痕,很难取得实效。为此,必须通过教育、培训和交流来强化思想认识。一方面,各级政府部门可通过定期召开立德树人工作的教育培训班,对相关人员进行宣传教育,总结经验和教训,查找下一步工作重点,使他们真懂立德树人的价值所在:不为了追求考核结果和绩效的排名,早发现、及时纠正立德树人中的偏差,提升实效。如果说教育、培训可作为强化认识、提升能力的手段,那么交流则是拓宽思维、开阔思路的过程。一些立德树人成功经验和做法具有很好的借鉴意义,需要通过多样化多途径方式常态化推广。此外,高校和相关政府部门可通过重大节庆活动,组织召开立德树人工作总结交流会,共同学习、共同提高认识。

现代社会影响培育时代新人的因素很多、很复杂,变化又快,不能指望一蹴而就地解决问题,需要运用系统思维的手段与方法,"在部分和整体的关系中,要跳出部分,从整体看部分,具有系统视野,树立系统观念"[①]。除已被实践证明行之有效的传统方法、手段外,还应当结合新情况新问题,吸取他国有益经验,合理运用数字信息技术,不断探索新的方式方法。第一,注重显性教育和"隐性教育",即公开性与渗透性的统一。在培育时代新人实践中,尤其是针对青少年的教育中,公开的、鲜明的、正面的教育引导依然十分重要。教育者应理直气壮地教授社会所要求的道德准则,观点不能含混不清或持中立态度,要态度坦诚,旗帜鲜明,但仅凭这种直接的方式仍捉襟见肘,因其时间的集中性和观点的鲜明性容易造成强迫灌输的错觉,说理不透彻往往变成了说教和灌输,进而引发时代新人产生逆反心理,形成一种心理"茧房",阻碍时代新人对有关思想、政治、道德、理念、规范的理解和内化,

---

[①] 韩庆祥:《"根本问题"与"国之大者"》,《马克思主义理论教学与研究》2022年第2期第12-17,24页。

这是应引起警觉的问题。因此,新时代育人方式应当更具有自然性和隐蔽性,潜移默化、润物无声。第二,有效利用人工智能,开展人工智能＋培育。人工智能迅猛发展正改变着经济、政治、社会、文化的组织结构和运行方式,也改变着时代新人的生活方式、思维方式和行为方式,人工智能深度融入时代新人日常生活,其深刻性是以往任何变革所无法比拟的。人工智能既给培育时代新人提供了前所未有的机遇和便捷的教育手段,也带来了严峻挑战,诸如人工智能夹杂的信息污染、不良交友软件、沉溺网瘾、网络伦理道德以及海量信息选择难题,都急需加强网络道德建设,提高时代新人的道德自律意识。如何让时代新人尽可能规避人工智能的不良影响因素,并通过教育、沟通让他们及早形成对人工智能趋利避害的自主能力,是网络时代的当务之急。新时代通过人工智能教育引导管控网络舆情,向时代新人提供有价值的、正能量的信息,进行潜移默化的教育。同时,引导时代新人辨别、选择优质网站,文明上网,这是时代新人必备的素质。

二、培育和合共生的思想基础

"和合共生"就是把和谐的观念、和谐的价值取向内化为时代新人的思维方式和行为方式,形成和谐的个性心理和社会氛围。时代新人首先是具有独特个性心理特征的主体人,即具有远大志向、执着追求、顽强意志、充沛情感的时代新人。社会主义现代化强国建设,需要塑造与社会和谐要求相适应的人。因为只有当广大人民群众具备了正确的政治态度、和谐的思想理念、良好的道德品质、健康的心理行为时,培养时代新人才具有现实可能性。在培育时代新人的过程中,既要警惕"左",又要防止右。所谓右,就是思想保守,认为培养时代新人冲淡了"政治性",不利于稳定社会和维护秩序。所谓"左",就是认为培养时代新人就是倡导个体主义、自由主义和标新立异,背离社会发展方向。为此,要讲明白个人主义、自由主义与培养时代新人不是等同的,要讲明白培养社会性、道德性、党性与培养时代新人是统一的;任何离开时代新人说道德和离开道德谈时代新人都是不科学的;倡导为了促进时代新人的个性充分发展的进取性道德,而每个人张扬个性,各尽所能做好本职工作为社会做贡献则是最大的道德。新时代"用什么培养人"和"向什么方向培养"的问题,[①]将培养时代新人的价值导向定位于培育全面的、自主的、有创造性的人。马克思主义认为,人既是手段,又是目的;人的主体地位的获得与自身价值的确立伴随着从人的依赖到物的依赖再到走向自由个性的整个历史过程,人由一个自然人成长为一个社会人,很大程度上取决于他所受的教育,使时代新人不断掌握新的认识能力、劳动能力和生活能力,促进时代新人在德、智、体、美、劳等多方面发展。随着时代新人的境况,诸如时代新人的社会存在、生活条件、社会关系的改变,其观念、观点和理念也随之发生改变,我国正处于社会主义初级阶段、是世界上最大的发展中国家的基本国情决定了我国培养时代新人条件仍不平衡不充分,这是新时代培育时代新人所处的最基本现状。

马克思主义强调一种"整体"的观念,是将人、自然与社会三者的关系统一起来进行分析研究,推进人、自然与社会走向和合共生。马克思恩格斯认为孤立地探讨人与自然的关系是不现实的,必须结合人与人的关系探讨。人与人的交往活动关系形成了社会,而人类的生产实践活动又必须要在这样的社会中才能进行下去。培育时代新人并不是依靠单个的个体就可以实现的,必须将其置于更为多变的生产生活、交往实践关系中去实现。马克思主义认为劳动实践是时代新人的存在方式,在各种劳动实践中形成良好的物质交往关系,并构成了人、自然与社会的关系。在马克思主义视域中,人、自然与社会本身就是有机的和谐统一体。

三、输入全方位精神动力支持

新时代为培育时代新人奠定了更充分更坚实的经济、政治、文化、社会和生态基础。在推进建设社会主义现代化强国和中华民族伟大复兴的过程中,新时代社会主要矛盾的转变,不平衡不充分的发展制约着培育时代新人

---

① 王习胜:《当前思想政治教育的主要矛盾与发展趋向》,《马克思主义研究》2015年第9期第133-138页。

成效,尊重时代新人的主体地位、始终坚持以人民为中心的发展理念才是制胜之道。"必须坚持以人民为中心的发展思想,不断促进人的全面发展、全体人民共同富裕",从新时代高度,对马克思主义唯物史观"人民是人类社会的主体,是历史发展的动力源泉"作了新论述,对时代新人作了新阐释。事实上,从"经济人""政治人""理性人""工具人",生成为社会人、文化人、生态人的历程,使得个体生命价值不断得以充实与丰满,呈现出个性化、多样化、生活化和品质化表征。

新时代取得的历史性成就为培育时代新人输入全方位精神动力支持——国力上台阶,发展开新局,民生增福祉,全面建成小康社会,历史性地解决了绝对贫困问题,我国史无前例地更接近培养时代新人的目标,更有信心、有能力实现这个目标。以2020年突然暴发的新冠疫情防控为例,以习近平同志为核心的党中央秉持"以人民为中心"、人民利益至上的坚定立场,把人民群众生命安全和身体健康放在第一位,审时度势、沉着应对,众志成城、共抗疫情,疫情防控形势得以成功逆转,有效保护了人民的生命健康,人民自信心、安全感爆棚,空前激发了对国家的认同感、民族自信心和强大的精神动力。

四、创新育人的活动内容和空间

培育时代新人要不断随着世情国情社情的变化不断充实和更新内容。第一,加强国际意识教育。当前,生态环境恶化、人口爆炸、能源危机、恐怖活动、世界范围内重大传染性疾病,如2020年新型冠状病毒肺炎肆虐全球,威胁到人类整体的生存和发展,需要各国同心协力解决。我们要从国家和国际利益立场统筹考虑问题,秉持面向国际的思维方式和行为方式,具有世界大同的眼光和胸襟。既要"胸怀祖国,放眼世界",又要"胸怀国际,放眼宇宙"。第二,时代新人的培育目标,"直接指向当代中国需要创设什么样的文化氛围与环境,以实现公民理想与信仰铭刻于心、道德标尺高悬于心、文化内涵牢记于心、纪律严明不忘初心的至善目标。"① 所谓时代新人,是指不仅具有理想、道德、文化和纪律方面的素质,而且具有适应现代社会发展要求的民主、法律、参政、议政等意识,以及适应现代社会竞争需要的竞争、合作意识和健康向上的心理素质等多种现代性素质的新型公民。② 时代新人生成是共产主义的愿景,当下应该如何做,笔者从培养时代新人的理论与现实结合处,考虑中国特色社会主义的国情,提出培养时代新人的当代形态和现实维度,从每一位公民内心深处生成引领培养时代新人的文化力量,这是适应中国要建设一个健全的社会主义市场经济和社会主义现代化强国的"大现实",适应现实社会中的每一个"公民",但每个人又都有各自不同特点这样"小现实"的要求,这样才能立足脚下,展望未来。第三,强化生命教育。所谓生命教育,就是有关生命实体和意义价值的教育,它主要是帮助时代新人认识并珍爱自己的生命,尊重他人的生命,并在此基础上主动思索生命的意义,明晰自身存在的价值与定位,提升生命的质量。当前,针对一些人既不尊重他人生命、也不爱惜自己生命的现象,例如,"马加爵事件"的本质就是对自身生命的疑惑和对他人生命的冷漠,教育的一个重要使命,就是要强化时代新人的生命意义和生命价值教育,引导时代新人激活与生成对自身、对他人和对其他生命的尊重、敬畏与热爱之情。其主要内容有:了解生命,欣赏生命;珍惜生命,尊重生命;热爱生命,保护生命;提升生命,回馈社会。当然,还要把心理健康教育与思想政治教育结合起来,两者在理论和实践、目标任务、理论基础、教育内容、方法载体、功能作用等都有着明显的差异,不能不加区别地互相代替。

培育时代新人状况,包括时代新人的思想道德素质、科学文化素质和身体心理素质与我们面对的新时代和时代所赋予我们的任务还存在明显的差距。③ 新时代为时代新人提供释放、宣泄不良情绪的平台,我国"多个时代的

---

① 项久雨:《新发展理念与文化自信》,《中国社会科学》2018 年第 6 期第 4-25,204 页。
② 万光侠等:《思想政治教育的人学基础》,北京:人民出版社,2006 年,第 475 页。
③ 孙喜亭:《人的全面发展是实现社会主义现代化建设的前提条件》,《中国教育学刊》2002 年第 1 期第 7-9 页。

社会成分"共时存在导致"不同社会成分的诉求"井喷而出,历时性的困境共时性承受。① 当时代新人的精神超越诉求与市场经济的物质财富增长诉求发生矛盾之时,倡导时代新人能够超越"过分追求物质利益",崇尚精神境界的提升。

第三节 培育时代新人耦合新发展理念要求

党的十九大报告提出并倡导创新、协调、绿色、开放、共享的新发展理念,其指导下的实践为培育时代新人提供坚实的物质基础并创设现实感知空间和应然方略,两者构成深层次耦合互动关系。

一、多样性和能动性的统一意合创新发展向度

人一出生就具有成长为自然人的现实生物前提,同时,人一出生就处于既定的社会之中,在这一特定的社会前提下,不能像小说或者影视剧里的"时空穿越"那样,以主观意愿任意选择和建构做什么样的人。人类学家兰德曼说:"自然只完成了人的一半,另一半留给人自己去完成。"②这句话体现出人的可塑性和主体性,人具有广阔的自我发展空间,"多样性和可能性乃是人的感官所固有的特性,而且它们确实是理解人的壮丽飞跃的关键所在,因为多样性和可能性都是人的结构本身所特有的东西"③。需谨防只顾经济、政治、科技进步等片面利益,把人培育成"经济人""政治人""科技人",而应找寻人的本位价值和全面价值。人的特性并非永恒不变的,随着具体环境和教育的影响,经过后天实践,能够逐渐生成新的特质。"孟母三迁"和"爱弥儿"是家喻户晓的典型事例。人有可教育性源于人的可塑性,人的可

---

① 孙立平:《断裂——20世纪90年代以来的中国社会》,北京:社会科学文献出版社,2004年,第13页。
② [德]米切尔·兰德曼:《哲学人类学》,贵阳:贵州人民出版社,1998年,第8页。
③ 转引自鲁品越:《资本逻辑与人的发展悖论》,《学习与探索》2013年第2期第72-90页。

塑性体现在人的身体机能、心理机能和感觉器官的未完成状态。人一出生必须依赖他人喂养、照料才能存活下去,人这种生命本能的弱势逼迫人肩负起自我完成的使命。

"整个所谓世界历史不外是人通过人的劳动而诞生的过程,是自然界对人说来的生成过程。"① 劳动具有超越性、能动性,表现为时代新人积极建构和实现自我发展的理想,同时,时代新人在自觉地提升认识的历程中建构出新的自我发展理想,并努力通过积极地实践去实现新的理想存在。劳动实践不断地改造、创造着现存世界和人本身,使时代新人持续地由生物学意义上的可塑性实现能动性的转化。人类在实践活动中,通过生物学意义上的遗传与变异和历史意义上的延续与创新,实现双重生成。教育为人的发展敞开了丰富的可能性:"学校不仅应当传播一般共产主义原则,而且应当对劳动群众中的半无产者和非无产者阶层传播无产阶级在思想、组织、教育等方面的影响,以培养能够最终实现共产主义的一代人。"② 马克思主义认为,在制约培养新人的因素上,遗传和现实社会条件只是人发展的生物前提和社会前提,起决定作用的是环境与教育。

时代新人实践活动必然引发其思想和情感发生变化,思想直接影响着行动,实践活动要取得好的结果离不开思想状态的调适,尤其离不开对思想症结的疏导和提升。时代新人具有解决思想问题的需要、提升精神境界的需要、正确认识和发展各种社会关系的需要,从而有把自己提升为一种完美存在物的选择性,也有变得比最凶残的野兽更残酷的可能性,如何引导时代新人向善发展,决定培养时代新人的必要性、可能性和有效性。在社会结构大转型大调整的过程中,国际国内良莠不齐的种种因素都可能影响到时代新人的世界观、人生观和价值观的确立与发展,凸显了祛恶扬善的重要性。以社会主义核心价值观引导和调控时代新人的思想状况和思维方式,提升其道德修养和精神境界,丰富其文化知识和情感生活,更好地帮助时代新人

---

① [德]马克思:《1844 年经济学哲学手稿》,北京:人民出版社,2000 年,第 92 页。
② 《列宁选集》第 3 卷,北京:人民出版社,1995 年,第 725 页。

较为科学全面地把握自己和世界,从而以比较健全的身体、思维、情感和心态面对世界,自觉地按照培养时代新人要求和事物发展的规律开展各种实践活动,以丰富人的全面性。时代新人的历史性呈现为不断发展、创新和超越。马克思指出:"必须推翻使人成为被侮辱、被奴役、被遗弃和被蔑视的东西的一切关系。"①新时代务必研究时代新人所处的变动不居的环境条件和各种社会关系状况,基于新的社会条件和思想实际,以新的思路、理念、内容和方法解决新的问题,始终关注、引导和调控时代新人的思想和精神境况,摆脱奴役和控制着时代新人生存和发展的一切羁绊,在继承优良传统的基础上与时俱进、开拓创新。

二、"种生命"和"类生命"契合协调发展向度

马克思在《1844年经济学哲学手稿》中批判地吸收了黑格尔和费尔巴哈的"类"思想,阐明了新人的"类本质""类存在"。高清海先生历史性地发展了马克思的"类"思想,提出了具有时代精神的"类生命"(Life of Kind)命题。他认为:新人应该是双重生命的存在,既具有自然物种生命"种生命(Life of Species)"(人和动物所共有),在这个基础上又创造了支配生命的"类生命"。②"类生命"是新人所特有、由新人突破个体限制,与他人、他物融合为一体,吸纳历史积淀的人类所共有的创造成果自为创生的生命,是对"种生命"的超越。③时代新人的"种生命"和"类生命"从实质上讲是统一的,它们辩证统一于时代新人的劳动实践。一是基于满足时代新人合理需要的劳动实践把我们联系在一起,形成了包括生产关系在内的错综复杂社会关系以及作为类的时代新人;二是时代新人的社会关系网络一经形成,反过来使时代新人具有了社会性,促进了社会的发展。"只有把自己完全融进人的类活动中去、把自己变成社会合成力量的化身,才可能成为独立的人"④,时

---

① 《马克思恩格斯选集》第1卷,北京:人民出版社,1995年,第10页。
② 高清海、胡海波、贺来:《人的类生命与类哲学》,长春:吉林人民出版社,1998年,第9页。
③ 高清海:《"人"的双重生命观:种生命与类生命》,《江海学刊》2001年第1期第266-267页。
④ 高清海、胡海波、贺来:《人的类生命与类哲学》,长春:吉林人民出版社,1998年,第9页。

代新人"类"本质是不断发展的、具体的、历史的,而这种发展是由无数个体充分发展、合力推动的结果。时代新人总是从片面发展着走向全面,任何历史时段上的全面都是相对的全面,都与一定的历史境况相适应,并受到当时政治、经济、文化、生态的制约。

作为种生命的时代新人在遗传中存在先天的差异性,这种差异性通过千差万别的实践途径(每个人不同的人生经历、所受教育环境以及个体不同的自我选择,等等),通过时代新人社会化过程,更是呈现出迥然相异的特质。而处于同一历史时段的个人,受大致相当的生产力发展水平的影响而具有共同性,这就要求时代新人培育内容具有开放性,满足作为类的时代新人对全面发展的共同需要,如遵守社会伦理道德规范教育、爱国主义教育、家庭美德教育、职业道德教育等。虽然今天"全面开放"已渐成一种共识,但"对外开放尤其是文化上的开放,应该是有底线的,这个底线就是四项基本原则"[①]。注重结合个体的独特性和差异性进行因材施教的个性教育,把握每个人所特有的、丰富的本质,找出其全面发展所需的条件,使教育内容更合理、方法更恰当、进程更顺畅,"一把钥匙开一把锁",有针对性地具体问题具体分析做好每一个人的思想工作。在培养时代新人实践活动中,作为种生命的个体发展得越完整,就越充分地占有类本质,主体性就越强,个性发展的空间越开放;作为种生命的个性发展越深入,类生命的内涵就越丰富,时代新人全面发展的水平越高。

三、发展性需要和有限资源的矛盾吁求绿色发展

绿色发展传承了古人关于自然的思索与智慧,反映了新中国成立 70 多年来时代新人从"盼温饱"到"盼环保",从"求生存"到"求生态"的真实心声,是满足时代新人对生态生产生活需要的必然选择。马克思主义认为人与自然是一个有机的整体,人是自然界的一部分,人类的生存发展离不开自然界

---

① 金民卿:《以马克思主义的普世价值思想破解普世价值论的幻象》,《河海大学学报(哲学社会科学版)》2016 年第 3 期第 1—9 页。

的供给,人类对自然环境的破坏反过来会危及人类自身,危害自然环境的行为越严重,生态危机的现象就越突出。同时,马克思恩格斯充分肯定了物质消费对于推动社会进步的重要作用,合理消费是社会持续发展的潜在动力,是促进生产力发展的重要因素。而非理性的高消费行为所造成的后果是消费和人本身的异化,人对自然的征服并没有使人成为自然的主人,也没有使自然成为属人的存在,相反,人对自然的统治导致人与自然关系的破裂,人对自然的征服导致自然对人的报复。"人类进行毁灭的能力是如此之大,以至于如果这种毁灭力实现了,整个地球就会变成一片空地。……如果地球符合一种著名的论断还有足够生命力的话,万物就会从最低级的阶段重新开始"。[①] 所以,要摒弃以往不良消费习惯,树立绿色消费理念,以确保生态环境与自然资源的可持续和谐发展。绿色消费观念既能指导时代新人的生产、生活与实践,亦能充分顾及后代人的发展需要。鼓励和引导时代新人养成节约资源、保护环境与崇尚环保的观念,认识到非绿色消费模式会给生态环境带来巨大的灾难,如果不加以控制,终有一天会危及人类自身的发展。做到绿色消费,就要求时代新人在消费的时候要充分考虑到自然环境所能承受的限度,以实现人、自然与社会的和谐发展。

四、时间性和空间性的统一吻合开放发展向度

时代新人难以定义的根本在于人的复杂性。首先应从时间、空间和过程三个方面开展时代新人培养的理论与实践,设计基于人的"知性、灵性和德性"的全面发展课程体系,以实现"知识、生活与生命的共鸣"。但由于时代条件所限制,马克思主义较为忽视个体人性修养以及个体间共通性的情感和意志的培养等,这也为马克思主义人学理论的当代发展指明了方向,即应当基于新时代的特征深耕:一是人性共同性或共有要素;二是自觉遏制资本霸权时代的人性异化,提升人性修养。

---

① [德]马克斯·霍克海默,西奥多·阿多诺:《启蒙辩证法》,重庆:重庆出版社,1990年,第213-214页。

马克思主义认为人是一切社会关系的总和,"一个人的发展取决于他直接和间接进行交往的其他一切人的发展"①,把时代新人培养奠立在坚实的实践基础上,并且"都要以当时的历史条件为转移"②,这里涵括了两个要求:一是"当时"所包含的"时间性"要求,即培养时代新人很大程度上取决于所处的现实条件及其社会发展趋势。二是要和不同民族、国家的现实以及历史状况的相互结合为条件,这是"空间性"要求。这就要求,不仅要考虑社会的现实、发展需求和趋势,还要考虑时代新人的现实生存状况。在现代社会中,资本逻辑的宰制、社会精细化的分工、学科分类和分科教育等诸多因素使人逐渐成为"片面的人"。"要改革国家……必须首先改善时代的性格,恢复人的天性的自由全面发展。"③时代新人实践活动具有否定性,这是时代新人何以生成的内在根据和现实确证。这种否定性表现为"观念否定"和"实在否定"④两个相继互动的环节。社会存在决定社会意识,观念否定以物的存在为前提。"个人之间进行交往的条件是与他们的个性相适应的条件……是同他们的现实的局限状态和他们的片面存在相适应的。"⑤离开了交往,个人就没有认识自我、他人和国家社会的参照系,也就无法获得全面的自我意识;而时代新人若没有全面的自我意识,就不可能形成完备的心理结构系统,不可能具有自主性、进取性和创造性的功能,不可能生成一个有全面个性的人。交往能激发一个人思维的创造性,是促进时代新人创造性发展的重要动力。

五、个体性和社会性的统一聚合共享发展

培养时代新人是逐步提高、永无止境的过程,在社会发展的不同阶段,

---

① 《马克思恩格斯全集》第3卷,北京:人民出版社,1960年,第515页。
② 《马克思恩格斯选集》第1卷,北京:人民出版社,1995年,第248页。
③ [德]弗里德里希·席勒:《审美教育书简》,冯至,范大灿译.上海:上海人民出版社,2003年,第44页。
④ 陈立新:《论自由个性人格品质的生成与意蕴》,《毛泽东邓小平理论研究》1999年第5期第83-88页。
⑤ 《马克思恩格斯选集》第3卷,北京:人民出版社,1995年,第80页。

每一阶段有每一阶段的目标和任务,其进度会有差异,评价标准也会不同,这就将培养时代新人具体化、现实化了。因为培养时代新人不仅是一种理想目标愿景,更深深植根于社会现实之中。"意义""关系"和"实践交往"是我们把握培养时代新人的本质内涵和价值基点的关键词。劳动实践、社会交往和语言符号内在地生发着时代新人。时代新人是"有生命的个人存在",就必然需要有基本物质生活资料维持生存,劳动实践即是满足维持生存需要的"第一个历史活动",它的中心内容是处理人与自然的关系,通过劳动实践,人与自然发生关系的同时衍生着时代新人的生产关系和社会关系,"劳动的发展必然促使社会成员更紧密地互相结合起来,因为它使互相支持和共同协作的场合增多了,并且使每个人都意识到这种共同协作的好处。"①这种共同协作突破了个体狭隘的囿限,实现从原子式个人向"社会人"的跃迁,形成了交往关系。在社会交往中,时代新人输出自己的实践活动信息,同时输入对己有用的其他人的活动信息,并适时地调适自身的行为,学习其他人长处弥补自身活动的短板,这样自觉不自觉地营造出一个弹性的社会关系共生系统。时代新人通过劳动和交往创造和把握着现实的世界。借助语言符号中介,人类劳动和交往的成果被分享、记录、存储、传播开来,并在共享交流中增值,"濡化"社会个体,使时代新人得以融合多维的视界,构建一个充满着无限可能性的纷繁世界,再经由劳动和交往择其善者而传承之。此种语言交流活动的共时态和历时态的多维存在,使人类代际间的传承、交流、教化和塑造成为可能,逐渐生成"尽可能全面丰富"的时代新人。

不同交往活动内在地具有社会历史性、相对独立性、媒介性等共同特点,交往主体具有差异性、互动性,交往结果具有互补互惠性。正如马克思所言:"只有在共同体中,个人才能获得发展其才能的手段,也就是说,只有在共同体中才可能有个人自由。"②新时代方位关联人"应该怎样生活""成为怎样的人""怎样成为人""怎样达到合乎人性(即扬弃了片面规定)"的存在

---

① 《马克思恩格斯选集》第4卷,北京:人民出版社,1995年,第376页。
② 《马克思恩格斯选集》第1卷,北京:人民出版社,1995年,第119页。

图景,使人不断澄明和提升其存在的意义和价值,不断丰富人的本质。它教育人不断否定"现实的""实存的我"向应然提升、迈进,使时代新人不断走向更高的"可能生活",使时代新人通过多方面潜能的实现"占有自己全面的本质"。① 新时代以人为实践对象或工作对象,着力培养时代新人主体性、促进其全面发展。需要借助物质手段,并受一定物质生产形式所产生的社会结构和人对自然的特定关系共同决定,因此,协调好个人和社会、自然的关系很重要,恩格斯引用摩尔根的话点明:"社会的利益绝对地高于个人的利益,必须使这两者处于一种公正而和谐的关系中。"②

小结

本章论述培育时代新人的深刻内涵与时代要求。

其一,依据马克思主义新人学说、可资借鉴的中外思想资源、习近平新时代中国特色社会主义思想和党的十九大、二十大报告和相关文件精神,深刻阐释时代新人的内在规定性,即确立科学的劳动价值观是新人生成的前提、合理运用自由时间是时代新人生成的空间、满足美好精神生活需要是新人生成的动力、走向全面的个性是时代新人生成的过程。这四者既相互影响又相互支撑,既互为前提又互为因果。据此,展开理论分析和问题考察。接着分析培育时代新人的深刻内涵,即着眼于立德树人根本任务,培育和合共生的思想基础,输入全方位的精神动力支持,创新育人的活动内容和空间。

其二,论述新时代培育时代新人耦合新发展理念要求,即多样性和能动性的统一意合创新发展,"种生命"和"类生命"契合协调发展要求,发展性需要和有限资源相统一吁求绿色发展,时间性和空间性相统一吻合开放发展要求,个体性和社会性的统一聚合共享发展。

---

① 《马克思恩格斯全集》第46卷(上册),北京:人民出版社,1979年,第13-14页。
② 转引自《马克思恩格斯选集》第4卷,北京:人民出版社,1995年,第179页。

第三章
培育时代新人的主要成就与实践经验

进入新时代以来,以习近平同志为核心的党中央高度重视培育时代新人问题,守正创新、培根铸魂,作出一系列重要部署,发表一系列讲话,在坚持和发展新时代中国特色社会主义的实践中,丰富完善了中国特色社会主义人的全面发展体系,把培育时代新人理论和实践推进到了一个新高度。

第一节 培育时代新人的主要成就

随着改革开放和市场经济的发展,我国生产方式、收入分配方式、资源供给方式、人际交往方式和休闲娱乐方式都发生了翻天覆地的变化,社会主义现代化建设实践取得了巨大成就。经济持续稳健发展,社会长期稳定,人民生活实现了全面小康;政治社会协调发展,法律制度逐步健全;教育、科技、文化事业日新月异,国民整体素质进一步提升,为培育时代新人奠定了坚实的基础;人民主体性大大增强,创造潜能得以绽放,生产生活方式和价值观念意识都经历了历史性变化;随着我国日益扩大的生产力发展,社会必要劳动时间减少,物质财富逐步充裕,人民的需要及其满足需要的手段日益丰富;由于医疗保健、健康保险、失业保险以及其他社会福利制度的实施,民生福祉更有保障,人民生活更加安康。教育的普及和大学教育的大众化,培育时代新人条件逐步改善。"过去那种地方的和民族的闭关自守和自给自足状态已经消逝,现在代之而起的已经是各个民族各方面互相往来和各方面互相依赖了"①,互联网、物联网技术的发展拓宽了人民的日常活动和交往空间,交通运输通信发达,节省了出行和沟通交流的时间,闲暇时间增加,扩展了人民的社会关系、活动时间和发展空间,成为新时代中国人普遍的生活现实。市场经济产生发达的物的流通、商品交换和人与人的生命融合、本质交换:人与物的世界历史性的普遍转换,把人的能力、人的创造性对象化到物中去,使每个人都有可能占有人的"类本性"和"类能力",为培育时代新人提供了广阔的时间和空间。

一、确立和坚持马克思主义根本指导思想

马克思主义是培养时代新人的根本指导思想。"拥有马克思主义科学理论指导是我们党坚定信仰信念、把握历史主动的根本所在"②,但在西方自由思潮渗透下,社会上出现了盲目地注重人的主体性地位的境况,却不觉中滑向了个体主义的漩涡。这种极端化的个体主义倾向总是打着民主旗帜,消解国家意识形态的整体性价值观,分化马克思主义理论的整体性目标。国家意识形态能够纠正个人主体性价值观的偏颇,使个人主体性利益统一于国家整体性价值观,以国家集体性为前提培养时代新人的个体性。以马克思主义理论为导向,将其社会主义性质融入时代新人培育之中:在思想自由创新和紧迫培养需要中直面现实世界,发现、筛选真问题,从实践中展开思辨、在解决问题的过程中达成培养时代新人的目标。在推进马克思主义培养时代新人的广度、深度和力度的基础上,既要尊重世界的多元多样性、不同社会制度和意识形态的差异性,又要不以意识形态划敌友,注重吸收人类文明育人的精华。

马克思主义更高目标是培养"合乎人性"③的时代新人。当前,受市场经

---

① 《马克思恩格斯选集》第1卷,北京:人民出版社,1995年,第276页。
② 习近平:《高举中国特色社会主义伟大旗帜 为全面建设社会主义现代化国家而团结奋斗——在中国共产党第二十次全国代表大会上的报告》,北京:人民出版社,2022年,第16页。
③ [德]马克思:《1844年经济学哲学手稿》,北京:中央编译出版社,2000年,第81页。

济功利主义思潮影响,更多注重对某种谋生"技能"的培养,而相对忽略对人文修养的培养,基于此,应强化培养健全人格和具有人文修养的时代新人。梳理马克思主义理论培养时代新人的规律、矛盾和张力,生成相应的创新和发展的动力机制;将反映时代动态、彰显时代特色、党和国家相关最新理论成果的制度内容、文化内容、生态内容融入其内容体系中;强化主流意识形态教育培养时代新人,所使用的教学内容、活动方式、思想观点、研究方法、立意论断都符合党的方针政策,所选择的资源、教授的知识、操作的方法都应该具有科学性、权威性、正确性,既要遵循思想政治教育、教书育人规律,遵循时代新人成长规律,又要对是否真正反映人类发展的共同需要和社会进步方向保持"批判性"审视。

二、守正创新培养社会主义新人的目标

针对时代新人的思想认识问题,充分挖掘中华优秀传统文化和当地优秀文化的教育性内容,推进新时代中国特色社会主义思想和核心价值观的培育和践行,并以此来提高人民群众的公德意识和公共精神,形成"公序良俗"。正如有学者概括:"社会公德、职业道德、家庭美德、个人品德以及经济道德、政治道德、公共道德、生态道德等各个领域的道德建设,又有了多么巨大的改进和提升!"[1]譬如,开展"出彩河南人"感动中原年度人物等系列评选表彰活动,扬善惩恶。利用好网络媒体平台、模范走基层、身边好人微访谈等引导社会舆论,发挥新闻媒体的道德规劝、潜移默化和导向作用;以人民群众的美好生活需要作为活动的出发点和驱动力,提高人们的创新积极性。针对人们物质生活水平有了显著提高的现实,应着力于满足人们日益增长的精神文化发展性美好生活需要。"人越是全面发展,社会的物质财富就会创造得越多,人民生活就越能得到改善,而物质文明条件越充分,就越能推进人的全面发展"[2]。社会全面进步和人的全面发展都是新时代中国式现代

---

[1] 秋实:《认清道德主流 坚定道德信心——再论正确认识我国社会现阶段道德状况》,《求是》2012年第4期,第11-15页。

[2] 江泽民:《论"三个代表"》,北京:中央文献出版社,2001年,第38页。

化建设的目标和任务,"即要着眼于人民的现实物质文化需要,同时又要努力促进人民素质的提高,也就是努力促进人的全面发展"①。教育性是在实践中不断充实发展的,一是可以激发人民自我教育,在自我修养、自我塑造中积累知识,陶冶情操。二是可以寓教于乐,使人民群众在融洽的环境、愉悦的气氛、宽松的心境中接受教育,升华境界,兼塑我们的外部形象和内在素质。总之,培育时代新人的着眼点和落脚点必须聚焦在最大公约数的人民群众身上。首先,应突出其思想道德内涵,着力提升群众文明素质和城乡文明程度。其次,培养时代新人是分层次的,个人、家庭、社会、国家,应该由教育好做人开始。比如,教育引导时代新人善良诚信,与人为善;家庭强调和睦相处,尊老爱幼;单位讲求职业道德,爱岗敬业;社会倡导维护民族团结,公信公德;国家层面,创新传承发展中华优秀传统文化,弘扬爱国主义精神,突出道德价值的作用。再次,要办实事、讲实效,从当前与时代新人工作、学习、生活密切相关的急难愁盼问题着手,坚持发展为民惠民,不断提高时代新人的思想觉悟、道德水准、文明素养。

　　善于化解社会主要矛盾培育时代新人。充分尊重和保障人民的主体地位,合理定位、协同推进社会发展和培养时代新人,广泛凝聚人民的精神力量,不断提高人民的美好生活质量。新时代科学技术的发展,极大减轻了时代新人的劳动强度,改善了劳动环境,一定程度上减少了异化劳动的程度,对劳动重要性的认识已经超越了劳动的手段化(劳动不应只作为手段,更应该作为目的)认识局限,转向"劳动是对人民生存和发展权利的保护",时代新人及其劳动和成果得到应有的尊重,时代新人更有劳动尊严。

三、形成培育时代新人体系

　　二十大报告中明确指出,"推进大中小学思想政治教育一体化建设",培养担当民族复兴大任的时代新人。人民群众广泛参与,体现在组织主体和参与主体的广泛性。文化部门、宣传部门、社区组织、基层单位带头策划组

---

① 江泽民:《论"三个代表"》,北京:中央文献出版社,2001年,第39页。

织,惠及城乡社区、农村及周边地区,规范了农村广场、村镇文明实践中心等志愿服务站,举办了"爱在一起"学雷锋志愿服务系列活动,组织和联合各类志愿服务团队开展了"助学筑梦·爱在暖冬""欢乐过大年·志愿在身边""清新中国·环保行动"公益文化传播、文明旅游、爱心助考、志愿家庭玩具总动员、"党员志愿服务月"、助力精准扶贫等志愿服务集中活动,关爱空巢老人和特困孤苦儿童、留守儿童,通过结对帮扶,推动农村优化人居环境、培育文明乡风,促进农民思想道德素质和农村乡风文明程度全面提升。已经形成城市带动乡村,文明单位带头,群众广泛参与的多元化格局。河南省民权县王公庄将绘画产业和新型农村社区融合在一起,依托传统手工艺"画虎"技术,从乡土文化现象逐渐走向乡土文化产业化,形成画室、展厅、居住为一体的独具特色的虎文化艺术新型农村社区。"画虎村"带动了河南、山东周边数千名农民从事画虎事业,带来了可观的经济效益和农村社区的繁荣,提高了当地部分农民的收入,丰富了农民的文化生活,激发了当地群众自觉地参与人自身发展的积极性,铺就了村民的致富路和提升了他们的获得感、幸福感,促进当地的人际和谐和文化自信。把爱家爱乡氛围营造起来,把美好家园的大环境创设好,这就需要政府、基层组织、党员干部引领大家团结一致,众志成城。对于时代新人多元文化需求的表达,政府应广泛吸纳民意,市场、社会组织和基层组织有效参与,并转换成公共政策等方面的制度安排。当然,要把时代新人的主体作用与充分发挥党员干部的主导和模范带头作用结合起来,把时代新人的智慧和力量引导到推进自身全面发展的伟大事业中来。

四、健全培育新人体制机制

在推进培育时代新人过程中建立健全一整套的体制机制。加强家庭公共政策的制定和家庭建设的制度法规保障力度,将"与老年人分开居住的家庭成员,应当经常看望或者问候老年人"的引导性条款明确写入《老年人权益保障法》。为健全中国好人选树工作机制,制定印发了《关于深化拓展"星级文明户"创建活动的实施方案》《关于开展"乡村光荣榜"人物宣传选树活动的实施方案》，使道德模范称号立得住、叫得响、传得开；贯彻落实《关于开展好"道德讲堂"活动的通知》，使"道德讲堂"活动规范化、制度化、经常化；推动《礼遇和帮扶道德模范实施办法》颁布实施，切实引领"立德者有得、好人好报"的价值导向；贯彻落实《关于推进村史馆示范点建设的实施意见》《"十四五"文化旅游融合发展规划》《实施文旅文创融合战略工作方案》，突出村史馆等公共文化设施"传承乡村文脉、留住乡愁记忆、守望精神家园、弘扬文明新风、助力乡村振兴"的建设主旨，不断拓宽城乡思想文化教育阵地，满足新时代人民多样化的精神文化需求。制定印发《推动移风易俗树立文明乡风工作方案》《关于深入推动移风易俗树立文明乡风工作的实施意见》《推动移风易俗树立文明乡风行动计划》，建立了联席会议制度，推动移风易俗工作持续深入发展；颁布《"我们的节日"系列主题活动实施方案》，引导"我们的节日"主题教育活动开展。认真贯彻落实《关于建设新时代文明实践中心试点工作的指导意见》《关于深化拓展新时代文明实践中心建设试点工作的实施方案》等文件精神，邓州的"编外雷锋团"、郑州的"绿城使者"、林州的"红旗渠应急救援"、武陟的"幸福食堂"、许昌的"爱心妈妈"、平顶山的"微心战'疫'""商丘好人"……身穿红马甲的志愿者活跃在中国大地城乡各个角落，志愿服务活动逐步制度化、常态化、项目化。如针对农村老年群体多数喜好听大戏，搭建唱大戏平台；针对年轻人喜欢用手机网络平台，活动多采用网络直播、网络小游戏以及短视频等。在组织和开展进程中，系统规划好各种活动载体之间的衔接和配套，体现鲜明的时代特征。载体具有多样性和可变性，如创建文明窗口、文明岗位、最美职业等活动，培育人民群众的职业道德；开展"献爱心活动""慈善一日捐"等，提高人民的社会责任心。在组织和开展精神文明建设进程中，规划好各种活动载体之间的衔接和配套，选择可操作、可检查和可评估的系统化载体。

第二节　培育时代新人的实践经验

新时代为培育时代新人提供广阔的时空条件和政策优势,应充分利用这些优势发挥其独特的人文基础和精神动力价值,着眼于培育时代新人的思想理念和价值观念,并通过理论成果和文化产品的传播,教化人民。新时代培育时代新人机遇与挑战并存,我们要客观对待,理性处理现实问题,抓住机遇,迎接挑战,积极营造培育时代新人的新空间和有利的外部环境。

一、必须牢牢把握人民主体取向

新中国成立,人民翻身当家做了主人,精神面貌焕然一新,"人民是历史的创造者,是真正的英雄"[1],培育时代新人呈现为"主体的一核多元、过程的公共参与和结果的共同享有",且有必要建构人民相互交往的纽带和信任网络,强化人民共建共治共享的主体地位和作用,汲取人民群众的智慧和力量,克服单一主体的能力不足及有限理性的掣肘,以增强培育时代新人的方向、力度、强度和成效。

(一)时代新人是自身发展的创造主体、评判主体和享用主体

"历史活动是群众的活动,随着历史活动的深入,必将是群众队伍的扩大。"[2]中华人民共和国的成立,使人民在精神上由被动转入主动,在精神方面更自由地发展。"人民是历史的创造者,是真正的英雄。"[3]时代新人构成了价值上与事实上的自身发展主体。"人民生活是一切思想文化的源泉,没有人民的实践和他们在实践中积累的智慧,也就不可能有伟大的文化产品。""'最美好、最珍贵、最隐蔽的精髓'就存在于人民的普通的日常生活或

---

[1] 习近平:《在庆祝中国共产党成立100周年大会上的讲话》,《人民日报》,2021年7月2日。
[2] 《马克思恩格斯文集》第1卷,北京:人民出版社,2009年,第287页。
[3] 习近平:《在庆祝中国共产党成立100周年大会上的讲话》,《人民日报》2021年7月2日第1版。

激烈的斗争生活中,存在于生活中的真善美与假恶丑的斗争中"①,高扬了深刻的时代新人主体性。另一方面,培育时代新人的过程又在很大程度上反过来影响其推进和评价的方向、进程和成效。国家持续提升精神文化生活的"人民性",坚持时代新人创造历史的主体地位,坚持在发展中做大"蛋糕",分好"蛋糕",更要使时代新人吃好"蛋糕",使发展成果更公平地惠及时代新人,强化我们作为价值共识、共建共享和评价主体的地位和作用,从时代新人中汲取智慧和力量。"一个革命政党,就怕听不到人民的声音,最可怕的是鸦雀无声。"②采用物质或精神的激励手段,提升时代新人的创造积极性、激发其创造热情、挖掘其创造潜能,为实现既定发展目标而不懈拼搏。长期以来注重调动时代新人的积极性以便更好地服务于社会的进步,认为只要社会进步了,每个人就会顺理成章地得到发展。如此强调个人服从于党和国家的需要,而相对忽视个人需要。归根结底,在于贯彻"以人民为中心"的根本立场不够彻底,仍需把时代新人生成作为社会发展的内在要求,仍需给予时代新人的个体价值和人格独立以足够的关注。然而,作为美好生活主体的人民,若只为了自己狭隘的、现实的所谓美好生活享受,却不顾及与自身休戚相关的自然生态、社会生态和文化生态境况,那么如此得到的所谓美好生活注定是不可长久持续的,其享用的结局注定是不完美的。有时个体价值与整体价值的平衡出现了偏差,通常会提倡牺牲个体价值去迎合整体需要,导致对时代新人需要的忽视,这不仅低估了社会发展的强大精神动力作用,而且也疏离了社会发展最终是为了培养时代新人这一目的。因此,必须从中国特色社会主义现代化这一战略高度上充分肯定培养时代新人的地位和作用,以提高其思想政治觉悟和认知能力、充分挖掘其智慧和潜能为着力点,最终实现"人的解放"和"人的发展"。通过调查研究、组织动员、激励和凝聚调动和发挥人民群众的积极性、主动性和创造性,通过监督、引导、约束、管理和惩罚来促进人民群众的主观世界改造,提高时代新人的

---

① 陈先达:《中国百年变革的重大问题》,北京:人民出版社,2019年,第140-141页。
② 《邓小平文选》第2卷,北京:人民出版社,1994年,第144-145页。

思想觉悟和辨识能力,直接从思想上解放人、发展人。因此,培养时代新人是中国特色社会主义现代化建设和社会发展的根本要义。

(二)时代新人主体性意识增强确证着培育的力度与动能

人民主体地位的确立和主体性的张扬具有关键性意义,有利于全面释放人的多方面能力,彰显时代新人的实质与底蕴。深入实际,调查研究,精准对接人民日益多样化高水准的精神文化生活需要,统筹引领实现人民精神文化生活需要的现实性与长远性、社会性与个体性、全面性与差异性的平衡。时代新人亲历了"先污染后治理"的发展恶果,享受了"绿水青山就是金山银山"的发展成果,更加明晰了未来所要遵循的发展理念和道路,建设美丽中国,以时代新人是否满意、高兴、答应、幸福为评价准绳,真正做到以人民为中心,巩固时代新人的主体地位,彰显时代新人幸福的价值旨归,但谨防少数人把自己的或自认为的需要当做绝大多数人民的需要。现实社会矛盾能否化解,在多大程度上得以化解,既取决于客观条件,也与时代新人对于现实矛盾的感性把握、理解程度和认知水平密切相关,正是在这个意义上,是可大有作为的。

时代新人切身体验到诚实勤奋劳动对于实现美好生活的本真意义,其主体性意识逐步增强。随着第三产业兴起,体力劳动和脑力劳动的边界逐渐被打破,服务劳动日益成为价值创造的普遍劳动,培育时代新人被纳入到社会劳动评价体系中,教育与生产劳动相结合被导向更全面的素质发展要求中。"劳动教育具有立德、益智、健体、育美等较为全面的教育功能。"[①]我们党一贯坚守教育与生产劳动相结合的马克思主义教育理论和实践立场,且突出强调劳动教育极其重要的地位和价值——内蕴着教育与劳动的过程性统一,体现时代新人生成的本质要求。通过各种形式的诚实勤奋劳动,锻造时代新人的承受力、坚持劳动乃至热爱劳动、投身于劳动的坚强意志与昂

---

① 檀传宝:《劳动教育的概念理解——如何认识劳动教育概念的基本内涵与基本特征》,《中国教育学刊》2019年第2期第82—84页。

扬向上的精神气质,提高时代新人生产劳动和创造价值的兴趣和能力,使时代新人成为劳动的真正主体、历史性地改造自身,进而成为创造历史的主体力量,由此可见,劳动教育对时代新人主体性的塑造极其重要。"实际上,只有受过恰当的教育之后,人才能成为一个人"①,劳动教育指向增强时代新人主体性、生成劳动主体精神,教育与劳动之间的内在逻辑关系为劳动教育目标的实现奠定了现实的价值依据。

二、必须紧扣发展性需要谋布局

何谓发展性需要？它不仅意味着生活水平和质量的进一步提升,且这些提升是包容性的,原则上要覆盖每一个人,其中最重要的是为谁及如何利用社会条件问题。既要有经济政治社会整体性发展,也要有时代新人的更高素质、能动性创造性的充分发挥;既要包括社会运用这些外部客观条件的目的、性质和方式的为民性,又包括个人享有调节、控制、选择和利用社会条件用以全面发展自身的能力(即把外部客观条件的可能性变成现实性的关键能力)。

(一) 着力使时代新人在共建共享发展中有更多获得感

共建共享是培育时代新人的内在要求和逻辑起点。国家在器物、制度和精神文化层面为每个时代新人的培育提供条件和机会,着力于促进社会公平,共享发展成果,提升时代新人的生活水平,引导时代新人寻求共享性精神生活需要的满足,更加充实人的精神存在之意义和价值,彰显生产生活的精神意蕴,丰富肉体生活的美学神蕴,擘画精神生活的丰富图景,现实生产力持续提高、生产关系不断完善、社会关系日益丰富,"人的全面发展、全体人民共同富裕取得更为明显的实质性进展"②,经济快速发展奇迹和社会

---

① [捷]夸美纽斯:《大教学论》,北京:教育科学出版社,1999年,第24—25页。
② 习近平:《高举中国特色社会主义伟大旗帜 为全面建设社会主义现代化国家而团结奋斗——在中国共产党第二十次全国代表大会上的报告》,北京:人民出版社,2022年,第24页。

长期稳定奇迹"不断满足人民群众多样化、多层次、多方面的精神文化需求"①,时代新人在知识能力、时间空间、生产生活领域等方面的要求逐渐得到满足,有更多获得感、幸福感、安全感。

(二)着力使时代新人享有更加幸福安康的生活

人类生活由生产生活、肉体生活、精神生活构成,其中,最基本的是生产生活,它是存续肉体生活、达致精神生活的前提和必要条件。在美好精神生活中,三者地位不同、角色相异:生产生活是美好精神生活的源头活水和主要支柱,肉体生活是丰富精神生活的直接体现和现实基础,精神生活(由生产生活决定并受制于肉体生活)是人民美好生活的本质体现和核心标准。②时代新人的生活需要是发展的,任何时候生产都不能够满足无限制的需要,即使共产主义社会里物质"极大丰富"或许只能满足人的合理需要。艾伦·杜宁认为,真正幸福的源泉是"深层的、非物质的满足,这种满足是幸福的主要心理决定因素;它包括家庭和社会关系,有意义的工作以及闲暇"③,是"最值得优先去做的事情……是无限可持续的……对艺术和创造的追求、教育以及欣赏自然全都容易适应一种持久的文化,这种文化是一种能够持续无数代人的生活方式"④。培养时代新人从无止境的占有欲望中解放出来,更多追求精神需要满足的人,因为"从根本上把人与动物区别开来的是人有精神需求"⑤,引导时代新人在和睦家庭、友谊、有意义的工作和闲暇时欣赏自然中寻求精神充实的满足。

---

① 习近平:《扎实推动共同富裕》,《求是》,2021年第20期第1-4页。
② 丁昀:《思想政治教育丰富人民精神生活之意蕴与路径》,《江苏师范大学学报(哲学社会科学版)》2023年第5期115—122页。
③ [美]艾伦·杜宁:《多少算够:消费社会与地球的未来》,毕聿译,吉林:吉林人民出版社,1997年,第102页。
④ [美]艾伦·杜宁:《多少算够:消费社会与地球的未来》,毕聿译,吉林:吉林人民出版社,1997年,第26-27页。
⑤ 李岩:《思想政治教育人文价值的具体表现解读——兼论思想政治教育惠于人的精神生活和社会生活的方式》,《湖北社会科学》2015年第1期第173-178页。

(三) 着力在实现时代新人共同富裕上不断前进

"生产力——财富一般——从趋势和可能性来看的普遍发展成了基础,同样,交往的普遍性,从而世界市场成了基础。"①在此,马克思指出了培养时代新人的客观现实性,我们不能将培养时代新人抽象化,更不能仅仅将它当做一个理想,要将促进生产力提高、完善生产关系、达致人的现实关系的全面性统一起来,坚持把时代新人利益放在心上,实现共同富裕就是党为了培养时代新人的伟大举措。"必须始终把人民利益摆在至高无上的地位,让改革发展成果更多更公平惠及全体人民,朝着实现全体人民共同富裕不断迈进。"②例如一般农村家庭消费中,生存性支出远远高于发展性支出,物质生活尚不丰富,精神文化需求甚少,精神消费习惯尚未养成,精神文化基础设施和公共活动场所还不完善,公共文化资源与产品供给滞后,精神生活水平区域性不平衡,造成农民孤立、闭塞、消极与自卑。农村地区屡屡难以禁绝封建迷信、打牌赌博,反映了农村群众精神生活空虚贫乏,亟需正确的引导与合理的规划。因此,在新时代全面推进乡村振兴战略进程中,既应努力推进农民物质生活、消费方式健康发展,更应关注他们物质生活和精神生活共同富裕。

三、必须抓住思想文化内核建设

当前思想文化正经历信息技术迅猛发展与社会深度转型等多变量合围,人民的生产方式、生活方式、交往方式、价值观念也随之发生变化,文化的时间性与空间性得以历史性重塑,培育时代新人应以交叉融合、多元理解的方式俯瞰所处的复杂问题场景,解析其落地见效的内在机理。

(一) 时代新人创造了文化,文化熏陶、升华了时代新人

文化凝结着创造它的主体所秉持的价值观念,"他们还作为思维着的

---

① 《马克思恩格斯文集》第8卷,北京:人民出版社,2009年,第171页。
② 习近平:《决胜全面建成小康社会 夺取新时代中国特色社会主义伟大胜利——在中国共产党第十九次全国代表大会上的报告》,北京:人民出版社,2017年,第45页。

人,作为思想的生产者进行统治,他们调节着自己时代的思想的生产和分配"[①]。相较于物质经济发展奇迹,思想文化建设是培育时代新人短板。因为人的全面发展一定意义上可归结于精神范畴与自我实现的领域,内容庞杂,对应满足条件林林总总——既要有经济政治社会的整体发展给其创造经济政治文化条件,也要有需要满足主体的更高素质和能动性的发挥,且人的全面发展兼具客观性和主观性,并随着社会发展程度而变化,其实现与否及其实现程度不容易衡量,这就决定了培育时代新人是一个长期艰难曲折的历史过程。精神包括人的情感、道德乃至于灵魂,它有两个特性,其一,关涉单一的人或者个体的人如何和群体的公共本质相统一;其二,它是意识和意志的统一体。而精神特性恰恰契合了"人应当如何生活"和"我们如何在一起",亦即文化的两个基本问题。文化之用生与用世,教化和引导时代新人创造意义世界来安身立命,解决人生过程中遭遇的重大难题超越生存困境。

(二)文化形塑并滋养时代新人的价值观念和精神家园

文化深深植根于时代新人的灵魂深处和自觉潜意识,给时代新人的生活以意义和价值,长久地影响和规约着时代新人的行为选择和自觉性,将生物学意义上的人形塑成具有特定价值观的时代新人。文化发展的大方向往往说明了社会需要什么,亟须什么就补充什么。如果不需要,强塞给它,它不可能得到普遍的稳定发展。很多人说物质生活提高了,但幸福的感觉找不到,为什么? 因为精神上缺少故乡,稀缺家园感。文化发展最重要的努力是要寻找统一性,寻找共同性,这远比寻找差异性重要得多。时代新人的温饱问题解决了之后,精神文化问题就成了一个最主要的矛盾。通过营造舒适的文化环境、提供文化基础设施服务、供给多样化的文化产品,让时代新人自由地浸染于广阔的文化空间中受其熏陶与感染,幸福感如袅袅烟柳萦绕于心。时代新人如何活着、如何有意义地活着,这是文化发展的主要问

---

① 《马克思恩格斯文集》第 1 卷,北京:人民出版社,2009 年,第 551 页。

题。幸福是一个人整体性的感受,是各种需要满足的总和。各种需要都获得了一种合理实现,达到一种圆满样态,这个时候会感觉到很美好很幸福。

四、必须依靠辛勤劳动创新途径

劳动不仅使人从动物中脱离出来,创造了人本身,而且确保了个体生存和类生命的延续。人在辛勤劳动中保持一种紧张和规律的状态,使我们内心有所追求和托付,避免无事生非、闲中添乱,并在劳动中呈现生命的价值和意义。人类历史表明,辛勤劳动是对人民生存和发展权利的保护,经由劳动而变得坚毅的形象向我们放射出崇高精神之光。

(一)时代新人内蕴着辛勤劳动

"人猿相揖别,只几块石头磨过。"[1]人类正是由劳动而生成延续,历史由劳动者创造。劳动是时代新人特有的主体性外在化和对象化的实践活动,在劳动过程中人的本质和属性得以确证。人类发展就是一个不断地创造物质需要和精神需要并通过劳动满足需要的历史过程,劳动使自然人生成为有特定生活价值内涵的主体。劳动使人民有饭吃、有衣穿、心安然,热爱劳动、尊重劳动、坚持劳动是我们生活的根基。劳动不仅给时代新人的精神文化生活发展需要提出了新的挑战和新的机遇,而且,只有在劳动实践和劳动教育中才能让时代新人获得更好的精神体验、升华机遇和展示平台,时代新人精神文化的价值内涵才能得以实现;它会"炼出新的品质,通过生产而发展和改造着自身,造成新的力量和新的观念,造成新的交往方式,新的需要和新的语言"。[2] 如果时代新人有知识和技能,却不屑于或不善于使用在劳动实践中,不用在为社会做贡献,这样的知识和技能就毫无价值,这种时代新人的生活也缺少价值内涵。劳动在时代新人的行为选择和历史发展中起着巨大的作用,"劳动用机器代替了手工劳动""劳动生产了美""劳动生产了

---

[1] 中共中央文献研究室:《毛泽东年谱(1949—1976)》第 5 卷,北京:中央文献出版社,2013 年,第 346 页。

[2] 《马克思恩格斯文集》第 8 卷,北京:人民出版社,2009 年,第 145 页。

智慧"①,正是基于时代新人多样性劳动样态的嬗变催生了相关社会思想、政治主张和政府政策的出台,保障时代新人的利益和全面发展得以实现。

绝大多数人相信辛勤劳动可以改善自己的生活前景,因而满怀信心地面对人生。数亿万农民涌进城市变身为市民或城市劳动者,其劳动、生活、交往、居住、获得信息的方式以及需求都发生了和正发生着深刻变化。"奋斗"一词早已为我们所熟知,并内化为我们对劳动者发自内心的敬仰,铁人王进喜、淘粪工人时传祥、数学家陈景润、杂交水稻育种专家袁隆平、公交售票员李素丽……这些家喻户晓的名字俨然成为时代丰碑。总体上说,中国人的劳动积极性、生产效率和劳动质量都有很大提高,许多调查显示,各行各业无数个人辛勤劳动、大胆创造、乐于奉献、勇于竞争、敢于胜利的优秀劳动者,撑起了我们发展的脊梁。毋庸置疑,劳动创造了人,创造了财富,创造着我们的历史,一切有益于增进人民幸福和社会繁荣的劳动都应该受到全社会的尊重。

(二) 劳动创造美和智慧彰显育人的规律性与目的性

马克思愤怒批判和揭露资本主义生产条件下,劳动如何造成了新人的本质的严重异化,但同时也客观阐明了劳动在推进生产力提高、锻造"美的情趣"、凝结人类智慧的重要地位,赞扬了劳动创造美的生活和助人实现其价值。一般而言,时代新人生成是与其劳动付出成正比的,"人只有为同时代人的完美、为他们的幸福而劳动,自己才能达到完美"②。有利于推进时代新人生成的需要是美好的,阻碍、损害甚至毁灭时代新人生成的需要是邪恶的。在美好社会中,"劳动不再成为压迫人的存在,而是成为彰显人的主体性的存在"③。通过劳动,劳动主体不断觉醒,成为变革社会关系的主体,并获得时代新人生成的精神力量。在劳动发展过程中,时代新人的交往对象、

---

① 《马克思恩格斯选集》第 1 卷,北京:人民出版社,2012 年,第 53 页。
② 《马克思恩格斯全集》第 1 卷,北京:人民出版社,1995 年,第 459 页。
③ 项久雨:《美好社会:现代中国社会的历史展开与演化图景》,《中国社会科学》2020 年第 6 期第 4-25 页。

交往时空、交往模式持续拓展,这为时代新人生成提供了更充分的社会交往环境基础,产生重要影响。所以说,劳动实践越发展意味着培养时代新人的格局越宽广。同时,要培养时代新人对劳动和劳动人民的深厚情感和价值情怀,促进其生成积极的劳动态度和正确的劳动价值观。

小结

进入新时代,以习近平同志为核心的党中央高度重视培养时代新人,培根铸魂、守正创新,把培育时代新人理论和实践推进到了一个新高度。取得的实质性成就是确立和坚持马克思主义根本指导思想,守正创新培育社会主义新人的目标,形成培育时代新人体系,健全培育新人体制机制。培育时代新人取得的经验是必须牢牢把握人民主体取向,必须紧扣发展性需要谋布局,必须抓住思想文化内核建设,必须依靠辛勤劳动创新途径。这四方面既有观念支撑的契合性,又有实践支撑的同构性与协同性,构成了我们反思培育时代新人成效的核心参照坐标系。

"要研究在每个时代历史地发生了变化的人的本性。"[1]人是社会存在物,受一定社会政治、经济、社会结构各方面条件的影响和制约,只有把握时代特点,才能更好地研究变化了的人性。只有日积月累,逐步沉淀和提高,新时代才能最终完成培养时代新人使命。这是一个实践推进——深化认识——总结经验——再指导实践的渐进过程。在实践不断深化的过程中,随着主观条件和客观环境的迅即万变,总会不断涌现新情况、新问题。

---

[1] 《马克思恩格斯选集》第 1 卷,北京:人民出版社,1995 年,第 276 页。

第四章
培育时代新人的现实问题

新时代中国式现代化建设实践给培育时代新人提供有利条件的同时，其不平衡不充分发展某种程度上又起制约作用。在社会形态意义上，中国多重时空并置——前资本主义社会、资本主义社会和传统社会主义社会中出现的问题共时、融汇交织呈现，多维发展的可能性一并出现。人类学家卡西尔认为："人被宣称为应当是不断探究他自身的存在物——一个在他每时每刻都必须查问和审视他的生存状况的存在物，人类生活的真正价值，恰恰就在于这种审视中，存在于这种对人类生活的批判态度中。"[①]当前，应着眼于新时代特征，从马克思主义新人学说内含的劳动、需要、时空和个性四个向度出发，审视培育时代新人样态，与时俱进拓宽、丰富研究视界和问题域，为进一步破解制约因素提供可资借鉴的依据。[②] 培育时代新人要提质增效，就必须研究和解决这四个向度出现的新问题、新情况。

第一节 时代新人劳动价值观遭遇危机

作为担当民族复兴大任的时代新人，其劳动价值观念既关乎个人成长

---

① ［德］卡西尔：《人论》，甘阳译，上海：上海译文出版社，2004 年，第 9 页。
② 丁昀：《当今中国人的完整性生成样态透视》，《思想政治教育研究》2016 年第 4 期第 37-40 页。

成才,又影响时代社会风貌,是决定时代新人能否承担起民族复兴使命生力军的关键问题。2020年3月,《中共中央国务院关于全面加强新时代大中小学劳动教育的意见》明确要求培养学生"勤俭、奋斗、创新、奉献"的劳动精神,形成正确的劳动价值观。劳动价值观是人们对"劳动价值"和"劳动对教育的价值"的主观认识[1],具有澄明劳动立身、倡导劳动创造价值、厚植劳动情怀、伸张劳动正义的丰富内涵。当前,受资本宰制"生活化"、网络话语"破圈化"、劳动教育尚待落细落实落地影响,一些青少年劳动价值观出现了偏差,亟须加强有针对性的教育引导。劳动在人的产生和发展历程中功不可没——展现了人的能动性之伟大力量,使人从动物中脱离出来,并成为人区别于动物的本质标志。人不仅通过劳动改变周遭的自然,"也就同时改变他自身的自然。他使自身的自然中蕴藏着的潜力发挥出来,并且使这种力的活动受他自己控制"[2]。但"劳动之烦根本就是一个社会——文化现象"[3],当前,消费主义、"躺平"、佛系、"内卷"、精致利己主义等不良现象极易诱发时代新人行为失范与价值秩序紊乱,折射出部分时代新人劳动价值观遭遇严重挑战。

一、"消费主义"消遁勤俭节约精神[4]

随着经济快速发展和网络智媒高速迭代升级,消费主义、个人主义深度交融,充斥着大众的日常生活。在消费主义裹挟下,"享乐主义、消费主义等物化生活方式遮蔽了生活的价值和意义,侵蚀着人民群众构筑美好精神生活的主体性"[5],有少数人逐渐陷入归属感下降、精神意义探寻迷茫的焦虑

---

[1] 檀传宝:《劳动教育的概念理解——如何认识劳动教育概念的基本内涵与基本特征》,《中国教育学刊》2019年第2期第82-84页。
[2] 《马克思恩格斯文集》第5卷,北京:人民出版社,2009年,第208页。
[3] [美]伊夫·R·西蒙:《劳动、社会与文化》,周国丈译,北京:中国经济出版社,2008年,第39页。
[4] 徐长发:《新时代劳动教育再发展的逻辑》,《教育研究》2018年第11期第12-17页。
[5] 丁昀:《试论美好精神生活的意蕴、境况与实现》,《社会主义核心价值观研究》2022年第5期第78-83页。

之中。

"消费主义"大肆泛滥,鼓励与倡导大众疯狂消费、超前消费、体面消费等,成功地使普罗大众深陷其中而无法抽离,大众消费趋于盲从。① "消费主义"重塑了大众消费观念,引发消费内容的私人定制化,数据平台促成消费生态重构,乃至全覆盖大众日常生活——数字信息狂轰滥炸,打破日常生活的连续性与稳定性,呈现碎片化样态;数据与算法的推送与订阅纷扰日常生活的惬意与宁静,显现出平庸化样态——并渗透进人民精神世界,使个体思想日益浅薄空疏、大众审美日趋媚俗粗鄙、精神世界日渐躁动虚无,异化和物化进一步加深。异化最普遍、最基本的表现是日常生活中的物化,而这种普遍物化现象正是和技术高度发展联系在一起的。技术理性统治的逻辑通过大众文化和大众传媒向人们提供"虚假的需要",并以个人需要的名义生产出越来越多的社会需要,制造"虚假满足"。这种普遍物化完全颠倒了人和物的关系,使物驾驭着人,成了人的"灵魂"。人不同于动物,因为只是物质需要满足并不能给人带来幸福。人拜倒在物面前,就意味着失去了灵魂,失去了灵魂的人则没有幸福。技术理性把"虚假需要""虚假满足"强加给人们,使得人们在技术文明成果面前无以选择,不知不觉地认可这种新的统治形式——因为这些东西既是你生活所必需,也是控制你的新式武器,使有的人专注于物质享受,看不到体会不到劳动艰辛,更谈不上珍视劳动。苏霍姆林斯基曾尖锐批评:"现在的一个非常复杂的社会和教育问题,就是要在儿童、青少年身上培养一种对待物质福利的严肃态度。"②此一境况在物质尚且匮乏时代就已显现,而新时代物质丰裕,这个问题尤为凸显。孩子是家里的"太阳",父母长辈都围着转,倾尽全力满足孩子多样化需求。个别青少年好吃懒做,衣来伸手饭来张口,游手好闲,大事做不来小事不屑做,贪婪、自私,骨子里又瞧不起父母的平凡劳动。如果孩童不是通过他亲身劳动,想办法

---

① 夏巍,胡运海:《消费盲从、生活附魅与精神虚空——数字资本主义社会的三重"异化"》,《东北师大学报(哲学社会科学版)》2024年第1期第18—24页。
② [苏]苏霍姆林斯基:《给教师的一百条建议》,杜殿坤等译,北京:教育科学出版社,2000年,第365页。

克服困难去赢得劳动的快乐,只把挥霍父母创造的财富看做理所当然的快乐源泉,那么他不仅孩童时是一个无情无义的人,而且也可能上学以后也不会因教育而有所改变,这难免给劳动教育带来了不可小觑的挑战。"劳心者治人,劳力者治于人"体现了劳心者孔子、亚里士多德对劳动的蔑视,一定程度上说明人民厌恶劳动思想由来已久,克服厌恶劳动的态度和行为任重而道远,必须着力消除这种落后思想和行为,持续激活劳动的主体价值。

当下,部分群众秉持"物质至上"的择业观,劳动被物化而丧失了对精神自由的追求,生活中讲究品位、奢侈浪费,遗失了勤俭节约传统美德。消费主义作为一种市场趋利性的消费观念和消费模式浸淫到人们内心深处,通过不断凸显商品的符号意义来制造虚假需求、激发物欲满足、感官享受,刺激人们提前消费、攀比消费、冲动消费、炫耀性消费,极大弱化了勤俭节约的价值观念与生活方式,甚至诱导人民确信"勤俭节约已过时"。时至今日,作为中国传统文化中的面子思想和根文化依然掣肘勤俭节约精神的弘扬,且在经济全球化推波助澜下,市场经济利益的驱动,在推动现代工业化大生产的同时,也遮蔽了保护环境、节约资源的生态理念。市场经济发展对物质利益的激励、对个人利益需求的确证,激发了个人的活力与欲望,也为消费主义的滋生和传播提供了土壤。西方消费主义思潮和中国传统面子消费、根文化消费观念合围,滋生了形形色色畸形消费行为,加剧了社会浮躁情绪。同时,导致人们在价值取向、社会共识、行为选择等方面遭遇困惑,如通过大肆铺排浪费彰显家族兴旺发达、物质富有,讲排场、比阔气以博虚名,这种维护面子的行为与培育时代新人的勤俭节约精神背道而驰。

二、"躺平主义"懈怠奋斗精神

"低欲望、低消费、慢就业、废心理、回家乡……"等种种"躺平"行为呈现出时代新人在遭遇"内卷化"隐忧之际,推崇"躺平"成为躲避内卷之忧的生存"智慧"和人生选择。以理想化的遁世主义、惰性化的群体慰藉抵御心理焦虑,以"超然洒脱、豁达平和、与世无争、恬静闲适"的人生修为,默然表达着惰性合理化的坚定诉求,表征着劳动价值观不可漠视的危机。有的劳动者对于生命、健康安全、卫生、优生优育思想意识淡薄,游手好闲、贪图享受、不劳而获等落后思想沉渣泛起,而劳动光荣、勤劳致富、劳动创造财富等先进思想缺乏,"懒惰"行为本质上是厌恶"劳动",有百害而无一益,非但不创造财富,反而消耗财富,使财富急剧减少而致贫。承袭旧社会形态、文化传统的落后思想观念,极大地抑制了自身的智慧和潜能,甚至做出非理性行为,影响了正确劳动价值观的确立。一些人"懒于努力、懒于奋斗、懒于打拼"的心理症候,使得他们常常遵从劳动最低限度的温饱意义和生存价值,"无所谓""无所求""无所安",以消极怠惰的生命观销蚀着劳动立身、奋斗幸福的现实意义和实践价值,无形中导致奋斗精神日益消解,制约时代新人的实践性发展。

不知何时起,物换星移,沧海桑田,"劳动最光荣"在汹涌的市场经济大潮和人民步履匆匆的生活间被逐渐忽视了,奋斗精神内涵不断变化着、丰富着。生活中不尊重劳动和劳动者的现象亦时有所见,尊重劳动还远没有积淀成为时代新人的自觉行为态度。社会上还有不珍惜劳动成果,挥霍浪费财物、破坏公共设施、任意污染环境的行为;勤恳工作、乐于奉献、不计个人得失为人民服务者被称为"傻子";好逸恶劳者侵吞群众劳动成果的诈骗、偷窃、谋财害命、贪污腐败等犯罪活动还时常见诸报道。……这些行为不仅使我们蒙受着物质财富损失和身心精神损害,而且腐蚀着社会道德规范体系,消解着我们认同劳动光荣的信念。引导时代新人警惕工具理性过度膨胀所带来的劳动异化,以及由此产生的负面社会心态,摒弃"等要靠"思想,鼓励时代新人从现有生活条件、社会条件出发,发挥主观能动性,以自强不息、奋斗不止、积极进取、不畏艰难的奋斗状态和精神姿态,唤起主体奋斗共识,最大限度地调动时代新人的内在潜能和内生动力,凝聚力量推动美好生活的实现。在新时代走向共同富裕的关键时期,我们尤为需要大力倡导奋斗精神,倡导尊重劳动和劳动者,维护和支持一切有利于人民生活和社会和谐的劳动行为,合理使用、珍爱来之不易的劳动果实,让崇尚、力行成为时代新人自觉、自为的行为风尚。

三、科技迭代欲求创新精神

新时代网络经济形态变化,使时代新人有更多样化职业选择机会和更广阔发展的可能性,为彰显劳动价值提供了可能,但选择自由困囿于大数据计算,即被大公司"网络操盘手"通过技术手段可见化,精准掌握劳动者底牌(工作需求、期待、可接受薪酬等),使劳动者职业选择处于被动不利境地。一切存在物都在"占有"关系中变成了计算对象,遵循着"被计算和能被计算"合理化原则(卢卡奇语)。这种抽象"合理化"过程在产生特长和专业的同时也产生了职业痴呆,使人处于"合理化""铁笼"之中而压缩了培育时代新人空间和可能。资本作为生产要素有促进培育时代新人的天然有利条件,但资本无序扩张却对培育时代新人带来消极影响,使劳动者、劳动价值实现受阻。资本可继承、资本积累为阶层固化创造条件,阻碍了培育时代新人重要条件的共同富裕实现。当经济增长、技术更新与物质丰富成为社会发展的主导现实尺度时,就形成了单向度的社会体系、单向度的思维模式和价值目标:无止境追求物质占有,漠视精神需求;普遍认可功利主义,质疑道德意义。这必然造成物化与技术理性成为制约社会现代化的梦魇。当人民整日受困于维生性必要劳动,受困于职业发展所限的时候,发展个性时间会缺乏,必然相应萎缩了自由发展的空间,使培育时代新人进程遇缓。

当今人类科技革命日新月异,数字化、智能化迭代更新,劳动日益呈现出自主性、创造性和智慧性。网络化、数字化、智能化以及个性化的劳动选择为培育时代新人开辟了空前广阔的自由时空,为人类走向自由劳动和时代新人提供了现实可能。在科技文化创新创造热情的推动下,社会总体劳动对于劳动的智力含量,尤其是创新性智力元素的要求日益增高,非物质劳动或精神劳动的价值越发彰显。人类劳动形态的嬗变对劳动本身以及培育时代新人提出了迥异于以往时代的更高质量发展要求和发展意蕴,培育时代新人诉求空前强烈,劳动日趋多样化、智慧化和个性化。劳动多样化意味着日益逼近培育时代新人,劳动智慧化意味着日益逼近人的综合素质提高,劳动个性化意味着日益逼近人的个性化发展。在劳动、教育和社会发展日新月异的新时代,培育时代新人与劳动将在个体性、完整性与创造性的高度结合上逐渐趋向统一,体现为更深层次、更综合全面和更具自由精神和普遍性意义的劳动教育,逐渐为培育时代新人和美好生活铺牢坚实基础。

马尔库塞把技术理性指认为发达工业社会的意识形态。他说:"技术理性这一概念也许本身就是意识形态的。不仅是技术的应用,而且技术本身就是(对自然和人的)统治——有计划的、科学的、计算好的和正在计算的控制。"①他还指出:"这种技术理性再生产出了奴役。对技术的服从变成了对统治本身的服从;形式上的技术合理性变成了实质上的政治合理性。"②"技术理性就是意识形态"的论断既可以看作是马尔库塞面向历史的对话,又可以看作是他面向现实的回应。在马尔库塞看来,技术价值中立说乃是一个骗局。由于它只考虑"资本核算"中的成本与收益,由于它取消了对技术的价值判断,它于是便成了为既存的统治合理性进行辩护的最好的学说。马尔库塞以其独具的冷峻目光,穿透了发达资本主义繁荣的面纱,揭示了技术理性对于社会各个领域的全面扩张,并以更加隐蔽的方式开始了对人民身心世界的新的奴役和控制。他认为,以科学技术发展为根基的技术理性具有两重性,一方面,它能够"愈加高效地开发自然和精神资源",促进财富的增长,带来生活的富足;另一方面,它又表现为能够使人处于"被生产手段的渐进奴役中"的一种巨大力量。他还把技术理性的这种两重性概括为一个著名的公式,指出"资本主义进步的法则寓于这样一个公式:技术进步=社会财富的增长(即国民生产总值的增长)=奴役的扩展"③。在马尔库塞看来,当技术理性以富足和自由的名义扩展到全部个人生活和社会生活领域之中时,它就开始形成一种新的统治形式。马尔库塞留给我们的,既有社会批判理论的犀利锋芒和真知灼见,又有我们面对现实社会和生活实践的沉思。

---

① Herbert Marcuse,Negations:Essays in Critical Theory,trans. Jeremy J. Shapiro,Harmondsworth:Pengain Books,1972,P. 223.

② Herbert Marcuse,Negations:Essays in Critical Theory,trans. Jeremy J. Shapiro,Harmondsworth:Pengain Books,1972,P. 222.

③ [法]H·马尔库塞:《工业社会和新左派》,北京:商务印书馆,1982年,第82页。

"信息多变"容易导致学生的参照标准无常,"信息多歧"容易导致学生的价值判断迷惘,"信息多载"容易导致学生的撷息途径偏倾。最需要突破的一大障碍是"反创新"的文化观念。比如,我们的文化观念总体上仍然缺少对于人的价值的真正尊重、对于个体自我实现的真正尊重、对于真理的真正尊重。最需要突破的另一大障碍是"反创新"的管理体制。我们的管理体制有它的优越之处,但对"创新人"的培养来说存在着一个严重障碍,即政府部门管得太多、管得太死,在文化传统、管理体制、教育取向、培养方式、评价手段、社会支持等各方面都离"培养创新人的教育"或"大创新教育"有较大距离。

四、"利己主义"销蚀奉献精神

"作为一种思想体系和道德主张,利己主义由来已久"[①],是现代资本主义社会进行社会控制和思想操纵的方式,而精致利己主义作为利己主义的一种新变种,其做法更为隐蔽,更具欺骗性和迷惑性,"高智商,世俗,老到,善于表演,懂得配合,更善于利用体制达到自己的目的",以虚假方式迎合主流社会的道德取向以行利己之实,因而危害也更大。[②] 它是多要素合力作用的结果,既受外来意识形态的渗透,又是市场经济背景下利己主义者假装融入集体、假意为集体主义服务,索取并满足自身利益诉求的产物。利己主义者往往缺少以"利他"行为获取道德感和尊严感的高层次需求,功利化地追求自我价值和物质利益,在社会交往中罔顾社会价值和精神利益,奉献精神缺失、道德行为弱化。这背离人际交往中崇尚互助向善关系的劳动伦理价值,掣肘了时代新人社会价值的顺利实现和良性社会关系的建构。因此,应更多地引导个体积极地认识、参与、分享、融入自我于他人和世界,把个体成长置于时代与社会的发展需要之中,生活、显现在公共场域之中,保持个体精神活动和实际行动的统一以及向生活世界的开放性,培养开放的个人。

---

① 王艳,赵冰:《精致利己主义的欺骗性及其批判》,《伦理学研究》2022 年第 4 期第 134-140 页。
② 王艳,赵冰:《精致利己主义的欺骗性及其批判》,《伦理学研究》2022 年第 4 期第 134-140 页。

在社会主义条件下，人们通过劳动能够获得幸福生活所需要的物质条件，"躺平"不利于人性完善和全面发展，甚至导致人性的萎缩。随着人民群众物质财富增长，令人担忧的是，长辈们通过辛勤劳动而赚取得物质财富成了晚辈挥霍享受的"金山"，而不是当作进一步发展事业的基础。一些家境较好的青年人中，得过且过、不思进取的苟安心态成为普遍，甚至越来越多青年甘当"啃老族""躺平者"；那些出身寒门的青年人，不愿意靠诚实劳动改变命运，妄想投机取巧取得成功；一些人蔑视劳动和劳动者，或者对那些可以维持成百上千人生存的东西恣意挥霍，或以纵欲无度地消费操控着别人的劳动，掌控着别人的生存；他把自己纵欲无度、怪癖和奇思怪想的实现归结为人的本质力量的确证，这种人彻底扭曲了全面发展的意义和价值。

就企业经营者来说，他们是否开明、秉持民主、平等思想，对于科学劳动价值观的确立至关重要。一些企业经营者社会责任意识观念淡薄，居高临下，不能"以人为本"，不能平等对待劳动者，"我给你发工资，你就必须无条件听我的。"有的有法不依或者蓄意规避法律，对企业社会责任的认识不够清晰。开明的企业经营者会给予劳动者较多的尊重和关心，无良的企业经营者则相反，劳动者稍有不慎，就遭训斥乃至被解雇。在一些外资企业中，部分外方管理人员态度蛮横，更少有对劳动者的人文关怀，甚至存在侮辱、打骂、体罚中方员工的现象，激发了劳资双方的矛盾。习近平总书记多次强调要"激发和保护企业家精神""弘扬优秀企业家精神"。有观点认为，企业家精神被赋予了开拓创新、积极进取、敢于冒险、勇于担当等内涵，其中创业精神和创新精神是企业家精神的核心；[1]企业家精神拓宽了社会成员向上流动的通道，使更多低收入群体有机会跨入中等收入群体行列，实现全体人民共同富裕。[2]

就劳动者来说，有劳动者"当一天和尚撞一天钟"、给多少钱干多少活、

---

[1] 潘熙庆,杨德才:《企业家精神何以促进共同富裕——中国式现代化的视角》,《江海学刊》2023年第5期第157-163页。

[2] Lippmann S., Davis A., Aldrich H. E., "Entrepreneurship and Inequality", Research in the Sociology of Work, Vol. 15, 2005, pp. 3-31.

思想觉悟低，不能正确处理个人和他人、集体和国家的关系。他们中间，混日子、好逸恶劳、投机取巧、粗心大意、大而化之，甚至玩忽职守、缺乏责任心、不遵守纪律者有之，违反规章制度和操作规程、不能合作互助地和他人相处者亦有之。当前依然有一些劳动者目光短浅地看待知识和教育，认为"知识无用""读书无用""读书不如打工"来钱快，体会不到或者不认同"知识创造财富""教育是对未来的投资"等先进理念，从而导致行为上，减少或取消对子女学校教育的投资，让孩子辍学帮助做家务干农活或外出打工挣钱。亟待以社会主义核心价值观教育引导时代新人的思想、视野、人生观、世界观、价值观、道德标准和日常生活行为向善向美，以有利于维持社会秩序和时代新人生成互促共进。对时代新人日常生活际遇、经验、意义和价值的抽象、概括与凝练，其价值理应体现在指导进一步的生活中，彰显时代新人日常生活存在的合理性、正当性，使其成为"顶天立地大写的人"。

第二节　时代新人尚未合理运用自由时间

时间对于人类社会的本体性意义，开显出时间对培育时代新人的建构性价值。新时代培育时代新人的时间逻辑深度蕴含此一过程生成、发展和创新的逻辑理路，凸显此一过程的历史性、时代性、超越性、持续性和阶段性的基本特征，为培育时代新人的理论创新和实践创造提供运行空间。时间的复杂性样态和培育时代新人的多维动因相互塑造，呈现了不同时间条件下培育时代新人的性状，表现为共生互构的圈层结构、过程演进的线性结构、认同建构的交错结构。这一结构体系分别表征、共同塑造、集中呈现了新时代客观实践的历史性生成、教育活动的过程性展开和认同建构的主体性发展。深化关于时间的理论探讨，有利于澄明培育时代新人价值实现的重要关切、省察自我确证的致思理路、突破现象诠释的视域局限，为守正创新铺建起理论的进阶，推进高质量培育时代新人。随着科学技术、信息的深入发展，人类活动的时空不断发展变化着。社会时空的变化引起人们价值观念、思维方式和交往形式的改变,必然会给培育时代新人带来新的机遇和问题。

一、时代新人生成时空有局限①

在人的发展三大形态中,第一形态里时间和空间尽管非常狭小,却须臾不分离,人类必须用几乎全部的生命活动时间来满足生存需要,没有时间扩大用以发展其才能和志趣的活动领域的空间,如公共事务,艺术等等。第二形态里开始出现了剥削和压迫,必要劳动时间和剩余劳动时间分离,出现了剥削阶级剥夺被剥削阶级的剩余劳动时间,转变为剥削阶级的自由时间,剥削阶级发展的时间和空间有了巨大扩展,被剥削阶级一定程度上在异化中获得了有限的发展时空。第三形态里自由时间生成,在自由时间里获得发展极致的人作为最大的生产力作用于社会,不断拓展人的全面发展的自由空间。

当今处于人的发展由第二形态向第三形态转变的过程中,虽然时代新人的生活条件有很大的提高,时代新人发展的时间增多,发展空间也获得很大拓展,但物质、文化积累仍满足不了日益增长的美好生活需要,且地域间、人与人之间有很大的不平衡(比如,当前城市化浪潮造成的农村凋敝,城市化吸纳了农村的青壮年,抛给农村"空巢老人"和"留守儿童"的发展重担),可供时代新人自由支配的时间也不充裕,时代新人生成时间和空间仍不平衡。马克思主义以辩证唯物主义和历史唯物主义为出发点,摒弃掉机械自然观与唯心主义自然观,突破了以往二元对立的抽象概念,在现实的社会中开展对自然以及对时代新人之间关系的研究与分析。他们以现实的人及其所进行的实践劳动作为探讨人与自然关系的基础,并且指出自然具有优先性以及人对自然依赖和改造相统一的辩证关系。马克思恩格斯在人、自然与社会三者相统一的基础上建构了新人学说。他们认为,社会是人与自然关系的中介,人与自然的对象性实践关系只有在社会中才能得以体现。不

---

① 丁昀:《当今中国人的完整性生成样态透视》,《思想政治教育研究》2016年第4期第37-40页。

仅如此,马克思主义将思辨哲学中的自然观引入到现实社会实践中去,指出人类不合理的生产实践活动是人类片面发展的根源,而想要弥补人与自然交往中所出现的裂痕,就必须坚持人与自然相统一的立场,坚持科学合理的生产活动。马克思主义一方面研究了资本主义社会中资本家借助资本的力量对工人进行压迫和剥削,另一方面也分析了资本家对自然的挥霍与压榨,将新人生成置放到自然生态领域。总体讲,马克思主义新人学说既表达了对人类的关怀,又体现出了对自然的尊重,不仅弥补了生态中心主义对人类权益的忽视,也解决了人类中心主义对自然的忽略。马克思根据自身的体验,并在分析和研究大量现实发展的基础上,批判了资本主义制度下资产阶级对自然的肆意掠夺和对劳动工人无情剥削,明确指出正是由于私有制和私有财产造成人、自然与社会三者关系的全面异化。他进一步指出,资本的快速积累和分工、劳动的急速发展,进一步激化了人与自然物质交换矛盾,致使城乡关系日益严重对立。马克思主义对人的片面发展的批判从政治经济学领域过渡到社会领域,指出资本主义社会政治经济学的抽象性和庸俗社会学说的虚伪性。在资本主义社会中,以私有制和资本增值为基础的再生产实践主要满足的是资产阶级物质精神生活需求和最大化榨取剩余价值,而劳动工人本身所应得的价值在无形之中被大打折扣。由此可以看出,资本主义社会中所宣扬的正义和平等,并不是一切人的正义和平等,而仅仅只是资产阶级的平等,其实质是资本家对工人的剥削和对自然的占有,资本主义再生产进一步榨取劳动工人创造的剩余价值及无限制地恶意利用自然资源。在这个由资本所主导的社会中,人成为自然的主人,一方面为人类消除了对自然的恐惧,另一方面又为人类戴上另一副枷锁。生产资料的私人占有和资本增值逻辑在全球无限制蔓延,在一定程度上来讲给人与自然带来了浩劫,这种私人占有和资本增值对资本主义制度越"忠诚",那么对人民的全面发展来说就越是灾难。矫正资本主义社会人的异化现象,需要从根本上推翻资本主义的统治,废除生产资料私有制,建立社会主义制度,才能真正实现人、自然与社会的和谐发展,走向人的全面发展道路。

就阶层之间时代新人生成而言,新时代以公有制为主体、多种经济成分共存,这就决定在一定程度上,仍然存在少数人剥削别人的剩余劳动,从而占有别人创造的自由时间的现象,导致一些人不劳动而获得更多自由发展的时间,另一些人被迫为生存而从事更多的劳动,从而挤占了处于不利境地的群体发展时间和空间。

就地区而言,由于贫困地区,特别是一些山区,有些农民依然沿袭"日出而作,日没而息"的古老生活方式,交通不够发达,信息闭塞,与外部交流少,决定了他们社会关系简单、狭窄;2020年我国全面建成小康社会,顺利完成脱贫攻坚任务,两不愁三保障扎实推进,贫困人口生产生活水平有了很大提高。以前因交通不便,山路崎岖,几无交通工具可用,在交通发达地区几分钟的路程,山区人民可能要花上数小时来完成,现在交通条件有了很大改善,也改善了山区人民的发展空间。

至于性别间发展的不平衡,由于受传统男尊女卑、重男轻女、传宗接代思想的影响,倾向于生养男婴,一些女胎儿被有意堕胎,致使男女性别较为失衡。受教育方面,一些家庭重视男孩子的教育,轻视女孩子的教育,在进一步发展方面女孩子处于不利境地。就业方面,同样存在或明或暗的对于女性的性别歧视和限制,存在同工不同酬的现象。但另一方面,也造成受社会普遍关注的婚姻问题,特别是经济落后地区农村男青年结婚困境:在"约定俗成"的"规矩"和相互攀比的社会风气下,天价彩礼导致一些农村家庭苦不堪言,甚至因娶亲致贫,且有愈演愈烈之势,引发了一系列严重的社会问题。

二、自由时间消费化娱乐化[①]

马克思所说的自由时间,是在彻底摧毁资本主义生产方式、人类实现彻底解放后才能达到的理想生存状况,马克思曾明确地指出:"所有自由时间都是供自由发展的时间。"[②]只有在彻底把资本主义生产方式抛到历史的垃

---

① 丁昀:《当今中国人的完整性生成样态透视》,《思想政治教育研究》2016年第4期第37—40页。
② 《马克思恩格斯全集》第31卷,北京:人民出版社,1998年,第23页。

垃圾堆,人类彻底解放后才得以出现的理想生存状况。实际上,不论是在今天最发达的资本主义社会中,或是在社会主义社会中,都还没有出现这一意义上的自由时间。随着生产力的发展,人民的自由时间越来越多,理应可以利用自由时间充分发展自己,但事实上,拥有了自由时间的人不一定能够切实利用它们创造发展的空间。"我们已经将每日的平均工作时间减少到了一百年前的一半左右。……但是,结果又怎样呢?我们不知道怎样使用这些新获得的自由时间,我们只是设法消磨这些节省下来的时间。"①时代新人生成的时间空间问题,是自由时间未能够被合理分配和利用——有人自由时间过度"娱乐"——沉迷网络游戏、网络小说、乐此不疲地抢微信"红包"、看八卦网络信息和追"肥皂剧""煲电话粥"、赌博喝酒打牌等来消磨掉自由时间,未能助益于自己的自由发展空间。自由时间的消费化现象——网购,逛商场、超市"去旧图新",贪恋奢侈品的炫耀、享受,大量时间花在这些消费项目中,挤压了发展的时空。

参差不齐的大众文化使得时代新人生成境况不平衡。"大众文化根深蒂固的难题在于普遍的不幸福。不幸福一方面是由于劳动和消费之间难以取得平衡,另一方面是由于劳动动物坚持不懈地追求幸福,而幸福只有在生命过程的消耗和再生、痛苦和痛苦的释放之间达到完美的平衡时才能获得。"②商业化、消费化、娱乐化、世俗化的大众文化,正在悄然改变着,甚或说挤压着社会主义主流意识形态发挥作用的空间。"马克思的自由时间观是我们应对消费主义异化现象的'一剂良药'"③,实务部门工作者应引导时代新人认识到这种过度注重消费和享受的危害,引导时代新人适度消费,反对单向度的物质消费,注重科学合理消费;奏响社会主义意识形态的主旋律,将其影响力渗透到时代新人的闲暇生活时空之中,引导时代新人合理利用自由时间,使自己的闲暇生活过得充实而有意义。如增强与时代新人进行

---

① [美]艾里希·弗洛姆:《健全的社会》,孙恺祥译,上海:上海译文出版社,2011年,第3页。
② [美]汉娜·阿伦特:《人的境况》,王寅丽译,上海:上海人民出版社,2009年,第134页。
③ 王猛:《试析马克思的自由时间观》,《湖北民族学院学报(哲学社会科学版)》2014年第1期第106-109页。

闲暇交往的主动性,参与融入闲暇生活,真切地感受五彩斑斓的闲暇文化,体验闲暇空间里休闲、交往、娱乐时心理、思想和行为的发展变化,与时代新人零距离面对面沟通交流,"和谐共生"。

三、现实交往方式日益虚拟化

随着经济全球化的迅速推进,人类逐渐摆脱了不同国家、民族和地域的局限,同世界性的实践活动发生着错综复杂的联系,尤其到了信息时代,网络成为人民习得知识的重要工具,也成为人民重要的生产生活方式,网络的大众化普及加速了现实交往方式的虚拟化疏离化。由于网络行为的虚拟隐蔽性使道德的外在约束力弱化,且由于网络立法、监管、判定和执法有难度,现实共同体的道德问题转移到虚拟共同体中来,而且还滋生了大量的网络道德问题。人民活动的空间范围显著扩大,有利于人类充分利用全球实践活动的成果快速发展社会生产力,而生产力的加速发展奠定了人全面发展的客观基础。"2004年至今中国青年的关键词'寻求空间'","新生代农民工在当前城乡二元化体制中继续寻求着自己的生存空间和精神空间","青年必须在现实的制度安排中构筑自己的物质生存空间,而互联网世界的技术特性又使青年习惯于以全球视线和全球互动不断追求新的精神空间。"[1]可见,当今青年苦苦追寻着自己的物质生存空间和更好的精神生成空间。尽管党和国家一直强调加强农村、农民、农民工"三农"工作,但事实上,依然有人的发展工作在基层不到位——农村、城市社区、城市农民工出现明显的断裂带现象,既没有时间上的保障和持续,也没有空间上的范围延展;既缺乏组织落实和制度保障,也缺乏专职人员的具体落实,在理应大有作为的空间"缺位",这恰是新时代人的发展工作的生长点。

马克思曾深刻批判资本主义社会过度发展的科技理性导致了人受到自然、社会关系的双重压迫,人和物、人和人之间普遍异化。异化固然绕不开社会制度的主因,但从文化的角度看,资本主义社会迷信科技创造高度的物

---

[1] 南山:《1992—2012:青年发展轨迹研究》,《当代青年研究》2012年第1期第9-14页。

质文明的神话,对其评价缺失了人性的复杂性、深刻性和精神性的尺度,使人异化为一种物化的单向度存在。当下物质丰富更是激发了人类深不见底的欲望,我们不否认欲望和感性需要的合理性,但是,人与人乃至国与国之间的交往不能局限于物质层面,精神交往更不能缺席,精神生活富裕同样极端重要。20世纪90年代中期,我国教育理论界担忧人文知识、人文教育被边缘化,呼吁整合人文教育,"在人文科学长期僵化思想压抑中,无法寻绎到新的思想资源和入思角度催生新的思想,也无力从人文体系中产生新思维的平台。"①随着科学技术迅猛发展和信息化时代的来临,这种趋势似乎有增无减,以致习近平总书记多次倡导加强哲学社会科学研究和网络信息化治理。

在传统农业社会中,时间和空间是统一的、融合共生的。然而,随着科学技术的飞速发展,到了现代信息化社会,时间被"虚拟化"而具有一种超越空间的特性,即"脱离开具体的空间"。因此,无形之中降低了具体空间的意义,使得"具体地域空间"与"全球空间"联系起来,重构了时代新人传统观念中的历史,变为一种"整体的历史"。②资本无序扩张造成时代新人生成危机③,"资本扩张一方面必须以人的发展空间为前提,同时也在这种扩张过程中不断吞噬人的发展空间,最后使人和社会失去发展空间而处于危机状态。"④

四、尚未满足终身生成需要

党的十六大、十七大提出建设全民学习、终身学习的学习型社会,十九大提出培养时代新人的战略任务,二十大又强调建设全民终身学习的学习型社会、学习型大国,自此学界开始探讨终身学习型时代新人培育问题,相关成果颇多,但分散化、一般性研究多,系统化研究、精准性研究少。以高校

---

① 王岳川:《文艺方法论与本体论研究在中国》,《广东社会科学》2003年第2期第125页。
② [英]安东尼·吉登斯:《现代性的后果》,田禾译,南京:译林出版社,2000年,第15-16页。
③ 鲁品越:《资本逻辑与人的发展悖论》,《学习与探索》2013年第2期72-90页。
④ 鲁品越:《资本逻辑与人的发展悖论》,《学习与探索》2013年第2期72-90页。

思政课教学时间安排和学生发展需要的冲突为例,具体表现为:一是课程安排时间与学生实际需求有冲突。一般高校都把思想政治理论课安排在大学生涯的1—3年级阶段,注意将这门多学科背景的综合性课程衔接起来,这些方面考虑较周全,但却与更具挑战、更需教育指导的大学生涯后期发展需要相割裂,这种安排相对忽视了全面考量学生的认知规律、思想政治理论的教育规律以及大学生的需求规律。比如,大学生涯后期要处理毕业、考研、就业、婚恋(甚至结婚生子)等各种问题,其复杂性和难度增加,让临近毕业的大学生慌乱无措,压力巨大,亟需给予指导和教育。而现实是,在招聘单位招聘前后,在面对毕业、考研、就业、恋爱婚姻选择或受挫的时候,辅导员、思想政治理论课教师,都鲜有发声。二是教育者把握课程时间的灵活性阙如。在大学生低年级阶段,思想政治理论课课程学时和教学内容综合考虑并有效排除了各种干扰因素,教育得到了切实保障。而在大学生高年级阶段,尤其是毕业前期,亟需拓展思想政治理论课教育,却因专业课学习要求、个人研究兴趣选择、备战研究生招生和公务员考试,以及参加各种类型招聘会等等,诸多因素都会影响到该课程的顺利开展,需要学校、教师有针对性地灵活安排不同类型学生的教育诉求。若能进行班级授课和师生交流,当然很好,但如果无法保证授课时间,有必要打破原定的时间安排,师生可以协商约定教育交流时间,或在特定事件发生时即时进行课程教育。三是长期以来,大学生思想政治理论课通常都是大班授课,教学课堂空间难以有效改善,有的课堂学生人数甚至多达160人。班级大,人数多,教师无暇顾及每个教育对象的特点和个体差异,难以开展必要的沟通交流和课堂互动。即便进行教学改革,开展参与式教学、课堂讨论,也总是小部分学生参与,大多数学生因时间、空间所限而不能有效参与。因此,大班教学可以说是教师的"独角戏",教师辛苦,学生参与课堂教学积极性不高或做其他事情,抬头率低,教学效果差强人意。

　　针对思政课程安排时间与学生实际需求的时空冲突、教育者把握课程时间灵活性不足的特点,高校可以适当调整授课内容和时间,尽量满足学生多向度、各阶段的不同需求,对于教育者来说,在教育活动中,可以灵活地积极主动地创设开放性的教育情境,"把思政小课堂同社会大课堂结合起来,教育引导学生立鸿鹄志,做奋斗者。"①开发利用思政课实践教育基地等社会实践大课堂,"坚持开门办思政课,推动思政课实践教学与学生社会实践活动、志愿服务活动结合,思政小课堂和社会大课堂结合,……完善思政课实践教学机制。"②随时随地打破封闭性思维,积极运用微信、微博、微视频、客户端"三微一端"新媒体网络交流、实践平台,扩大校内外实践活动,使思政课从方寸教室拓展到社会这个大熔炉,引导大学生深度认识和体验复杂的社会成长环境,弥补大学生在思想认识、情感意志和人生经验层面的短板,在鲜活多样的社会实践中锻铸大学生树立正确的世界观、人生观、价值观,拓展时代新人生成的时间空间。

第三节 尚未满足新人美好精神生活需要

在中国几乎每个大学都会碰到"图书馆难题":即每年临近学期末考试时的图书馆"占座"现象。每个同学都想享受图书馆里中央空调的舒适和良好的学习氛围,但图书馆空间有限,于是很多学生就会各显神通占座位,甚至暂时不去图书馆仍期望继续占有位子,造成资源的浪费,况且无论校方制定什么方法措施、规章制度好像都无法完全杜绝占座行为。这种现象是需要问题产生的现实根源,即现有资源不能满足人民日益增长的美好生活需要。人类发展各自"占有"资源的结局便是将人类置于越来越危险的境况。自联合国环境与发展大会颁布《21世纪议程》(被誉为"全球实施可持续发展战略的行动纲领")以来,可持续发展成为学术界讨论的热点问题。学术界倾向于指称生态、经济、社会三维系统的可持续发展,并将人的生态需要、

---

① 《习近平主持召开学校思想政治理论课教师座谈会强调 用新时代中国特色社会主义思想铸魂育人 贯彻党的教育方针落实立德树人根本任务 王沪宁出席》,《党建》2019年第4期第4-5页。

② 中共中央办公厅 国务院办公厅印发《关于深化新时代学校思想政治理论课改革创新的若干意见》,《中华人民共和国教育部公报》2019年第9期第2-7页。

物质需要、精神需要视作可持续发展的动力。早在古希腊时期，苏格拉底的"爱智慧"、柏拉图的"理想国"、亚里士多德对"善"与"幸福"的追求等从哲学的角度诠释美好生活。德尼·古莱从伦理学角度出发，认为美好生活分为维系生命、尊重和自由三大要素，其中生命是美好生活的先决条件。约翰·杜威明确提出了"教育即生活""教育即生长""生活就是发展，而不断发展，不断生长，就是生活。"因此，最好教育就是"从生活中学习、从经验中学习"。由此可见，人民向往的美好生活与高质量的教育息息相关。当然，我国时代新人的美好精神生活需要问题，既涵盖全人类需要的共同问题，又有自身特殊的问题域。

一、美好需要消费化虚假化工具化[①]

人类需要满足问题突出地表现为需要的"物化""消费化"和"工具化"倾向。笔者以为，这三种需要都根源于资本主义生产资料的私有制对于人类需要的侵蚀。消费的是"物"，"物化"通过消费来实现，"物化""消费化"都被用来作为谋利的手段和支配他人的"工具化"力量。相对说来，需要的"物化"历时已久，早在马克思时代既已被广泛关注和批判，但需要"消费化"倾向是近年来随着社会生产力的发展，物质产品相对丰富，人民的自由时间相对增多之后出现的。马克思曾深刻批判资本主义社会中"需要的粗陋化"现象，工人被"当作劳动的动物，有最必要的肉体需要的牲畜"[②]，资本家只考虑工人维持劳动最基本的需要，不考虑"劳动以外的需要""不把工人作为人来考察他的需求"[③]"把工人变成没有感觉和没有需要的存在物"[④]，工人的需要被迫萎缩、退化至仅能维系肉体存在，接近于动物的需要。深刻揭露需要消费化的现象和根源，对于唤醒工人阶级认识自身处境，奋起斗争起着非常重要的作用。随着生产力的提高，物质财富的丰裕，"需要的粗陋化"观点被

---

① 丁昀：《当今中国人的完整性生成样态透视》，《思想政治教育研究》2016年第4期第37—40页。
② ［德］马克思：《1844年经济学哲学手稿》，北京：人民出版社，2000年，第15页。
③ ［德］马克思：《1844年经济学哲学手稿》，北京：人民出版社，2000年，第14页。
④ ［德］马克思：《1844年经济学哲学手稿》，北京：人民出版社，2000年，第123页。

新时代的社会现实所超越,而演变为需要的物化、精致化与消费化,进而发展成为否定人的力量。新时代亟须将人的需要提升到追求精神陶冶和自我价值实现的层面,且使他人的需要不再只是满足自己需要的手段,而是直接成为目的。

马克思认为,私有制使人愚蠢、片面、充满占有欲,一个对象,只有当它"被我们直接占有",或"被我们使用的时候,才是我们的"①。人的多层次多方面需要简略化为单纯物的需要,"私有制不懂得要把粗陋的需要变为人的需要"②,因为它的生产目的是实现利润最大化的"物的增值",而不是促进人的发展,这也注定了它必定被灭亡的命运,各种冲动型买买买,好像只有在不停地消费中才能有存在感,鲍德里亚指出:"富裕的人们不再像过去那样受到人的包围,而是受到物的包围。"③

美国学者汉娜·阿伦特在《人的境况》一书指出:"劳动动物的空余时间只会花在消费上面,留给他的空闲时间越多,他的欲望就会越贪婪越强烈。""……消费不再局限于生活必需品,而主要集中在多余的奢侈品上,……最终没有一个世界对象能逃过消费的吞噬而不被毁灭。"④这段话论及劳动、需要(即欲望)和空余时间(自由时间的来源)的消费化,并最终将导致人类毁灭的危险。因此,"从劳动中解放出来,用马克思自己的术语说就是从必然性中解放出来,也最终意味着从消费中解放出来,即摆脱作为人类生活根本处境的人与自然的新陈代谢"⑤。

本·阿格尔《多少算够》一书中也认为:"一句话,劳动中缺乏自我表达的自由和意图,就会使人逐渐变得越来越柔弱并依附于消费行为。"⑥劳动异化使人厌烦乏味、痛苦,人民更乐意到消费领域中去寻求安慰、补偿,期望丰

---

① [德]马克思:《1844年经济学哲学手稿》,北京:人民出版社,2000年,第85页。
② [德]马克思:《1844年经济学哲学手稿》,北京:人民出版社,2000年,第120页。
③ [美]鲍德里亚:《消费社会》,南京:南京大学出版社,2008年,第1页。
④ [美]汉娜·阿伦特:《人的境况》,王寅丽译,上海:上海人民出版社,2009年,第134页。
⑤ [美]汉娜·阿伦特:《人的境况》,王寅丽译,上海:上海人民出版社,2009年,第131页。
⑥ [美]艾伦·杜宁:《多少算够——消费社会与地球的未来》,毕聿译,长春:吉林人民出版社,1997年,第193页。

裕的物质能弥补劳动产生的痛苦。然而事实上，人类期望通过消费商品来补偿往往是报酬不足的、重复单调的、令人厌烦的劳动生活，通过消费享受"幸福"，这实际上已陷入异化消费的歧途中。异化消费不过是虚假补偿劳动，减轻不了异化劳动的痛苦，只会让人陷入更大的困顿，让期待的幸福更加遥不可及，消费愈多愈会加剧人与人之间的不平等，使人民处于紧张、疏远和对立的关系中。针对现实中需要消费化问题，弗罗姆指出物化"对人的精神存在的威胁……人日益异化，变成了只知追求消费品的人，变成了物中物……"[①]需要物化使人成为物，失去了自身的独立性，人与人之间剩下了纯粹的物化关系，甚至人的意识也变成了无法摆脱的物化意识形态而侵蚀日常生活。"人之所以不幸福，不是因为他们无法满足某些既定的欲望，而是由于新的需要及其满足之间的差距在不断地拉大。"[②]或许除了衣食住所，人的其他所有需要都非幸福所必需，如果别人有的东西他没有，他就会有一种被剥夺感。或者说，现代消费至上主义恰是利用人的虚荣心创造了林林总总的虚假需要，问题在于这些人创造的虚假的需要具有无限弹性，且无法从根本上获得满足，欲壑难填——在满足每一个需要的同时又创造了另一个新的需要。

需要消费化问题投射到人与自身的关系上，引发心灵与肉体的斗争加剧，人无法回归精神家园，幸福似遥不可及。在消费活动中，人总是将自己的兴趣、爱好、品位、需要、愿望等直接诉诸消费对象，并通过消费外化出来自身的能力和素养——现代人贪得无厌地追逐物质，使自己无暇无力顾及其精神需求，精神世界的苍白与贫乏就成了现代人难以克服的顽疾，人民精神需要满足出现断裂和真空地带在所难免。需要消费化问题导致人与人之间的紧张、疏远、竞争甚至对立，比如极端仇富现象，另一方面，招致过度消费、资源枯竭、种群退化甚或灭绝、生态环境恶化，破坏了人类生态需要满足根基。

---

① ［美］埃里希·弗罗姆：《马克思关于人的概念——西方学者论〈1844年经济学哲学手稿〉》，上海：复旦大学出版社，1983年，第80页。

② ［美］福山：《历史的终结及最后之人》，黄胜强等译，上海：上海人民出版社，2013年，第97页。

二、物化需要挤压精神需要①

"需要"范畴在马克思主义人学理论中有着至关重要的地位。从"需要"切入,有利于关照、批判和改变社会现实,逐步推进人的全面发展。需要体系的丰富和发展及其满足关联着人与社会的发展。"每个文明国家以及这些国家中的每一个人的需要的满足都依赖于整个世界。"②当今人民陷入了全球化背景下需要的消费化发展之中——媒体、企业和政府操控的经济和政治需要,生产逻辑宰制的消费需要、虚假需要——亟须在满足基本需要的基础上,限制不合理的物质欲求,消除"虚假需要",应引导人追求更高层次的精神与道德审美的需要。

当今市场经济迅猛发展,人人施展浑身解数追求着形形色色物质的满足,购物消费成了满足需要的较普遍方式。货币作为人民的需要与其对象之间的中介,由满足需要的手段变成了需要本身而拥有极大权力,成了人民最大的需要。人的社会关系、人物关系,不知何时演化为"占有关系","占有"成了人最基本的价值取向和生存活动。马克思一针见血地指出,货币是处于一定历史发展阶段的人创造的、并且一直在创造着的、人与人之间物化的社会关系。这种社会关系外在于时代新人,并支配着时代新人的行动。

膨胀的物质需要挤压精神需要,使时代新人日益受到这种异己力量的压抑和支配,导致其生存价值和意义失落而"片面"发展。物质财富增长裹挟着资本逻辑宰制下时代新人生活的物化以及价值贬值。时代新人作为资本增值的一个环节而成为"经济人","贪欲和权势欲成了历史发展的杠杆",时代新人的能力本身也成为资本和能够占有资本的资本,人类发展方式和需要的多样性被单面化为"物性"。这一发展模式创造了"以物性"为基础的片面发展,疏离了人与人、人与社会、人与自然、人与国家以及国家之间的关系,引发了资源的枯竭、物种灭绝、生存环境的恶化、战争和恐怖活动,几乎

---

① 丁昀:《当今中国人的完整性生成样态透视》,《思想政治教育研究》2016 年第 4 期第 37-40 页。
② 《马克思恩格斯选集》第 1 卷,北京:人民出版社,1995 年,第 114 页。

触及了人类毁灭的底线。人民生活压力剧增,生活节奏加快,活得日益辛苦,亚健康、严重工伤事故(尤其在煤矿产业)、员工因劳动条件极端恶劣而自杀、过劳死等事件时有发生,人的幸福感、价值和意义亟待提升和发展。

"仓廪实而知礼节,衣食足而知荣辱",人民的物质生活需要获得相对的满足后,就有条件过一种不受日常的物质生活和社会生活拖累的精神生活,人民精神、感情上的需要就会凸显出来。卡尔·雅斯贝斯认为,人是精神,人之作为人的状况乃是一种精神状况。现实中,虽然精神生活空间日益开放,人民精神生活需要并没有随着物质生活富裕而相应提高,相反,却有片面发展的趋势,即精神生活愈益单面性地等同于文化消费,且有愈演愈烈趋势。所以,我们要警惕新时代人民精神需要满足中存在的危机和隐患,采取积极措施提升和满足人民在世俗化和大众消费时代的精神需要,实现精神生活和物质生活的高水平协调发展。

三、美好精神生活需要待满足

人是精神性的存在,马克思在《资本论》中指出人必须满足"精神和社会的需要"。精神需要即人们对充实精神生活的需求,它更体现了人的本性,马克思曾经指出,动物的生产只受纯粹的肉体需要的支配,而人不受肉体需要的支配也生产,"并且只有不受这种需要的支配时才进行真正的生产。"摆脱纯粹物欲的支配,以丰富的精神生活克服动物的狭隘性,正是人高贵于动物所特有的。作为内心的意向、动力、目的和相对独立的因素,人的精神需要一旦产生,便强烈地影响和规约着人的行为以及包括物质需要在内的其他方面的需要。精神需要在未来社会人的全面发展中的重大作用,如今已初步显现。

有研究者提出人的精神需要基本层次,有人际关系的需要(尊重、友谊、爱情等)、观赏娱乐的需要(审美等)、学习创造的需要(又称"自我实现"的需要,包括对知识、才干和理想等的需要)。它们构成相互联系、相互渗透、相互影响的有机整体。① 对于一个成熟的、正常的人来说,对诸层次的需要都是不可缺少的。人一旦长期不能满足或缺少这些需要,势必造成精神需要断裂和"真空地带",导致精神的空虚、贫乏甚或堕落。中国经济举世瞩目地飞速发展,但精神上却面临着独特的挑战。我们党一直注重抓思想、精神问题,但尚未能有效改善这种挑战,我们"正在成为一种能够被明显感觉到的普遍而深刻的精神缺失",缺少"一种足以掌握并协调日益巨大的物质力量并使之获得自由表现的精神形态"②,这有其自身的历史和现实原因。

从历史角度来看,革命战争年代,人民的精神需要主要是摆脱剥削压迫,赢得解放和自由,为了取得革命的胜利,培养服从革命需要的勇于献身的人;计划经济时代强调集体主义精神,国家、社会、集体的需要往往遮蔽了个体需要;当前社会主义市场经济宣扬个体的自主性和独立性以及个体精神的能动性。这样,革命战争年代和社会主义建设初期培养的主体精神和信仰与市场经济所要求的精神相差甚远,甚至有冲突。当前"中国奇迹背后人们心灵与精神却不安苦恼",迫切需要国家、社会能为他们提供一种深入心灵深处的精神引导。然而令人遗憾的是,现在我们对人的思想、理想、信仰等精神文化研究成果尚不能满足人民的精神需要。美好生活需要及其实现,离不开时代新人的精神生活、精神境界的提升。没有时代新人的精神生活不断丰富、精神境界不断提高,美好生活只能是一种遥不可及的幻想。

世界历史性进程、全球化浪潮带来多元文化交流交融碰撞的冲击,一方面时代新人渴望新的主导精神需要,引领享受高雅的精神生活;另一方面是对外来多元文化思潮、精神理解的困惑,使时代新人无所适从,陷入归属感缺失、精神意义探寻阙如的"存在的焦虑"之中。信仰、主导精神的缺失,使时代新人难以满足精神需要,甚至出现精神需要的真空带,开始念想崇高理想的峥嵘岁月。此外,时代新人的物质需要是不断发展的,"然而建立在一个唯利是图的经济——市场结构基础之上的社会生活是有其限度和条件

---

① 顾智明:《论精神需要》,《学术研究》1987年第5期第51—57页。
② 吴晓明:《当代中国的精神建设及其思想资源》,《中国社会科学》2012年第5期第4—20页。

的","我们正处于一种危险与希望并存的发展之中","若无相应的并且有足够平衡力量的精神——文化建制,则这种唯利是图的结构足以毁灭性地瓦解整个社会生活。"①在这种境况下,有必要供给高质量的公共文化服务,以文化人,培根铸魂,确证时代新人的生活意义价值、文化认同,切实改变价值纷乱、道德失范、信仰迷茫的现实境遇。

四、尚未确立生态生活方式

生态需要是时代新人的基本民生需要,意指人类对整个自然界的多样性、丰富性、稳定性、和谐性的生态平衡的需要,强调人类对自身生存环境、后代和地球可持续生态利益的关注,保证今后以及后代能持续呼吸到新鲜空气,能持续享受人与自然的和谐。

"人是直接的自然存在物"②,"自然界就其本身不是人的身体而言,是人的无机的身体"③。这里马克思指明了人来源于自然,是自然界的一分子,人的无论哪种需要都依赖自然界来满足,人和自然界毫无疑问应和谐相处。同时,人又是对象性的存在物,"(人)是通过自己的对象性关系而对对象的占有,对人的现实的占有"④,"但是这些对象是他的需要的对象,是表现和确证他的本质力量所不可缺少的、重要的对象"⑤。质言之,生态环境的样态和质量和人类生存和发展休戚相关,直接决定着时代新人的需要能否满足及其满足到何种程度,直接影响着时代新人的正常生活、身心健康和幸福安乐。自然界既是人类的栖居之所和衣食父母,也是人类活动得以进行的生产资料来源和活动的空间,人类以自然界为根基实现创造性的实践活动。"没有自然界,没有感性的外部世界,工人什么也不能创造"⑥,自然界给劳动提供生活资料,也提供维持工人本身的肉体生存的手段,因此,随着人的对

---

① 吴晓明:《当代中国的精神建设及其思想资源》,《中国社会科学》2012年第5期第4-20页。
② [德]马克思:《1844年经济学哲学手稿》,北京:人民出版社,2000年,第105页。
③ [德]马克思:《1844年经济学哲学手稿》,北京:人民出版社,2000年,第56页。
④ [德]马克思:《1844年经济学哲学手稿》,北京:人民出版社,2000年,第85页。
⑤ [德]马克思:《1844年经济学哲学手稿》,北京:人民出版社,2000年,第105页。
⑥ [德]马克思:《1844年经济学哲学手稿》,北京:人民出版社,2000年,第53页。

象性存在物(诸如土地、矿山、物种种群)与对象性关系的异化或日趋减少,劳动的对象、劳动关系也随之异化或日趋减少,人性的丰富性和复杂性,以及时代新人的本质力量现实展现和新的充实也将变得更加困难甚或难以实现。

生态需要根基破坏及其无法满足问题根源于,一是资本主义消费主义影响下的异化消费加剧了生态环境破坏及生态危机,最终危及当代人乃至后代人的生态需要满足以及生存和发展需要。当今一部分人"用过即扔"的消费行为,一边贪婪地向大自然侵占资源,一边又肆意妄为地向大自然抛洒废物污染环境,进一步激化了有限资源和人类贪得无厌的需求之间的矛盾,破坏了人与自然之间的关系,使得人类自身陷入资源被破坏而无法恢复、环境污染严重、生态失衡的危险境况。二是人以万物中心自居,以人的尺度从人的需要出发,作为实践主体对自然界中的一切事物任意宰制。三是现实东西方世界中,多元化的需要与利益主体导致多元化的对待生态环境的立场和态度。目前,人类生态面临的问题,从其形成内因看,则是人类内部日益扩大的贫富差距、资本积累追求利润最大化和弱肉强食、挥霍式的消费模式所导致,且这一切都与资本主义的生产短期行为、生产方式、消费方式和生活方式有着千丝万缕的联系。

现实中一些群体性事件频发从反面印证了人的生态需要得不到满足的乱象。"目前,因征地引发的农村群体性事件已占全国农村群体性事件的65%以上,由环境污染引发的群体性事件以年均29%的速度递增。"[1]其原因主要在于人民群众的生态需要受到了潜在的或严重的威胁,而我们的群众工作(包括思想政治教育工作)没有及时、有效解决好相关问题。在倡导建设生态文明、"美丽中国"的新时代,如何对待人民的生态需要问题,怎样引导人民群众认识、重视这个问题,政府、企业各自的责任如何明确,怎样预防、治理生态危机,出现危害时代新人生态利益的事件,如何能理性引导维护好群众利益,保持社会稳定和谐,的确是一个挑战。

---

[1] 张云飞:《试论社会建设的生态方向》,《北京行政学院学报》2010年第4期第46—49页。

第四节 时代新人的个性尚在全面生成路上

"强调人的个性发展与人格独立,对于当今中国来说具有重要的意义。"①马克思主义认为,个性发展受生产力发展状况和社会关系中民主(包括政治上的民主与开放、经济上的独立与自主以及伦理上的自我选择和趋善)的发展程度制约。有学者认为,自由个性是自主和自律的合理统一的人格品质。"从人的现实存在的意义上说,自由个性是人在对象性活动中以自主和自律的统一为内容的自为本性。"②时代新人在现实活动空间中,通过劳动实践、社会交往、语言符号三大活动现实地生成着人的自由个性。时代新人在对象性活动的不同维度把自己造就成认识主体、实践主体、评价主体和审美主体等各种角色,并在多种角色互补中成就一个丰富的主体,经常多维度观照自己的活动,从现实出发超越现实,全方位地拓展生存空间。从历史角度看,个性发展与人类社会的进步趋于同步,个性发展进程某种意义上就是社会进步的标尺。

个性是人在一定社会环境中能动地形成的个体相对稳定的心理品质,包括气质、性格、智力、意志、情感、兴趣等方面。马克思论述新人生成始终同个性联系在一起,新人生成与个性全面发展是统一的,新人生成是个性全面发展的基础,没有一定程度的新人生成,个性发展将是片面的和畸形的;另外,个性全面发展是新人生成的条件,新人生成受其个性发展的制约,新人只有表现出本身真正个性的积极力量时才能获得自由。可以说,时代新人的个性和谐是社会和谐发展的根本前提,同时,人的个性和谐又是自然和社会的产物。造就全面个性,就是要使一个人有健全的人格,有正确的世界观、人生观和价值观,能恰当地处理个人与自然、他人与社会的复杂关系,做

---

① 张志勇:《人的个性发展的哲学反思及其中国问题》,《江汉论坛》2011年第1期第57-60页。
② 陈立新:《论自由个性人格品质的生成与意蕴》,《毛泽东邓小平理论研究》1999年第5期第83-87页。

到融入自然、融入社会、融入集体。社会关爱个人、集体承认个人、尊重个人、给个人以充分自由的发展空间,是社会主义和谐社会的重要标志,据此省思个性发展的时代性问题是走出培育人的个性困境的首要前提。

一、物的依赖关系限制个性全面发展①

个性发展是一个历史的范畴,在不同的历史时期具有不同的含义和特定任务。新时代中国人个性生成,是把人从"对人的依赖"和"对物的依赖"中——把人们从封建专制主义的余毒(官僚主义、家长作风、一言堂,平均主义)对人性的蔑视、压抑和扼杀中,从资本主义"异化"所造成的资本对人的统治、对人的个性泯灭中,从"左"的错误思想毒害人的个性发展中——解放出来,走向自由个性,但历史根源和现实状况决定了个性生成的任务尚待完成。

从历史根源来说,以人的依赖关系为主的传统经济模式、生活方式和文化观念束缚着人的个性发展。"个性就是人的独特性情与自主状态下的属性。人的依赖关系表面上是货币、商品、资本对人的支配,深层次却是人的个性和自由度的缺失。"②几千年来,中国人的社会关系更多依靠传统、风俗习惯、经验、教化以及血缘和人情关系来维系,这种状况具有极大的封闭性、依赖性、自发性,抑制着人的自由个性的生成。中国传统的"家国一体"的社会制度安排、基于血缘和人情的乡土"差序格局""无讼社会"礼俗调节机制(通过廉政、道德教化和依靠扶持社会自治等民间调解,维持社会运行)、祖先崇拜、家族崇拜、男尊女卑、相对狭小的通婚圈和祖辈固化的居住体系、自给自足的衣食住用、整齐划一的需要结构和管理体制等人际互动网络,潜移浸润地塑成了中国人的依附人格、奴性意识,以及经验式和人情化的生产形式、生活方式和文化特征,道德至上的伦理秩序,重人伦、灭人欲、崇整体、抑个体的价值取向,有利于维护中国传统社会团结、稳定,却束缚着个性发展,

---

① 丁昀:《当今中国人的完整性生成样态透视》,《思想政治教育研究》2016年第4期第37—40页。
② 张志勇:《人的个性发展的哲学反思及其中国问题》,《江汉论坛》2011年第1期第57—60页。

这就决定了培育时代新人的自由个性依然任重而道远。

从现实状况分析,当今时代处于从物的依赖关系向自由个性发展转变的途中,这就限定了个性发展必然受"物的依赖"关系的束缚。对"物的依赖"既是人类解放和走向更高阶段的需要,也是人类维护自身生存和发展的需要。新中国成立伊始,百废待兴,物质极度贫乏,自然要大力创造物质财富,必然存在"物的依赖"——因为只有当"占有物"积累到一定程度(足够人们合理支配时),才有可能超越"物"的依赖。这种情况下,为了超越这种"物"的依赖,就不难理解人们为何把注意力集中于发展生产力,集中于如何"占有"更多的"物"。生成、保障时代新人个性发展的物质条件尚不平衡。工农差别、城乡差别和脑体劳动的差别仍然存在,农民与城市居民以及从事脑力劳动的人相比,他们的发展受到更多的限制,尚不能够充分满足时代新人物质和精神领域多方面发展自己的需要。

二、大众共性教育消解个性全面发展

"人只有实现了他自己的个性,才算是肯定了他的作为人的潜力。所谓让自己活下去,就是让自己成为他自己,发展自己潜在地具有的个性。"①个性是在个人与他人、个人与社会等社会关系之网中相互作用产生的,必须使自己的个性塑造凝聚着追求个人完善与人类幸福的取向。诚如爱因斯坦主张,"学校的目标应当是培养有独立行为和独立思考的个人,不过他们要把为社会服务看作是自己人生的最高的"②。换言之,一个人只有将自己融入推动人类发展的进步事业之中,才能克服自身片面性而走向完善。

在个性发展问题上,我国曾经历过一些偏差,如过度强调人的普遍性、共性,忽略个性的发展;群体的丰富多彩被遮蔽得整齐划一。有西方学者批评我国提倡的集体主义遮蔽人性,压制人的个性发展,有人甚至把共性和个性、集体和个人对立起来,认为发展个性就是否定共性、削弱集体,就是追求

---

① [德]埃里希·弗罗姆:《寻找自我》,陈学明译,北京:工人出版社,1988年,第25页。
② 《纪念爱因斯坦译文集》,赵中立,许良英译,上海:上海科学技术出版社,1979年,第67页。

个人主义。毛泽东同志明确提出,"有些人怀疑中国共产党人不赞成发展个性,……其实是不对的。民族压迫和封建压迫残酷地束缚着中国人民的个性发展,……我们主张的新民主主义制度的任务,则正是解除这些束缚和停止这种破坏,保障广大人民能够自由发展其在共同生活中的个性"①,个性全面发展对于社会全面进步同样极其重要,"没有几万万人民的个性的解放和个性的发展,……要想在殖民地半殖民地半封建的废墟上建立起社会主义社会来,那只是完全的空想。"②

从历史根源考察,有着数千年传统的封建主义观念至今仍阻碍着中国人个性的健康发展。我国建立社会主义制度,提供了解除封建压迫对中国人个性发展束缚的必要的政治条件,并未彻底荡涤封建专制主义的经济消极影响,比如,封建主义经济滋生的平均主义思想,依然阻碍着许多人积极性的发挥和个性发展。近些年来,当人民批评和纠正这种认识和实践偏差,却容易走向另一极端。有人搬来西方学者主张人的价值就是人自身,来声讨集体主义扼杀个性发展,是把人当"牛"做"马",他们主张谁都不服从、不受约束,强调自我设计、自我完善、自我实现,偏离了人的全面发展的正确政治导向。

以自由个性为导向的时代新人生成是马克思所预设的发展目标,也是时代新人个性发展的现实趋势。尤其是教育和科学技术的突飞猛进,极大便利了时代新人跨越物理空间和信息空间的移动及沟通交流,通过积累共享知识、提升能力和形塑个性,有力助推了时代新人从有限的自由时间和存在空间的束缚中解放出来,为时代新人按照个人意志独立自主的生活提供了坚实的保障。时代新人个性发展的有限独立与依赖共存,呈现出以物的依赖和人的依赖交织在一起的个性复杂化特征。物的依赖突出表现为普遍性的对金钱的依赖崇拜,直接影响个性的生成和发展。人的依赖集中表现为对权力以及裙带关系的依赖。对于乡土人情等社会关系的依赖阻碍独立

---

① 《毛泽东选集》第3卷,北京:人民出版社,1991年,第1059页。
② 《毛泽东选集》第3卷,北京:人民出版社,1991年,第1060页。

个性的形成和发展,对于权力的依赖侵蚀个性发展的环境空间,影响独立个性赖以生成和发展的方向和基础,甚至对于个性发展起到关键性作用。

三、交往互动不足囿限个性全面发展

任何教育方式都是所处时代政治、经济、社会关系的产物,我国灌输式教育是普及马克思主义理论和革命斗争的需要,曾经有力地凝聚了人民群众的革命热情和向心力,鼓起人民群众的革命斗志,对于中国革命、建设和改革起过无与伦比的积极作用。随着新时代国内外政治经济环境的日新月异,人民主体意识增强,越来越反感灌输教育方式,更喜欢能设身处地地结合他们自身实际、更能尊重他们个性的问题设计,更喜欢引导性和潜移默化式的教育方式。同时,人民获取信息的渠道林林总总,尤其是移动网络、手机通信的发展,信息来源和价值取向更加复杂化,人民有了更广阔的信息可选择性,这种灌输方式与人民群众的自由选择发生了矛盾,遭受了前所未有的挑战,尤其是新时代对大学生的灌输式教育效果堪忧,亟需提质增效。

灌输式教育创新不足束缚人的个性发展。大众化共性教育过程应该是教学相长的互动过程,而灌输式教育的固有理念和方式,较注重单向的理论灌输过程,较少顾及教育对象的精神需求和心理接受程度,认识与实践的双向互动不足,教与学之间互动性弱,远远不能满足教育对象的个性成长发展需求,不能适应教育现代化和人的个性自由发展的需要。此外,灌输式教育往往难以因材施教。譬如,新时代大学生自我意识、独立意识、进取心与竞争意识强,他们习惯独立思考,较少盲从轻信,具有强烈的选择愿望,有利于形成创新精神,但同时,他们更强调自我,注重张扬个性。灌输式教育往往不能根据他们的特点及发展趋向调整教育内容,激发起特长,弥补其不足,助益他们个性健康成长。大众化共性教育灌输的对象主要是青少年,理论及实践表明,走出教育灌输挑战的一个策略,就是使大众化共性教育的主导教育方式与青年文化对接。比如努力去改变灌输主导话语落后的教化方式,尊重"青年文化形成的双向式、参与式和主动式的新社会化方式"①,在教育过程中重建为教育对象所接受的、体现其学习的主体地位和自我教育方式的话语模式。通过交往对话调控与引导青少年文化,借鉴、吸收这一文化中有价值的元素,重构大众化共性教育的主导灌输话语体系。

灌输式教育主客思维定式引发教育对象的逆反。受传统思想政治教育主客二元对立观念的影响,作为主体的教育者几乎主宰一切教育活动,作为客体的受教育者总是被控制与塑造的对象,这样的教育活动缺乏灵活性和吸引力,师生平等交流互动意识不足,现实中遭遇了教育对象的反感。"一直反抗的就是社会主文化在教育传播中仍然沿用长辈教化晚辈、师长向学生灌输这种单向式、接受式和被动式的教化方式。"②大众共性教育担负着社会意识形态塑造和个体意识形态塑造两大同等重要的功能,理应同等重视,但现实中却出现偏重体系化理论灌输,忽视或缺乏对个体价值观引导;偏重实现教育对象社会意义的价值,弱化引导他们实现个体意义的价值;而一旦弱化个体价值观引导的功能,就很难恢复起来。因为这会使教育对象错误认为,思想政治教育就是要灌输主流意识形态,消解自己价值观选择和价值体系构建的自由。此种认识偏差挤占了大众化共性教育进行意识形态熏陶和促进个人价值实现有机结合的空间,降低了大众化共性教育培育个性的有效性。

理论教育内容脱离实际需要制约个性张扬。大众共性教育理论灌输中一个较为明显的问题是,教育内容的陈旧、单一和空洞远离了现实时代新人精神世界的丰富性、灵动性,忽视蓬勃发展的市场经济对时代新人的强烈冲击,已经不能强有力地解决时代新人在生活层面的问题,也难能解决他们精神世界的困惑和烦恼,难以助力时代新人"精神成人"。一是教育者常常有意无意间忽视了时代新人的美好生活需要,教育内容难以契合和满足其美好生活需要,不能获得教育对象的认同,更难以让其心悦诚服地接受。二是

---

① 黄禧祯:《思想政治教育的话语困境片论》,《学术研究》2007年第8期第120-123页。
② 黄禧祯:《思想政治教育的话语困境片论》,《学术研究》2007年第8期第120-123页。

教育者时常忽视时代新人需要的差异性，年龄层次区分不明显，胡子眉毛一把抓。一些时代新人的文化程度、政治素养、理论基础、接受能力、理解能力和消化吸收能力等具有较大差异性，这客观上要求教育者在理论灌输中既要善于拿捏好虚实度、深浅度，又要注意因材施教，但现实中，一些教育者不了解、更难以契合时代新人的需要、层次及其差异性，灌输内容不是缺乏说服力和真实性的假大空，就是不能给人以启迪和提高的平白虚。三是教育者没练好基本功，驾驭理论的能力薄弱。要想给人一杯水，自己先要有一桶水，理论基础不扎实，既不能触类旁通，举一反三，把抽象的理论浅易化，更不能把道理讲明白，把问题讲清楚，为教育对象排疑解难，使其茅塞顿开。四是方式方法不当。当前，各种社会思潮暗流涌迫，粉墨登场，争相抢占意识形态阵地，马克思主义基本理论灌输任务艰巨而又紧迫，有的理论教育工作者，没有深入研究马克思主义理论灌输的方式方法，把握不准灌输原则，在实践过程中受到潜意识的支配，使思想和行动程度不同地仿效旧模式，照搬旧方法，接砖摆砖，接瓦传瓦。还有的搞硬性限制，强迫命令。

在这种单向灌输模式下，教育者和受教育者欠缺真切地沟通交流，两者之间的互动性较差，教育者不清楚教学成效如何，受教育者则觉得枯燥无味甚至厌倦逆反，这种单向灌输谈何利于个性培育？个性全面发展是一个长期克服个性的异化、分散和分割状态，日益充分地呈现人的本质力量的漫长曲折过程。当然，就自由个性生成目标及最终实现途径和范围而言，是一个全人类的问题，其实现方式复杂多样，新时代很难预料到那些将在未来人类生活中产生重大影响的事情，即便是摸着石头过河，也要在实践中总结经验教训，摸清规律。

由于网络化、信息化的发展，新时代教育者不仅在时间方面不再占有先机，在空间方面，由于现代科技所展现的共在共享性魅力，使教育主客体有可能且有必要处于平等地位，因此，教育者应重视与受教育者的平等对话与沟通，认同、尊重受教育者的主体地位，并在教育教学中积极发挥其主体性。思想政治教育就是把科学、正确的"理"，诸如马克思主义基本理论、社会主义核心价值观等理论灌输给受教育者，这样的"理"才是"服人"的关键。除此之外，理论是丰富的，"理"需要实际生活中具有普遍性、熟知性经验的支撑，增强"理"的通俗化，这样的"理"更具感染力。在教育过程中，"理"的最终目的是要说服人。教育者必须准确地把握"理"，保证理论本身的科学性，并能灵活运用。只有正确地诠释科学的理论，才能体现说服力，为此应切忌对受教育者泛泛而谈，要根据受教育者的理解和接受能力、思想素质水平等采取适合的方式和手段进行教育；还应注意以"理"服人，把握"情"与"理"的分寸，不可偏废其一。

小结

新时代中国特色社会主义现代化强国建设实践给培育时代新人提供有利条件的同时，其不平衡不充分的发展某种程度上依然制约着培育时代新人，应着眼于新时代特征，从时代新人所内含的劳动、需要、时空和个性四个向度出发，审视培养时代新人样态。

当前培育时代新人存在一些现实问题。首先，时代新人的劳动价值观受到严重挑战，表现为"消费主义"消遁勤俭精神，"躺平主义"懈怠奋斗精神，科技迭代欲求创新精神，"利己主义"销蚀奉献精神。其次，时代新人尚未合理运用自由时间，表现为时代新人生成时间空间有局限，自由时间消费化娱乐化，现实交往方式日益虚拟化，尚未满足终身生成需要。再次，尚未满足新人美好精神生活需要，表现为美好需要消费化虚假化，物化需要挤压精神需要，美好精神生活需要亟待满足，优美生态需要尚未满足。最后，时代新人的个性尚在全面发展路上，表现为物的依赖关系限制个性全面发展，大众共性教育消解个性全面发展，交往互动不足囿限个性全面发展。培育时代新人，源起多种社会因素的影响与制约，因此，需要政府、企业、家庭、学校、各类工作者携起手来攻坚克难。

第五章
培育时代新人的主要目标

马克思从资本主义社会的经济政治条件、生产实践条件、时间空间条件及主体条件系统科学分析培育新人的路径。同样，新时代必然要从中国的劳动、时间、需要、个性等现实条件分析入手，探索培育时代新人的有效路径。在"五位一体"建设的现实进程中，为培育时代新人提出更高要求、更广阔空间，提供了劳动自主性条件、有保障的自由活动时间、需要层次的多样化和个性化需求的满足，彰显着培育时代新人的有利条件。同时，也存在着地域、时空、资源的不平衡性，以及群体和个体之间在获得物质基础、民主政治、精神动力、法治社会保障和生态环境保障等方面的不平衡性。新时代需要关注上述不平衡性，才能在追求平衡和充分发展的动态进程中逐步达致培育时代新人的理想境界。

第一节 培塑时代新人科学的劳动价值观

2020年3月，中共中央、国务院印发《关于全面加强新时代大中小学劳动教育的意见》（以下简称《意见》）指出，劳动教育"直接决定社会主义建设者和接班人的劳动精神面貌、劳动价值取向和劳动技能水平"。[1] 在当前劳

---

[1] 《中共中央国务院关于全面加强新时代大中小学劳动教育的意见》，《人民日报》2020年3月27日第1版。

动价值主体异化、劳动价值取向多元化日益凸显的境况下,如何看待劳动和劳动者及其衡量它们的价值,如何界定和对待有别于资本主义的社会主义社会的剥削问题,如何寻求与其他各种社会进步力量的广泛联合,这些都要求我们基于新时代特点深入理解马克思主义劳动价值观,"将辛勤劳动、诚实劳动、创造性劳动作为自觉行为"①,厚植尊重劳动、崇尚劳动、兼济天下的劳动情怀。

一、抑制"消费主义"生成勤俭精神

坚持马克思主义劳动观的自觉性是抑制"消费主义"生成勤俭精神的思想前提。要应对"消费主义"逻辑对时代新人劳动价值观的冲击,加强勤俭节约精神培育,引导时代新人深刻践悟劳动与消费、劳动与获得、劳动与幸福的对立统一关系,确立劳动光荣、浪费可耻的科学认知,崇尚节俭自律、勤俭修为,厚植待物之德;激发时代新人追求不役于物的自由精神、物尽其用的价值理念,践行勤以修身、俭以养德的理性自治,引导时代新人戒除好逸恶劳、奢侈浪费的陋习。增强坚持马克思主义劳动观的自觉性、主动性,正确看待随着科技发展和各种国际国内问题变化而产生的劳动问题及其特征,培育时代新人尊重劳动和劳动者的价值观念,为考察、反思和改善时代新人的生存境况提供了重要思想参照系。

劳动是人与自然之间的物质变换过程,是人从动物中脱离出来并区别于动物的本质规定性,更是创造财富、推动社会可持续发展的动力。恩格斯曾经指出,无论生产力发展到何种水平、无论在何种社会都不能没有劳动和生产劳动者,"自从阶级产生以来,从来没有过一个时期社会上可以没有劳动阶级而存在的。""这个阶级在任何情况下都是必要的。"②且不说恩格斯从阶级角度强调劳动和劳动者对于社会生存发展的极端重要性,对于未来阶级与阶级社会的消亡来说,有一定局限性,但如果从群体角度讲,没有劳动

---

① 习近平:《在全国劳动模范和先进工作者表彰大会上的讲话》,北京:人民出版社,2020年,第5页。

② 《马克思恩格斯全集》第19卷,北京:人民出版社,1963年,第315页。

者群体的辛勤劳动,社会就不会生存发展下去,是符合社会现实的。"劳动不仅把人类社会和自然界分离开来,同时又把二者联系起来,从而使人类社会能够继续存在和发展下去。"①劳动不断地生成着人与人之间的社会关系。欧文认为,"完善的新人应该是在劳动之中和为了劳动而培养起来的";李大钊倡导"尊劳主义",即"劳动为一切物质的富源,一切物品,都是劳动的结果。""我觉得人生求乐的方法,最好莫过于尊重劳动。一切乐境,都可由劳动得来,一切苦境,都可由劳动解脱。""至于精神的方面,一切苦恼,也可以拿劳动去排除他,解脱他。""但是现在的社会,持尊劳主义的人很少,而且社会的组织不良,少数劳动的人,所得的结果,都被大多数不劳动的人掠夺一空。劳动的人,仍不免有苦痛,仍不免有悲惨,而且最苦痛最悲惨的人,恐怕就是这些劳动的人。"②如果一个社会对劳动群众的认识能提高到如此高的境界,并身体力行地尊重劳动和劳动群众,就一定会在全社会切实确立起劳动光荣的价值观念。

以毛泽东同志为核心的中国共产党人,高度重视劳动和劳动者,继承和发扬了马克思主义劳动价值观。在建设社会主义市场经济过程中,如何看待劳动和劳动者地位的问题逐渐凸显出来,但是由于受到我国封建统治阶级根深蒂固的"劳心者治人,劳力者治于人"思想影响,在一定程度上出现了鄙视劳动和劳动者,尤其是体力劳动者、底层劳动者不能体面被看待、收入偏低不能体面生活的现象。胡锦涛同志强调:"一定要在全社会大力培育和弘扬劳动光荣、知识崇高、人才宝贵、创造伟大的时代新风,让全体人民特别是广大青少年都懂得并践行劳动最光荣、劳动者最伟大的真理。"③是否重视学生的劳动教育,关系到培养时代新人的质量和效果。习近平总书记强调指出,"把劳动教育纳入人才培养全过程,贯通大中小学各学段和家庭、学校、社会各方面……培养一代又一代热爱劳动、勤于劳动、善于劳动的高素

---

① 李秀林,等:《辩证唯物主义和历史唯物主义原理》,北京:中国人民大学出版社,1995年,第51页。

② 李大钊:《现代青年活动的方向》,《晨报》1919年3月14—16日。

③ 胡锦涛:《在2010年全国劳动模范和先进工作者表彰大会上的讲话》,人民日报2010年4月28日第2版。

质劳动者。"①因为劳动教育既寓劳动于德育,又推进智育、体育发展。而这些年一味追求应试教育,有所忽视劳动教育,导致学生的劳动观念削弱了,拈轻怕重,却要求工资高待遇好,不懂得珍惜劳动果实,亟待大中小学校把劳动教育落细落实。

在党的二十大报告中,习近平总书记鲜明提出勤俭节约精神。刘建军教授认为勤俭节约精神具有"勤勉工作、勤俭持家,适度消费、力戒浪费,节约资源、绿色低碳,风清气正、利国利民"②的科学内涵,培育时代新人吁求勤俭节约精神的涵养与支撑,即通过奉行与弘扬勤俭节约精神,营造风清气正的文明风气与社会氛围,进而推动培育时代新人的伟大工程。

勤俭节约作为个人的一种生活方式,社会的一种精神风貌,是激发人民群众向上向善、提升社会文明水平的精神力量,对于时代新人素质的提高、国家精神面貌的展现具有弥足珍贵的作用。一是凝聚勤俭节约精神的社会共识。培育和创建社会主义精神文明,应该分群体、分层次、分步骤、分阶段、有针对性地调查研究各种群体的发展目标与精神诉求,敢于啃硬骨头,形成新型消费伦理观。首先,拒斥猎奇消费、攀比消费、奢侈消费、冲动消费,构建节约适度、绿色生态、健康科学的消费方式。其次,提升时代新人尚勤养德、俭以修身的劳动伦理境界,防止消费主义宰制下的劳动价值"物化",主张在劳动价值理性的规约下,秉持消费的合宜性,促进时代新人的"道德性"发展。人在辛勤劳作中释放求真、向善、臻美的本质力量,生成幸福感和荣誉感,在对物欲的主动节制中获得尊严感和正义感,"勤劳、美德和善行是最高的品德"③,从而在一定程度上满足时代新人对道德需要的追求。而节俭作为主动节制物欲的选择本身,意蕴着将精神发展作为自己的生命优选方向。故而,勤与俭都能在精神层面满足时代新人的发展需要。倡导

---

① 习近平:《在全国劳动模范和先进工作者表彰大会上的讲话》,北京:人民出版社,2020年,第5-6页。
② 刘建军,曲嘉媛:《新时代勤俭节约精神的科学内涵与重要意义》,《思想教育研究》2022年第11期第137-141页。
③ [英]塞缪尔·斯迈尔斯:《品格的力量》,宋景堂,等,译.北京:北京图书馆出版社,1999年,第162页。

崇尚勤俭,就是要锻造时代新人辛勤劳动、节欲节用的高尚品格,树立俭素为美、俭而不吝、精神为乐的劳动价值观。

二、对抗"躺平"心态生成奋斗精神

马克思认为,人需要通过劳动来满足生存需求,建立与生产力相适应的生产关系、政治体制和文化形态;劳动创造物质财富、精神财富和人本身,对人类的产生和发展起了无可替代的决定性作用,人在劳动中的解放将是彻底解放,劳动者在劳动中的自由将是最高的自由。习近平寄语青年"要立鸿鹄志,做奋斗者,培养奋斗精神,做到理想坚定,信念执着"①。奋斗精神内含"匡世济民、力挽狂澜"的崇高理想抱负,撸起袖子加油干的态度,"让青春在全面建设社会主义现代化国家的火热实践中绽放"②的昂扬风貌,能为促进时代新人实践本质的发展提供不竭精神动力。尽管千百年来人民的工作和生活条件有了天翻地覆的改善,但不变的是人民依旧要服从一定的社会分工,尤其是数字技术影响劳动本质和形式的嬗变,数字化劳动的范围已快速扩展,生产劳动的精神要素及其精神产品日益扩大,个体终身学习、知识创造等智力劳动越来越占据重要地位,劳动的专业性、数字性、创造性极其重要,劳动获得了新的价值与使命。在人类劳动日益数据化、智能化的新时代条件下,密切结合人类、社会发展的新境况与育人实践面临的新课题,深化劳动问题考察,体现研究对于人的全面发展的时代性关照及其理论自觉。伴随着当今科技进步引发人类实践样态与生产生活方式的急剧变化,劳动和劳动教育对于培育时代新人究竟意蕴着什么?

引导时代新人以亲身实践锻造自己的"属人"世界,促进其"实践性"发展。人的身体具有实践性,心灵在实践活动中"涉身"于实践而日益充盈,身体在实践活动中强化了认知功能、沉淀了心智,身心及其认知被实践培塑而得以生长。奋斗最能确证人的本质力量,并在奋斗中自我发展、自我创造与

---

① 习近平:《在北京大学师生座谈会上的讲话》,《人民日报》2018年5月3日第1版。
② 习近平:《高举中国特色社会主义伟大旗帜为全面建设社会主义现代化国家而团结奋斗——在中国共产党第二十次全国代表大会上的报告》,北京:人民出版社,2022年,第71页。

自我实现,如此循环往复,时代新人通过躬身实践发挥在认知过程中的主体性。由此,引导时代新人在亲身实践中体悟"劳动是人的类本质",感知人类生存的"对象性"与"对象化"不同境遇,在多元价值选择中坚守奋斗创造幸福的价值标准,在砥砺奋进中彰显人的劳动立身的本质力量。人作为具有意识的存在主体,他能够通过"对象化"奋斗方式,依自己的"内心图像"(马克思语)与能力,改变作为自己生命的存在对象的对象,从而改变当下的生存境遇,从自在世界中提升出来,为自己创设另一种更值得生活的境域。因由人的"对象化"活动自主自觉而赋有"自由劳动"的性质。时代新人借助"对象化"奋斗创造出独有的、最适合人类繁衍生息的文化世界,并在有意义的文化世界中不断拓展自由自觉本质,同时随着人的自由的不断扩大,有意义的文化世界被更加丰富地构建出来。

当然,营造全社会尊重劳动与劳动者的良好风尚仍需要中央、地方和社会的统一广泛宣传、达成规范的意见、共识,逐步形成一套制度文化安排,着力培育时代新人的奋斗精神,引导时代新人坚定奋斗信念,锻造持之以恒的奋斗意志和奋斗自觉,保持昂扬向上的进取精神和舍我其谁的奋斗姿态,引领时代新人在实践中发挥自觉性、主体性,在艰苦奋斗中体味生存的价值和意义,获得满足感、幸福感和尊严感,以抵御消极社会心态和"躺平"行为方式,从而形成勇于奋斗的精神导向大气候引领社会风范。

三、主动迎接科技迭代生成创新精神

恩格斯指出:"社会一旦有技术上的需要,这种需要就会比十所大学更能把科学推向前进。"[1]在不可遏制的高科技、智能化劳动场域,时代新人赢得优势和主动的关键在于其拥有强大的创新本能和创造能力。"我们知道,要使社会的新生力量很好地发挥作用,就只能由新生的人来掌握它们,而这些新生的人就是工人。"[2]以创新实践培育时代新人的创造才能、理性思考与

---

[1] 《马克思恩格斯文集》第 10 卷,北京:人民出版社,2009 年,第 668 页。
[2] 《马克思恩格斯全集》第 1 卷,北京:人民出版社,1995 年,第 775 页。

科学思维,引导时代新人张扬个性特质,主动发掘巨大的创新潜能,打破思维同质、盲目从众的圈层壁垒,生发出其改造对象世界的奋斗力量,防止其沦为劳动意义贫困的"打工人"。列宁说:"如果目前就企图提前实现将来共产主义充分发展、完全巩固和形成、完全展开和成熟的时候才能实现的东西,这无异于叫四岁的小孩去学高等数学"①。

人有与生俱来的创新欲望和创新潜能,创新是引领发展的第一动力②。陶行知提出"创造之人"与"创造教育"思想。他指出,"儿童的创造力是千千万万祖先,至少经过五十万年与环境适应斗争所获得而传下来之才能之精华"③;他呼吁,"解放儿童的创造力"④;他期待,"天天是创造之时,处处是创造之地,人人是创造之人"⑤。从陶行知这些思想可以推导出"创新人是人的题中应有之义""培养创新人是教育的题中应有之义"的观点。"创新教育的根本目的在于促进学生成长发展"⑥,应当"努力发现所有学生的潜能"⑦,"让每个学生都充满创新活力"⑧,"创新应当首先是对于自己的超越"⑨等基本观点。创新具有"力图超越、勇于探索、大胆想象、追求创意、推陈出新"等基本特征。现实的创新人具有创新意识、创新能力及创新品格(创新的勇气、创新的毅力、创新的道德)这三方面"创新素养"的人,"尤须进行六大解放,把学习的基本自由还给学生",即解放学生的头脑,解放学生的双手,解放学生的眼睛,解放学生的嘴巴,解放学生的空间,解放学生的时间。⑩ 只有把学生的创新素养发展状况明确作为衡量学生全面发展的重要标志,并且只有在这种自由的、崇真的、平等的、民主的、丰富的、包容的学校"益创园"

---

① 《列宁选集》第4卷,北京:人民出版社,1995年,第159页。
② 《习近平谈治国理政》第3卷,北京:外文出版社,2020年,第24页。
③ 董宝良:《陶行知教育论著选》,北京:人民教育出版社,2015年,第569页。
④ 董宝良:《陶行知教育论著选》,北京:人民教育出版社,2015年,第571页。
⑤ 董宝良:《陶行知教育论著选》,北京:人民教育出版社,2015年,第562页。
⑥ 吴康宁:《重新发现教师》,南京:南京师范大学出版社,2017年,第104页。
⑦ 吴康宁:《重新发现教师》,南京:南京师范大学出版社,2017年,第116页。
⑧ 吴康宁:《重新发现教师》,南京:南京师范大学出版社,2017年,第119页。
⑨ 吴康宁:《重新发现教师》,南京:南京师范大学出版社,2017年,第102页。
⑩ 董宝良:《陶行知教育论著选》,北京:人民教育出版社,2015年,第614页。

环境中,才能"引导学生创新的动机和方法",激活学生的创新欲望和创新潜能,增强创新意识(创新意愿、创新倾向、创新设想等)。

马尔库塞提出,要实现对单向度技术理性的超越,在理论上就是要以"历史的合理性"取代"技术的合理性",或者说,在肯定理性中植入否定理性,在工具理性中植入价值理性,形成社会组织机制内在否定和超越维度,形成科学、技术、艺术和价值相结合的新理性,从而实现人和自然的双重解放。劳动是人类满足个体与群体生存、繁衍和共同发展的需要,也是人类协调相互关系的一种方式。正如卢卡奇所说,"人类特有的生活表现形式……都是从劳动中产生出来的。"①劳动是道德生成的内在起点,是道德体验和道德创造的过程。正是人类的劳动在解决人类天生惰性与需要、交往和发展之间循环往复的矛盾运动中,形成了人类最初的禁忌、规范和美德;如果没有在原初的劳动实践孕育和生发出像合作互助、集体主义精神、利他精神等美德,人类就难以在恶劣的自然环境中成为赢家。

从自由、自觉与自省维度入手,培塑时代新人的创新精神。自由体现为时代新人能动地选择、体验自己所创造的生活,意味着自由选择与决策自由;自觉体现为时代新人具备明辨真假与好坏的能力,遵循规律、制度与法律的能力,拒绝平庸、消极和颓废;自省体现为胸怀天下、格物致知、诉求和谐与美好的能力,通过自我反省,不断提升自我、超越自我。具体来说,一是自由选择适合个体的生活方式,不盲从,放手去做,充满好奇,不畏权威,不懂就问,保持好奇心,持续改进,构思创意、学会人和计算机合作,提升生活品质,超越"物的依赖性"走向"人的独立性",摒弃随波逐流与盲目跟风的非理性生活态度。二是自觉抵制资本逻辑中的各种符号诱惑与象征意义,营造容许犯错的氛围,力戒"成者王、败者寇"心理,广泛跨学科、跨领域阅读,多追问、反问、问答,远离奢靡浪费,创造合乎价值理性、提升主体尊严的生活图景,关注真实社会、融入真实群体、保持清醒认知,避免被数字化逻辑操控。

---

① [匈]卢卡奇:《关于社会存在的本体论》下卷,重庆:重庆出版社,1993年,第102页。

四、抵御"利己主义"生成奉献精神

人民的价值取向能否支持、维系和弘扬社会共同价值观,事关社会主义现代化建设大局的成败。社会性对培育时代新人做出了基本的规范和要求,只有与群体、国家乃至人类"共同体"发展相结合,人民自我价值方能充分实现。新时代要化解"个体主义"价值冲击甚至消解"共同体主义"价值的企图,就需要摒弃"个体主义"的弊端,构建新的"关系理性",将个体与他人及社会的共在意义和价值实现相融通,把"自我"与对他人和国家的责任统一起来,把"自己"与"陌生他者"有机关联在一起,培养独立而完整的"为他人的主体性"。"要弘扬和平、发展、公平、正义、民主、自由的全人类共同价值,倡导不同文明交流互鉴,促进人类文明发展。"[1]以此,把个人责任和发展统一到国家责任和发展中去,以社会共同价值锚定个人价值,身体力行推动国家、社会持续健康发展,是时代新人最具合理性的价值选择。

通过营造良好环境,调动时代新人积极奉献。"而且生产者也改变着,他炼出新的品质,通过生产而发展和改造着自身,造成新的力量和新的观念,造成新的交往方式,新的需要和新的语言"[2],把积极思想道德观念灌输到其思想行为当中,推动我们形成"内心的尺度":明确什么行为是值得赞赏奖励的,什么行为是应该遭受斥责和惩罚的。时代新人一旦确立了正确价值观,拥有了内心坚守的行为规范和准则,通过自身的主观努力和日常的道德活动,就能够不断提高自身的思想道德能力素质和社会责任意识、塑造新的文化品质和奉献精神。

引导时代新人自我教育,提升奉献能力素质。"人是生产力中最活跃的因素。……劳动者只有具备较高的科学文化水平,丰富的生产经验,先进的

---

[1] 《习近平在博鳌亚洲论坛 2021 年年会开幕式上发表主旨演讲》,《人民日报》2021 年 4 月 21 日第 1 版。

[2] 《马克思恩格斯文集》第 8 卷,北京:人民出版社,2009 年,第 145 页。

劳动技能,才能在现代化的生产中发挥更大的作用。"①应响应党倡导终身学习的理念,引领时代新人加强自我教育水平、学习法律法规,当自身权益受到侵害时能用相关法律法规维护自身权益。更重要的是,让时代新人意识到积极参与工作中的各种培训提升能力的重要性,养成"干中学"的习惯,增加可持续工作的能力和竞争力,才能使自身体面劳动、有尊严地生活。

在教育与劳动的结合中引导时代新人生成奉献精神。马克思曾提出劳动的教育价值,即"体力劳动是防止一切社会病毒的伟大的消毒剂"②。"工人要发挥一定的劳动能力……他就得受训练和学习,也就是必须受教育"③。恩格斯目睹资本主义社会工人道德堕落的境况,痛心疾首地谴责资产阶级对工人阶级及其子女"一切智力的、精神的和道德的发展都被可耻地忽视了。"④"教育就会使他们摆脱现代这种分工为每个人造成的片面性"⑤。列宁郑重提出"应该使培养、教育和训练现代青年的全部事业,成为培养青年的共产主义道德的事业"⑥"无论是脱离生产劳动的教学和教育,或是没有同时进行教学和教育的生产劳动,都不能达到现代技术水平和科学知识现状所要求的高度。"⑦马卡连柯注意到劳动过程本身蕴含的教育意义,"在教育工作中,劳动也是最主要的因素之一"⑧。毛泽东同志主张"教育同生产劳动相结合""知识分子要劳动化"。邓小平同志曾指出,马克思主义创始人"都非常重视教育与生产劳动相结合……在无产阶级取得政权之后,这是培养理论与实际结合、学用一致,全面发展的新人的根本途径"⑨。

创设敢奉献的劳动教育情境。劳动多样性为多样化的教育问题情境提

---

① 《邓小平文选》第2卷,北京:人民出版社,1994年,第88页。
② 《马克思恩格斯全集》第31卷,北京:人民出版社,1972年,第538页。
③ 《马克思恩格斯全集》第32卷,北京:人民出版社,1998年,第47页。
④ 《马克思恩格斯全集》第2卷,北京:人民出版社,1957年,第396页。
⑤ 《马克思恩格斯选集》第1卷,北京:人民出版社,1995年,第243页。
⑥ 《列宁选集》第4卷,北京:人民出版社,1995年,第288页。
⑦ 《邓小平文选》第2卷,北京:人民出版社,1994年,第107页。
⑧ [苏]马卡连柯:《马卡连柯文集》下卷,北京:人民教育出版社,1985年,第179页。
⑨ 邓小平:《在全国教育工作会议上的讲话》,《安徽教育》1978年第5期第1-5页。

供了可能,着眼于教育的既定目的,给每一项、每一次具体劳动,设计出或智力的或道德的或美学的详细教育目标,通过把学生置身于真实劳动问题情境中,在劳动过程中学生通过解决与个人利益相关的各种教育问题,或者观察他人如何解决教育冲突,获得真切体验,激发学生解决教育问题的意识和能力,得出相应结论,从而达成预期教育目的。这就要求教育教学方式不能仅仅局限于课堂教学,而应当与鲜活实践发生联系,尤其要重视教育实践课堂的创设,创设提升劳动者主体地位和综合素质的情境,把那些富于教育意义的劳动场景"复原"到课堂中来,或让学生们走进富于教育意义的劳动场景中去实践。这要求教育者首先是一个主体地位和综合素质较高的人,能够敏锐地捕捉到真正的劳动场景,并把它在课堂上"复现",由单纯的教育理念灌输向注重道德体验转化。一些教育家认为,为了使知识内化成个人的观点和信念,既需要懂得这些知识,更需要对这些知识有深刻的感受和体会,把它们与自己的社会生活与劳动活动加以对比。通过劳动使学生感到劳动是要用力出汗的,既不像闲庭散步那样轻松,又不像走在乡间小道、美丽景区那么富有诗情画意。劳动是一件艰苦的事情,可以培养一个人的意志和信念,可以培养艰苦朴素,努力奋斗的作风。通过辛勤劳动又可以创造新的生活,可以使人(特别是青年人)珍惜劳动人民的成果,热爱生活,热爱人民,树立劳动观点和为人民服务的思想。

  树立甘于奉献的榜样,营造良好氛围。榜样的力量是巨大的,我们应从社会主义现代化建设事业中选取优秀典型案例、典型事迹进行宣传;重点传播模范者身上彰显的奉献精神,向人们展示出立体、生动、清晰且具象化的奉献模范形象,推进这一精神入脑入心。像躬耕山区、实现成百上千女孩"教育梦"的张桂梅;为脱贫攻坚挥洒汗水、无私奉献,将青春永驻在贫困村的黄文秀;为国家核潜艇建设隐姓埋名、无私奉献的黄旭华,心有大我、至诚报国的黄大年,他们都无愧于艰苦奋斗、勤俭节约精神的时代楷模——他们的故事更能激起时代新人的心灵共鸣,能够在全社会营造弘扬奉献精神的良好氛围和价值导向,促使奉献精神落地生根。或许仅靠教育工作取得的效果是有限的,政府企业和各级组织,包括民间团体要发挥各自的功能,共同致力于奉献精神的培育。比如,宣传企业关爱劳动者和劳动者奉献企业和社会的优秀典型,形成正确舆论导向和舆论声势,营造全社会关心、支持培养奉献精神的良好氛围等。

第二节　以积极交往实践拓展时代新人生成的时空

人类发展史就是人类在交往中逐步赢得、节省和运用时间、拓展空间的历史。马克思说:"生产本身又是以个人之间的交往为前提的。"[1]"为了不致丧失已经取得的成果,为了不致失掉文明的果实,人们在他们的交往方式不再适合于既得的生产力时,就不得不改变他们继承下来的一切社会形式……"[2]随着全球化的迅猛推进以及人类交往方式和交往手段的深刻变迁,马克思交往理论愈益受到人们的关注。马克思多次论及人"喜爱交往""有和同类交往的需要",人的本质力量就是"交往的力量"[3],人在与他人交往互动中形成特定的社会关系,"社会关系实际上决定一个人能发展到什么程度"[4],时代新人生成"是他的现实联系和观念联系的全面性"[5]。时代新人通过广泛的交往互动,编织了错综复杂的、多元多面的社会关系网络,通过这些网络,时代新人彼此交流学习、互相促进,切磋经验教训,增长才干,锻炼、展现和提高个人能力,从他人长处汲取自身全面性生成的新元素。培育时代新人的重大任务,就是要以积极的交往行动,拓展时代新人生成的时间和空间,化解时代新人之间空间的僵化和隔离状态,发挥交往行动的革命性、批判性。

---

[1] 《马克思恩格斯文集》第1卷,北京:人民出版社,2009年,第520页。
[2] 《马克思恩格斯选集》第4卷,北京:人民出版社,1995年,第532页。
[3] 《马克思恩格斯全集》第3卷,北京:人民出版社,1960年,第29页。
[4] 《马克思恩格斯全集》第3卷,北京:人民出版社,1960年,第295页。
[5] 《马克思恩格斯文集》第8卷,北京:人民出版社,2009年,第172页。

一、"人类命运共同体"夯实培育时代新人的思想基础

马克思曾痛批19世纪中国"陈腐的帝国""不顾时势,安于现状,人为地隔绝于世并因此竭力以天朝尽善尽美的幻想自欺。这样一个帝国注定最后要在一场殊死的决斗中被打垮。"①真是一言中的,中国之后的发展历程不幸被马克思智慧地预见了。

"以本国为中心的思考方式和行动已经不行了,在许多方面(当然不是一切方面)都必须从整个地球和全人类的立场进行思考和行动。"②在人类进入世界历史性时代,经过改革开放洗礼的中国人不仅有能力也有勇气思考全人类的命运,用思想和行动建设性地影响世界。二十大报告着眼于促进世界和平与发展,推动构建人类命运共同体③。人类命运共同体承载的共生、合作与发展意识,是人类应对危机、寻求共识的内在需要,在维护人类共同利益和共同价值的全球视野、协调人类发展的冲突、关注个体的生存境况等维度,与"自由人的联合体"具有内在的理论契合。它反映了异质多元主体之间、个体与共同体之间,个体与他人、群体,民族与世界,人与环境等多向度的共生关系,超越了"你死我活""有你无我""非此即彼"的零和竞争逻辑,阐明了个人、社会、民族、国家、世界依次递进、相互尊重和友好关爱的联系,导向培养时代新人的合作共生之路。

以促进构建人类命运共同体为己任,充分发挥自身优势,立足于人类"世界"来系统考虑问题,对受教育者开展教育,深耕人类共同价值和共同利益的新意义和新内涵,利用大学生思想政治教育主阵地和思想政治理论课的主渠道,通过大众传媒、网络及其他载体,宣讲"人类命运共同体"内涵、意义和内容,加大实践力度。"教育者要先受教育",国家积极开展相关的教育

---

① 《马克思恩格斯选集》第1卷,北京:人民出版社,1995年,第716页。
② [日]谢世辉:《世界历史的变革——向欧洲中心论挑战》,北京:人民出版社,1989年,第258页。
③ 习近平:《高举中国特色社会主义伟大旗帜为全面建设社会主义现代化国家而团结奋斗——在中国共产党第二十次全国代表大会上的报告》,北京:人民出版社,2022年,第60页。

和培训,使教育者学习、确立践行"人类命运共同体"思想,积极参与国际沟通、交流与合作,拓展全球视野,引导受教育者学习、认同、践行"人类命运共同体"思想。

世界历史性交往造就培育时代新人时空的现实条件。如果一个人"被隔绝在整个的世界交往系统之外,因而得不到任何教育,结果就成了一个目光短浅的、孤陋寡闻的动物"[①]。马克思从反面睿智地预见到,若无交往和教育,人无异于动物。人只有在交往实践中获得世界范围内的海量信息,受其教育,尽可能开阔视野,获取尽可能多的精神财富,享有精神自由,展现、确证自己的本质力量,人的全面发展才有可能。恩格斯也认为,人的全面发展在空间上不断拓展和深化,其速度日新月异。

世界历史性交往实践拓展了培育时代新人的时间空间。"各个相互影响的活动范围在这个发展进程中越是扩大,各民族的原始封闭状态由于日益完善的生产方式、交往以及因交往而自然形成的不同民族之间的分工消灭得越是彻底,历史也就越是成为世界历史。"[②]从新时代发展的趋势看,世界历史的形成不可能在哪一个民族的范围内独自实现,它需要把交往拓展到世界范围,从一定程度上可以说,人的全面发展是"以生产力的普遍发展和与此相联系的世界交往为前提的"[③]。世界历史性交往为培育时代新人提供了现实条件。"某一个地方创造出来的生产力,特别是发明,在往后的发展中是否会失传,取决于交往扩展的情况。""只有在交往具有世界性质,……保存住已创造出来的生产力才有了保障。"[④]时代新人交往的空间范围越大,每一次新发明传播的空间越广,失传的可能性越小,从而可以在短时间内提高更大空间的生产力,节约了生产的时间,从而拓展培育时代新人的时空。

世界历史性交往实践把节约的时间转化成培育时代新人的空间。作为

---

① 《马克思恩格斯全集》第3卷,北京:人民出版社,1960年,第468页。
② 《马克思恩格斯文集》第1卷,北京:人民出版社,2009年,第540页。
③ 《马克思恩格斯文集》第1卷,北京:人民出版社,2009年,第539页。
④ 《马克思恩格斯文集》第1卷,北京:人民出版社,2009年,第559页。

人的本质的社会关系是人的交往活动的结果。处于一定社会关系中的个人在交往中,突破了地域的局限性再生成新的社会关系,"更新他们创造的财富世界,同样地也更新他们自身。"①从而促使人们的生产经验和劳动技能相互影响、沟通和协调,取长补短,增强了人自身的能力;在世界历史性交往中时代新人获得了快速高效地学习科学知识和互通信息的能力,甚至能够利用后发优势,借助交往获取全世界所创造的最新生产力;时代新人在世界历史性交往中不断重构自身的需要结构,丰富和满足了自身的物质需要和精神需要。随着交往的每一次扩大,人都会产生新的需要,从而推进时代新人新的社会关系、新的本质力量的确立;通过世界历史性交往,生成的自由时间直接"用于发展不追求任何直接实践目的的人的能力和社会的潜力(科学、艺术等等)"②,发挥创造天赋的可能,用于发展人的本质力量,达致时代新人逐步生成。

由此,世界历史性交往实践使培育时代新人过程呈现为时间的空间化和空间的时间化,二者互为前提、不可分割。时代新人在交往中拓展发展的时间,使自然意义的时间变成了时代新人的发展空间,时代新人的本质力量在时空关系维度上得以呈现。例如,在世界历史性交往中创造、推广了现代化的工具,以网络信息技术为主导的数字化交往编织出了特殊的培育时代新人"脉络","网络空间是亿万民众共同的精神家园"③,时代新人通过互联网高速运行突破传统意义上的地域、国门的障碍,越洋过海沟通和交往,眨眼之间远在世界两端的人们就可取得联系,使我们的生活跨越了时间和空间。"不断增强的流动性,现代化的交通电信技术的发展,以及对全球范围的共同问题的意识,似乎在迅速地打破不同文化间的时空关系。"④高速运输工具、宇宙飞船、人造探测卫星、光纤通信网络、计算机以其效率高、速度快的特点,实现了节约时间资源以及"用时间(高速度)消灭空间",极大拓展了

---

① 《马克思恩格斯文集》第8卷,北京:人民出版社,2009年,第204页。
② 《马克思恩格斯全集》第32卷,北京:人民出版社,1998年,第214页。
③ 习近平:《习近平谈治国理政》第2卷,北京:外文出版社,2017年,第336页。
④ [美]拉里·A.萨姆瓦等:《跨文化传通》,北京:生活·读书·新知三联书店,1988年,第2页。

培育时代新人的时间空间。由于网络化、信息化的发展,教育者不仅在时间方面未必占有先机,在空间方面,由于现代科技所展现的巨大魅力,受教育者有可能且有必要与他们处于一种平等地位。因此,新时代教育者要充分重视与受教育者的平等交流与沟通,切实尊重受教育者的主体地位。

二、以积极交往实践指引时代新人积淀运用时间空间的智慧

在时间维度上,教育孕育着人类生命的基本过程,"创造可以自由支配的时间,也就是创造产生科学、艺术等等的时间"①。"使每个人都有充分的闲暇时间去获得历史上遗留下来的文化——科学、艺术、交际方式等等——中一切真正有价值的东西"②。在空间维度上,教育是人类生命的存在方式。除去生命的维持和延续外,人类的生存和发展不能完全凭借身体的本能力量实现,又不能仅有自然环境赋予,而总是经由教育与人类的整体经验(文化)关联。通过教育,人不断形塑着、创造着、实现着、追寻着自己生命的幸福轨迹。随着人类教育阶段性目标的实现,人的需要、动机、兴趣日益丰富,人的知识、理性和智慧不断积淀,生命长度和质量不断延展与提升。作为社会必需要素的教育这一实践活动的目的、对象、内容、方式、手段是与生命存在同步的、立体多面的,超越了政治、经济、文化、社会、信仰等时空限制。政治、经济文明都是为了让人更好地享受生命,享受教育。而教育贯通于生命过程,增长人发现、获取、选择、处理和运用知识的智慧,进而提升人类生命质量。

随着全球化的发展,人类活动的时空界限发生巨大变化。正如马克思指出的:"随着'世界普遍交往',促使'历史'向'世界历史'转变,任何'偶然的个人'生存不断被共同性的'有个性的个人'的生存所取代"③,压缩时空、虚拟时空为培育时代新人的理论和实践提供了新的视角:使教育主客体交往互动时空、教育内容传播接受时空发生了新变化;同时,使培育时代新人

---

① 《马克思恩格斯文集》第8卷,北京:人民出版社,2009年,第86页。
② 《马克思恩格斯选集》第3卷,北京:人民出版社,1995年,第150页。
③ 《马克思恩格斯全集》第41卷,北京:人民出版社,1974年,第138页。

的环境更加复杂多样,加大了其认同困境和难度。在此背景下,全球贸易和跨国集团、便捷的交通、互联网和文化、政治的日益融合使生存境遇和生存方式的公共性凸显,全球性的、多元差异的生存主体彼此之间通过交往实践而联结成共生结构。在交往实践中,通过协商、对话和沟通,多元差异主体不断寻求相互理解、达成共识,追求合理的生存方式以及开拓更广阔的公共生存空间。这样一个允许自由讨论和共同行动的社会空间才是真正意义上可欲、可求的现代公民社会的基本品质。基于此,新时代需要明确新使命,在全面性中坚持自主选择性,在多元化中把握鲜明主导性,在多样性中促进合作共融性。

当时代新人享有足够多的时间可供自由支配时,它便"生产出他的全面性"①,不仅生产出需要的主体、财富享有者和消费者,也生产出独立的有创造性的个人,这样,时代新人就成了社会时间的主人。马克思还指出:未来人从事具有吸引力对社会有贡献又促使个性发展的劳动,绝不会是轻松的消磨时间,"真正自由的劳动,例如作曲,同时也是非常严肃,极其紧张的事情。"②"劳动是人的本质",是生活的第一需要,而个人对其热爱胜过享受。

马克思认为,培育新人是历史的产物,一个人要想多方面享受,就必须具有高度文明的享受能力,要引导人们在闲暇活动中持之以恒地学习,丰富其个性、提高各种技能和兴趣。科学研究和艺术创作最能确证人的本质力量,人们应利用闲暇时间发展这两种对时代新人生成至关重要的能力。"创造可以自由支配的时间就是创造产生科学、艺术等等的时间。"③我们知道,科学和艺术创作既需要理性思维,也需要诗性思维,用艺术的方式掌握世界,既需要利用也提升时代新人的缜密观察、敏锐洞见、深刻体验和归纳推理的能力,在实践中举一反三,从而促进各种能力的普遍提高。

节约时间赢得更多的自由时间,拓展着培育时代新人空间的广度和深

---

① 《马克思恩格斯全集》第46卷上册,北京:人民出版社,1979年,第486页。
② 《马克思恩格斯文集》第8卷,北京:人民出版社,2009年,第174页。
③ 《马克思恩格斯文集》第8卷,北京:人民出版社,2009年,第86页。

度。在人类绵延进程中,时间对于培育时代新人具有极其重要的意义。马克思认为,单个人的发展和活动的全面性,"取决于时间的节省。一切节约归根到底都是时间的节约。"①经由人类劳动实践凝结的一切物质和精神文明成果,把时间转化为加速人类发展的空间。"单个人必须正确地分配自己的时间,才能以适当的比例获得知识或满足对他的活动所提出的各种要求。"②个人要多方面发展自己,需要在实践活动中节约时间,并合理分配时间。前资本主义时期,人类普遍淡薄的时间意识,悠悠然地劳动生活,人类在保守的时间意识、低效的生产率中缓缓前行。在现代社会,科学技术的突飞猛进改变了人们的时空观念,生活节奏和社会运行的速度显著加快,各国都在与时间"赛跑"。可以预见,谁赢得了时间,谁将成为未来世界的领头羊。

引导时代新人合理利用自由时间满足自身的美好生活需要。"时间就是生命",闲暇时间做什么,以及利用时间的数量和质量,就会告诉人民你的人生观、世界观、价值观、时间观以及你的个性,他人会据此安置与你的关系。比如,有朋友约你,若你准时或提前赴约,你是用无声的时间暗示对方:我重视你的邀请,尊重你。你满足了他的自尊需要,他会感到高兴,会相应地回报你,因此,你们很可能会融洽地发展良好的关系。同时间交往一样,空间的远近、大小和内外体现交往双方的人格、为人处事态度以及价值观。通常情况下,一个人的文化程度、综合素质越高,自由时间就过得越丰富而有意义。要有意识地引导人们合理利用自由时间,大力提倡那些能促进个人发展的闲暇活动,坚决取缔那些有损人身心健康、危害社会的低级庸俗的闲暇活动。要引导人们参与各种体育活动,增强身体素质。政府、社会应正确引导闲暇活动,各级党组织、民间组织、工青妇也应各司其职,有针对性地、有计划地引导、组织人们参与各种有益活动,譬如全民阅读活动,提高自身素质。

---

① 《马克思恩格斯文集》第 8 卷,北京:人民出版社,2009 年,第 67 页。
② 《马克思恩格斯全集》第 30 卷,北京:人民出版社,1995 年,第 123 页。

三、消弭时代新人空间隔离不利境况

张康之基于马克思主义新人学说视角提出,人的空间存在于人的活动之中,也是人的活动的结果;基于人的活动的自然空间、社会空间和历史空间相互联系构成了人的活动总体空间。只有全面认识这三重空间的性质和特征,才能自觉地去建构行动方案。[①] 对于此问题的研究有深刻的启迪。

空间隔离主要是指不同的空间要素在不同主体之间——人与人之间、资产阶级和无产阶级、发达国家和发展中国家的非对等分配,它外显为不同交往主体之间的疏离。马克思提出,资本主义私有制是导致异化、剥削、掠夺等现象以及空间隔离的根源,异化消除包含在空间隔离的消除过程中。新人生成空间,在何种意义上,改善得与人的"类本质"趋向一致,也就在同等的意义上扬弃了异化。[②] 在世界历史性交往的推动下,联合起来的无产阶级在漫长的合作进程中将逐渐扬弃资本主义生产关系,消除空间隔离的境况。当前,跨国资产阶级生产交往活动空间,随着世界市场的扩展,在世界范围内,超越国家或政治实体的限制,自在自觉地实现生产和资本增值。全世界工人阶级也在这一进程中逐渐形成。因此,争夺更多空间将成为他们斗争的主线。联合起来的工人阶级应抓住机遇,逐渐实现自觉的联合斗争,消除空间隔离。发展中国家必须自觉利用后发优势,积极深入考察、学习、借鉴和汲取一切优秀文明成果,孜孜追求时间的跨越性拓展,使自己的"时间"同位于发达国家的水平线,逐步超越资本关系,"通过空间解放来表现人

[①] 张康之:《基于人的活动的三重空间——马克思人学理论中的自然空间、社会空间和历史空间》,《中国人民大学学报》2009 年第 4 期第 60—67 页。

[②] 当今中国,由于全球化时代跨国资本的存在和中国社会现实的复杂性,我国在一定范围内(公有资本占主导地位下的非社会主义性质的非公有资本里)依然存在着非主流的人的异化现象。谢俊,张艳娣认为,"必须立即纠正一谈人性、谈异化就会被认为脱离唯物主义之路",笔者认同这一主张。(谢俊,张艳娣:《马克思主义人学:回眸与前瞻——基于1982—2014 年〈中国哲学年鉴〉的考察》,《探索》2015 年第 3 期。)

类社会存在的积极状态"①,倡导推进建设和谐宜居、富有活力、各具特色的"开放街区",让人民生活更美好,正是国家层面积极消除空间隔离境况的重要举措,从一种单向地被时空决定的境况,逐步走向时空与人和谐发展。

随着公共空间的拓展、公共实践的创新和充实,可以预见,新时代日益丰富多样的公共实践和公共生活将成为培育时代新人的重要空间。在研究和实践中,应着力于,首先,要尊重交往实践中的各个主体,充分发挥其应有的积极性、能动性;其次,要牢牢把握教育在积极交往实践中的话语权,推动在人们之间交往互动中形成共同的价值认同;再次,在全球化的时代,一个民族、一个国家不能离开与其他民族、与其他国家、与国际社会的交往而孤立发展,和合共生将成为文化交往中弥足珍贵的价值准则。最后,形塑交往实践中时代新人的公共理性和公共精神,促使时代新人在公共参与实践中获得自我价值实现的现实性,积极应对交往实践中的公共性危机。

在世界历史性交往中牢牢把握主导话语权,引导时代新人在协商对话中加强沟通交往互动,消除隔阂,在互动中达成一定的共识。注重围绕社会热点问题布展公共议题,增强话语的凝聚力、针对性和实效性,发挥其批判、凝聚、整合的功能,开显思想政治教育交往实践的价值,引导交往主体积极把握闲暇时间,通过积极交往行动消除空间隔离境况,最终进入这样的共同体:劳动像吃饭、穿衣一样成为人的内在需要,劳动时间本身就是自由时间,所有人都获得了培育自身的空间。

以高校思政课为例。高校思政课实践是大学生现代观念生成的重要载体,这一实践过程本身就蕴含着培养大学生的主体性、促进其完成现代性转换的教化作用,应着眼于培育担当民族复兴大任的时代新人,塑造的着眼点和落脚点必须聚焦在对大学生的宣传、教育、引导和提高上,了解世情、国

---

① 吴耀国:《"世界历史"与"世界市场"的辩证关系——基于马克思社会批判理论中的时空维度分析》,《河南大学学报:社会科学版》2016年第1期第70-75页。

情、党情和社情,增长才干、锻炼毅力,服务于奉献社会、培养品格、增强社会责任感等目标,更好地发挥立德树人的作用,使大学生的综合素质和能力得到全面提升①。高校思政课是以马克思主义作为指导思想的,实践观是马克思主义最根本的观点,它具有客观性与能动性相统一、普遍性和现实性相统一的内在规定性。一是重视实践在认知世界过程中所发挥的实际作用,注重从感性与理性相统一的角度来观察现实世界,引导大学生从主观与客观的辩证统一关系中把握人类活动的一般规律,坚持主观世界与客观世界共同改造的方法。二是激发高校思政课实践教学培育时代新人的功用性价值和手段性价值,呈现人民智慧结晶和追求真善美的创造性价值,又对于社会可持续发展有着重要的社会性价值和现实性价值。三是应发自内心而不是功利化地高度重视,不搞一阵风式运动,着力塑造共同的理想信念、凝聚共同的价值理念、弘扬共同的道德观念,增强大学生的精气神,呈现出新时代"中国方案"对凝聚人类共同价值追求的示范效应,深化师生对高校思政课实践教学的高度认同和行动自觉。

  高校思政课实践教学成效易受复杂社会环境影响而反复,需长期艰苦不懈地巩固和创新。面对新时代中华民族伟大复兴全局和世界百年未有之大变局,"全党要把青年工作作为战略性工作来抓,用党的科学理论武装青年,用党的初心使命感召青年,做青年朋友的知心人、青年工作的热心人、青年群众的引路人。"②下一番苦功夫,踏铁留痕,落细落实高校思政课培育时代新人的重要使命。高校、各级政府部门、社会组织可通过定期召开高校思政课实践能力提升培训班,对相关人员进行实训,总结经验和教训,查找下一步工作重点,落细落实高校思政课培育时代新人之价值:不为了追求考核结果和绩效的排名,早发现、及时纠正实践教学活动中的偏差,提升实效。如果说教育、实训可作为强化落实、提升实践能力的手段,那么交流则是拓

---

① 艾楚君、焦浩源:《试论高校思想政治教育协同机制的构建》,《思想教育研究》2019年第6期第15-19页。
② 习近平:《高举中国特色社会主义伟大旗帜 为全面建设社会主义现代化国家而团结奋斗:在中国共产党第二十次全国代表大会上的报告》,北京:人民出版社2022年,第71页。

宽思维、开阔思路的过程。一些成功经验和做法具有很好的借鉴意义,需要通过一定的方式来推广。此外,可通过重大节庆活动,组织召开实践教学工作总结交流会,共同学习、共同提高认识。

第三节　满足时代新人美好精神生活需要

培育时代新人离不开美好生活需要的满足,当时代新人的美好精神生活需要获得了适当的满足,我们的生命因此得以绽放、发展和延续,我们会感到满意、愉悦、享受乃至幸福;反之,如果美好精神生活需要得不到适当满足,我们会产生不满、愤怒、焦虑、压抑、逆反、逃避等消极情感,阻碍我们的生命成长。因此,美好精神生活需要的满足是"一个人该怎样采取正当的方式来生活的大事。"[1]时代新人的需要异彩纷呈,并不是所有需要都有利于培育时代新人。其需要维度的根本矛盾是"人对需要满足的无止境追求与可供需要满足的资源的稀缺"[2],由于人的本质是"一切社会关系的总和"[3],处于一定社会关系网络中,一个人的需要能否满足以及满足方式,总是和其他人的需要满足和满足方式有千丝万缕联系,这就决定了人的需要满足方式是在一定限度内选择的。因此,要使"现实的人"的需要能够在和谐有序的环境中获得满足,就要探讨和建立人应该有什么样的需要,需要满足方式应具有什么样的标准,以及需要满足方式的实现途径。

一、引导确立美好精神生活需要满足标准

马克思在人类的实践活动及其历史发展中考察需要,提出人民群众的需要本身是一个历史过程,它是历史的前提、社会发展前进的动力。需要促使人行动起来,当旧的需要满足后,又会产生新需要,在持续地满足需要和

---

[1] [古希腊]柏拉图:《理想国》,郭斌和、张竹明译,北京:商务印书馆,1986年,第39页。
[2] 黄永军:《论人的需要的合理满足》,《河南大学学报·社会科学版》2005年第6期第170-173页。
[3] 《马克思恩格斯选集》第1卷,北京:人民出版社,2012年,第135页。

新需要再产生再满足的过程中,社会向前发展。需要是社会关系、社会制度存在与发展的基础。社会主义在持续地满足人民群众的合理需要中得到发展,最终推动社会进入共产主义的理想境界。可以肯定地说,物质财富充裕能够满足时代新人多样化的美好生活需要,使培育时代新人有了现实的物质基础。而物质财富助力培育时代新人,只是可能,不是必然,物质财富享用不当或者受其奴役,就是障碍;只有不断提升时代新人的精神动力,才能使可能变成现实。美好精神生活需要指向时代新人自我实现需要的最高层次,培育时代新人的现实起点是满足美好精神生活需要的社会实践活动,即劳动。

培育时代新人研究与实践,必须面向所有需要教育的个体和群体,突破学校课堂特定空间,满足每一个人在社会时间、空间中的教育需要。有学者提出,有利于培育时代新人的需要是合理的,阻碍、损害甚至毁灭培育时代新人的需要是不合理的,"不合理规定表现为对相关人群合理需要的资源或权益的侵占";满足需要的方式也多种多样,有利于培育时代新人的方式是正当,阻碍、损害甚至毁灭培育时代新人的方式是不正当的。对于美好精神生活需要满足方式的实现途径,"协议方法是解决需要满足方式合理性问题的基本方法""合理的需要满足方式的全面实现的途径是协议民主化"。①

人类发展史充分地证明了物质需要及其合理需要的满足具有极端重要的世界观和价值观意义,邓小平同志睿智地预见了共产主义社会"将更多地承认个人利益、满足个人需要"②。当前,我们应继续关注贫困群众的生存困境,大力实施精准扶贫,满足人民群众的基本民生需求,托住民生底线,帮助困难群众摆脱贫困过上有尊严的生活,减少其后顾之忧。2020年我国全面建成小康社会,2021年我国已顺利完成脱贫攻坚任务,新时代社会主要矛盾已转变为人民日益增长的美好生活需要和不平衡不充分的发展之间的矛盾,但是,美好精神生活需要的评价标准随着生产力的发展、社会条件的改

---

① 黄永军:《论人的需要的合理满足》,《河南大学学报:社会科学版》2005年第6期第170-173页。
② 《邓小平文选》第2卷,北京:人民出版社,1994年,第351-352页。

善而不断发展的,以前农村家庭吃不上白面馒头,就想着能天天吃上白面馒头就是幸福。现在不光是吃上白面馒头,还要有鱼有肉,饭菜花样还要不断翻新,讲求营养和色香味。新时代生存需要不再只局限于吃饱穿暖的物质需要,还应满足住房、医疗、保健、就业、教育、交通、精神愉悦等基本的民生需要和自我实现的需要,"要随时随地倾听人民呼声、回应人民期待,保证人民平等参与、平等发展权利,维护社会公平正义,在学有所教、劳有所得、病有所医、老有所养、住有所居上持续取得新进展,"①解决这些方面的民生问题,助力培育时代新人。

科学评价时代新人的需要,用理性和规范限制和纠正不合理需要,满足合理需要。首先,必须有勇气面对每一个社会阶层的成员,通过调查、观察、平等地推心置腹地与之对话,摸准人们内心深处的需要,有机结合个人需要,针对性地设置目标加以引导。要认真分析各种需要,是迫切的还是可延迟满足的,是满足生存的、享受型的、还是拓展性的;研究哪些是真正合理的需要,哪些是不合理的随心所欲的需要;在合理需要中还要分清哪些是条件具备、当前能够解决的,哪些是条件不允许、暂时还解决不了的。不同需要采取不同解决方法:对于合理的,经过努力能够满足的需要,应尽量予以满足。对于条件尚不允许、暂时满足不了的,要做好耐心细致的说服解释工作,并努力创造条件,使其尽快得到满足。对于不切实际的、不合理的需要,要分析讲明不合理之处,做好说服教育工作;对于无理的要求,则要有理有据地给予严肃的批评。针对物质需要泛滥的境况,要分析其危害性。对人自身的危害(虚无化无意义感、相互竞争物质资源,战争劫掠),对自然的破坏(无节制地向自然界索取,自然环境破坏,损害可持续发展能力)。教育引导时代新人理性控制贪婪的物质追求,而导向高尚的精神追求;引导时代新人立足于社会主义初级阶段实际,在满足自身正当需要之外,不再一味地贪求奢侈物质的占有和享受,使时代新人从过度地注重物质生活向更加注重

---

① 习近平:《在第十二届全国人民代表大会第一次会议上的讲话》,《人民日报》2013年3月18日第1版。

超越性精神生活转变。

满足有道(用正当方式),占之有度(怎么掌握)。需要具有客观性和主观性,并随社会发展程度而变化,时代新人需要合理与否及其满足程度不容易衡量。在社会主义条件下,每个人都应当被尊重,都有满足合理需要的权利,这样就构成了每个人不得妨碍满足他人同样需要的合理界限。但是,人往往自私"以我为本",即意图占有更多,甚至远超过公平份额的资源。即使人民明知道应"见利思义",还是因为天生自私,而把公道的平衡点定在离己较近、而远离他人的地方,竟还认为自己公道,导致对其他人合理利益的侵害。要引导人民"己所不欲勿施于人",限制和纠正自己不合理需要。除了因自身私欲膨胀形成的不合理需要外,还有一类适应性不合理需要:或对自己被剥夺的状况"阿Q"式地逆来顺受,不再创造条件满足自己的合理利益需要;或被剥夺方认同剥夺方,并将剥夺转嫁他人,这样做的结果,是复制和扩散不合理的需要。法律法规对那些严重侵犯他人利益的行为给予相应的法律制裁,来强制人们克服自私偏好,从而在一定程度上纠正了适应性不合理需要;此外,教育引导时代新人通过平等交往、对话,观察和体会对不义行为的愤恨、抵制和惩罚等,警戒自身。教育引导时代新人确立"移情"思维,站在他人的立场思考、包容他人的需要,有助于检视和克服自身的不合理需要。

二、提升新人满足美好精神生活需要能力

"授人以鱼不如授人以渔",提高"可行能力(capability)"成为近几年学界关注的热点,现有研究多依据阿马蒂亚·森(Amartya Sen)在《以自由看待发展》一书中提出的重要概念,来分析当前社会中失地农民或城市贫困群体等弱势群体的不利生活状况及其脱困路径[①]。森认为可行能力是"一个人

[①] 参见李丙金,徐璋勇:《赋予选择权利和提高可行能力:新农村建设中新型农民培养的核心》,《西北大学学报:哲学社会科学版》2012年第6期;徐琴:《可行能力短缺与失地农民的困境》,《江苏社会科学》2006年第4期;高韧:《可行能力匮乏与新生代农民工价值观管理》,《科学社会主义》2011年第1期;李小勇:《能力贫困视域下中国农村开发式扶贫的困境与超越》,《理论导刊》2013年第2期;何慧超:《中国城市贫困与治理:基于可行能力的视角》,《学习与实践》2008年第2期。

拥有的按其价值标准去生活的机会或能力","选择有理由珍视的生活的实质自由",是人能够实现的"真实的选择能力"①,他提出不应仅仅从收入的单一视角分析贫困问题的根源和贫困社群的状况,在本质上贫困是能力的被剥夺,更恰当地说是"可行能力"被剥夺的状况。"可行能力方法关注的是人的生活,而不只是人所占用的资源。"从这一维度剖析满足需要的能力有助于解决"现实中还存在着过于依靠资源占有而非可行能力来满足需要的倾向,导致人与人之间的恶性竞争和敌意,削弱了善意与社会合作,也容易诱发不负责任、不劳而获的舍本逐末的不当倾向与行为。"②因此,由国家、社会进行合法性公共政策制度安排以提高人民特别是弱势群体的可行能力,而不仅仅依靠提供生活救济和增进物质福利,是帮助弱势群体、最终消除贫困和不平等的必要手段。

  首先,注重交流沟通,加强舆论引导和思想教育。针对可行能力弱的群体由于各方面原因造成的社会认知能力较弱的实际,应做好宣传普及常识、思想疏解工作,想方设法帮助解决困难;若暂时不能解决,教育引导他们有些困难是暂时的、最终能得到解决,要立足长远、辩证看待矛盾和问题;针对有些精神和心理压力较大、信心普遍不足的群体,应给予他们更多的精神慰藉和人文关怀,为他们开辟释放压力的渠道;针对有人对这一群体的歧视,应弘扬我们扶危济困的优良传统,教育引导社会对他们给予力所能及的鼓励、支持、尊重和帮助。此外,能不能获得精神的享受,关键在于生产享受产品的能力,在于自己的创造能力。"有很强的理由用一个人所具有的可行能力,即一个人所拥有的享有自己有理由珍视的那种生活的实质自由,来判断其个人的处境。"③培育时代新人可以看作是拓展人民能够享有实质自由的过程,且不能仅停留在生活水平的提高上,更重要的是消除各种人为歧视和人身束缚,享有法治约束和权利保障的安全生活,有效地提高人民依照个人

---

① [印]阿马蒂亚·森:《以自由看待发展》,北京:中国人民大学出版社,2002年。
② 鞠玉翠:《用正当方式培育和满足合理需要——兼谈公民责任感的培养》,《南京社会科学》2014年第11期第109-115页。
③ [印]阿马蒂亚·森:《以自由看待发展》,北京:中国人民大学出版社,2002年,第85页。

意愿生活的能力。在森的理论架构中,可行能力既有"工具性作用"(即手段或条件),直接或间接地帮助人民以自己所珍视的方式生活;更有"建构性作用"(目标),它意味着个人享有的"机会"和选择的自由空间的大小,因为"值得我们珍视的各种能力与功能有很多"①,一个人若自由选择空间的可行能力被剥夺,他将难免陷入贫困境地。当前,弱势群体可行能力弱表现在许多方面,包括经济入不敷出、就业机会少、医疗教育资源匮乏等,也体现在社会保障不健全、社会交往受排斥、身体状况欠佳以及没有话语权、性格消极、脆弱和焦虑等。

其次,高瞻远瞩,促进社会各阶层交往融合。目前,一些城市为破解低收入家庭住房难问题,常常选择在偏远郊区集中建设廉租房,竟无意中造成贫富人群隔离,较少交流融合,很难达成共识,甚至某些情况下较易对立和冲突,诱发一系列社会治理难题。我们应汲取西方发达国家的经验教训,尽量分散低收入阶层居住点,贫富混居,使社会各阶层自然融合交往。

建构平等合作的共同体,用教与学的魅力鼓励每个人的诚实努力。可行能力强的人往往是有自尊心、自主自由的、负责任的和积极参与的人,他们坚信靠自身的踏实努力能够满足合理需要。提高时代新人的可行能力,要求社会尊重劳动,尊重诚实劳动的人们,鼓励人们依靠诚实劳动、参与社会合作来满足合理需要;重视时代新人合理需要的满足,培养时代新人自我教育的能力,学会选择、深挖、内化教育资源;不再用单一标准评价教育对象,帮助人们确立劳动无高低贵贱之分,让时代新人有机会自由选择其热爱的、能够幸福地从事的职业,增进社会的互补性、多样性和发展活力。

中国正处在转型关键期,社会中难免有许多不平等的现象,其中最大不平等是权力和资本之间的支配性交易以及对其他领域的宰制,被支配感加剧社会不公平感,如贫富差距拉大、钱权交易不绝、机会分配不均、道德滑坡、人际关系冷漠、文化传承遇阻、基层政府公信力下降等等。"不配"成为

---

① [印]阿马蒂亚·森:《论社会排斥》,《经济社会体制比较》2005年第3期第1-7页。

批判的焦点,人们批判"不配"的富人,批判"不配"的官员,批判"不配"的学者,[①]切中了人民群众心理不平衡之要害,即人们不嫉妒有能力、肯辛苦付出的人"应得"之财富、官位和名誉,人们痛恨的是那些滥用权力和金钱任意支配"公职、教育、荣誉、权力甚至影响力"的无耻"不配"之徒。因此,中国要解决许多尖锐的现实矛盾,必须把"权力关进制度的笼子里",控制权力与金钱的支配性。

最后,发展全过程人民民主,保障时代新人的民主权利。社会良性运行的基石一般在于政府、市场、社会、人民之间的平衡。今天,市场资本或金钱试图支配整个社会,如果不受监督和控制,它们或许会侵蚀人们的私人生活空间。森认为"民主是一种需要满足多种要求的制度",是人民群众寻求良好生活所必要的权利,只有民主才能钳制其支配性。民主要求政府行为更加开放和透明,更公平地开展公共教育和道德教育,倡导承担更多的社会伦理责任,搭建体制机制保障和促进民间社会组织繁荣壮大的制度平台。培养人民群众的权利意识和公共情怀,塑造其良好的公共品质,促进其有序参与民主。人民群众在履行民主权利的过程中彼此沟通和互相理解,有助于社会确立其价值观念,审时度势,安排不同时期其所应优先处理的问题。历史证明,民主和权利是钳制权力和财富支配性的有效手段。任何巨大灾难来临,绝不是社会全体成员平担其后果,它们几乎总是转嫁到了最贫穷、最无助的群体身上。正是这些有着最急切经济需求的人,最需要最渴望在政治上发出声音,最渴求民主,以摆脱动辄辗转沟壑的命运。有人说穷人不关心民主,这是捂住穷人的嘴巴。诚然,人们必须拥有行使民主权利的实质性意愿与能力,当批判教育、医疗、卫生、住房、交通、福利等方面的不公平时,当不满特权阶层拥有的资源、机会、财富压倒性地高于我们时,我们是否应该反思自己对待权利、金钱的态度呢?我们是否应该严格监督权利、理性对待金钱呢?

[①] 杜凡:《论转型社会的复合平等——以沃尔泽的多元正义为视角》,《中国特色社会主义研究》2007年第4期第72-76页。

三、引导时代新人更多追求超越性需要

针对现代人的物本化现象,培育时代新人的着力点应放在对人民超越精神和超越能力的提升上。人不仅是物质性存在,还是意义性存在。人应当有点精神,应积极开拓立足于时代又超越时代前瞻性的思想观念和价值观点,以面向世界、面向现代化、面向未来的宏阔视野去探索培育时代新人的现实问题,完善自身理论体系;把时代新人视为具有独立人格、自由意志、主体能动性的现实的人,培养人们的创新意识,让人们投身于社会实践中,密切接触社会现实,洞悉社会方位和发展规律,用开放合作的心态去解决当前的矛盾。此外,提升时代新人的科学情怀与人文精神。科学理念与人文精神是人类全面提升认识和实践能力的重要基础,也是针对时代新人的主体需要,培育多方位的创新意识、创新理念,从事创造性活动的力量源泉。科学情怀和人文精神关联着培育时代新人的"术"与"道",前者教会时代新人改造世界的手段,凸显微观的工具理性,后者则引导着改造世界的方向,彰显宏观的引领价值。

精神生活是时代新人的存在方式和生活方式之一,培育时代新人水平取决于精神生活的圆满程度。当基本物质生活需要逐渐得到有效满足之后,时代新人将求索如何更好地享受生活和更完善地发展,社会发展也必然趋向于物质生活向精神生活的渗透和转化。时代新人求知、求乐、求美的愿望随之高涨,追求更好的精神生活有了需求的迫切性和现实的可能性。时代新人应当从精神生活中找到生存与生活的意义,找到安身立命的根据,积极建构意义世界,执着追求精神生活,是人的本质和实现幸福的表现和确证。时代新人对精神生活的关注和需求吁求社会发展向时代新人的精神文化建设倾斜,建立健全利好提高时代新人的精神生活水平的韬略和制度体系,以清除低俗堕落、消极颓废的思想污垢,让那些积极进取、健康向上的思维和观念构筑人民的精神生活家园。精神生活以其特有的广泛性和渗透性使时代新人更愉悦地生产生活,反过来提升着物质生产领域的文明程度,

"必须以合乎人性的方式去造就环境"①,带动时代新人生产和生活向更文明、更人性化的层次跃迁。

建构时代新人精神超越是解决新时代凸显的"需要的物化"问题的主要方向和领域。面对人类物质需要和精神需要失衡的境况,"中华民族伟大复兴不仅有赖于巨大的经济成就和物质财富的增长,而且尤其取决于精神——文化的开拓性建设。"②海德格尔曾这样说过:"一切本质的和伟大的东西都只有从人有个家并且在一个传统中生了根中产生出来"③,从而真正培育出"有精神"的人,"必须由关注人的物质生活条件向关注人的丰富的内心世界和理想的转换"④,且精神需要对意义的追寻是不断递升的永无止境进程,"使教育不只是人获得生存技能的一种手段,而且还能成为提升时代新人的需要层次、丰富时代新人的精神世界的一种途径"⑤,要在满足时代新人基本需要的基础上,教育引导时代新人形成和发展高级精神需要。

其一,平衡物质生活需要与精神生活需要的关系,使二者相互映照、相互促进、相得益彰,从而推进时代新人生成。"人首先必须吃、喝、住、穿,然后才能从事政治、科学、艺术、宗教等等。"⑥物质需要具有基础性、优先满足性,得到满足以后就会生发更高级的精神需要。"一有了生产,所谓生存斗争便不再围绕着单纯的生存资料进行,而要围绕着享受资料和发展资料进行"⑦,即是说,精神需要有其物质对象,并通过物质手段等客观条件才能满足。精神需要虽然内在表现为人的主观需要,但它又反映着一定社会现实的物质生活和精神生活状况。换言之,精神需要问题根源于物质资料的生产和经济发展水平,精神困扰和忧虑十有八九来自物资匮乏。因此,纾解精神需要问题必须首先奠定人们的物质生活基础,尤其是切实解决贫困阶层

---

① 《马克思恩格斯文集》第1卷,北京:人民出版社,2009年,第334-335页。
② 吴晓明:《当代中国的精神建设及其思想资源》,《中国社会科学》2012年第5期第4-20页。
③ [德]海德格尔:《海德格尔选集》下卷,孙周兴等译,北京:商务印书馆,2011年,第1305页。
④ 谢俊,张艳娣:《马克思主义人学:回眸与前瞻——基于1982—2014年〈中国哲学年鉴〉的考察》,《探索》2015年3期第161-167页。
⑤ 康宁:《教育理念的反思与建设》,《教育研究》2003年第6期第12-13页。
⑥ 《马克思恩格斯选集》第3卷,北京:人民出版社,1995年,第776页。
⑦ 《马克思恩格斯文集》第9卷,北京:人民出版社,2009年,第548页。

的物质生活问题,才能为精神需要满足和发展提供坚实的物质基础和适宜的条件。而合理精神需要的满足是进一步创造物质财富的精神动力。

其二,培育能触及时代新人心灵深处的主导精神需要。物化已经成为人类精神需要所面临的现代性处境,侵蚀着精神生活的基础和秩序,诱发一部分时代新人的精神需要危机。马克思认为精神需要是"对科学的向往、对知识的渴望、他们的道德力量和他们对自己发展的不倦的要求。"[①]可以说,精神需要主要是指时代新人进行能动创造性活动,享用文化成果的需要,满足情感、愿望、要求的需要,以及实现自我发展的需要。温饱问题基本解决后,精神需要满足相对减少对物质生活的依赖,更多依赖充裕的闲暇时间、密切的社会交往、和谐的人际关系以及广泛参与精神文化活动。当前,在时代新人基本生存性物质需要得以满足的基础上,加大对公共文化设施和精神产品的公益性财政投入,创设时代新人参与精神文化活动的平台,促进时代新人在社会交往与公共生活中更好地认知国家、社会和他人,追求精神的丰满充实、心灵的和谐平静与自我价值的充分实现、乐观向上的精神生活场域以及良性互动的社会共同体,认同自我、建构自我。积极创造出能反映时代精神、承接中国文化传统和心理结构的超越资本主义文明的视野和境界,以及符合人类历史发展的趋势和方向的优秀精神文明成果来满足时代新人的精神需要。对于合理精神需要,要积极创造满足的条件,又要使时代新人认识到条件的有限性,引导时代新人妥善地协调好精神需要各层次关系,把更多需要放在学习创造上,树立健康的、科学的精神需要观。

其三,发展精神生产力,创造丰富健康的精神文化产品。精神生产品和精神资源的匮乏一定程度上引发了精神需要问题,特别是随着物质生活水平的大幅提高,时代新人有更迫切的精神需要,凸显了精神资源供给与精神需要发展之间的矛盾:传统精神资源满足不了时代新人现代的精神需要,而随改革开放舶来的形形色色西方精神文化也不能契合时代新人的需要。有必要通过深入细致的调查研究,了解群众的精神需要状况,从实际出发,兼

---

① 《马克思恩格斯选集》第2卷,北京:人民出版社,1995年,第32页。

顾精英文化与大众文化产品的创造,兼顾精神需要的现实满足与长远发展的平衡,规划现实性和前瞻性的精神需要发展方向,生产丰富的、健康的精神产品满足时代新人的精神生成需要。

其四,必须从精神需要的内在特点和规律出发,实现精神需要的主导性与多样性的有机统一,引导时代新人追求健康合理的精神生活。主导需要是一定时间内最强烈的愿望,能引发时代新人的主导思想动机,促使时代新人采取相应行动。从构建良性运行的精神秩序,保持社会和谐稳定、可持续发展的向度,整合社会精神,理解和认识引导精神需要工作的重要性。若时代新人的精神需要得不到适当满足,就势必制约时代新人的精神动力和创造力的发挥,导致精神空虚,精神家园荒芜,侵蚀思想和精神世界,导致参与竞争和可持续发展的后劲不足,从而严重影响到时代新人生成样态。时代新人的精神需要是一个多层次的内容丰富的有机整体,在不同个人以及同一个人的不同时期呈现出不同的特点和节奏。包括受教育、感情、交往、尊重、休闲、运动、娱乐、享用文化成果、个性发展、文化创造、理想信仰等需要。随着时代新人生活水平提高,健康、娱乐与求知需要将呈加速增长趋势,我们既要积极创造条件尽可能满足这些方面日益增长的需要,又要认识到,当前条件毕竟有限,要稳妥地处置好精神需要内部各层次关系,把更多需求引导到学习创造上。

其五,满足并提升时代新人精神生活需要的水平和层次。就其实质内容分,时代新人的精神生活需要就是享受和创造。获得尊重、友谊、爱情是享受,欣赏自然风光、社会文化成果也是享受,但时代新人并非纯粹享受,能否获得精神的享受,关键在于自己有无生产享受物品的能力,在于有无创造能力。特别是发挥自己的智慧,努力为社会创造物质财富和精神财富,本身就是更丰富、更深刻、更持久的享受。时代新人的精神生活需要在丰富多样性的前提下有特定的重点性和完整性,理想、信仰以及内在于各需要层次的道德,是赋予个人精神生活需要完整性的重要方面。时代新人若阙如这方面需要,精神支柱就有可能倒塌,乃至精神萎靡不振。

四、导引时代新人确立生态化的生活方式

培育时代新人内蕴着处理好各类关系,包括人与人的关系、人与物的关系以及人与自然的关系。自进入工业文明社会以来,人民一方面享受着经济社会带来的丰厚物质利益,但另一方面经济快速发展带来人与自然之间生态平衡的日益破坏,威胁到了时代新人美好精神生活需要的满足和社会可持续发展。特别是随着社会发展和工业化进程加速,环境污染、土地沙漠化等全球性问题也变得日益严重,人、自然与社会发展所产生的内部冲突,成为时代新人必须直面的现实问题。然而,针对这一问题人们往往过多地关注于自然的问题,忽略了人与人以及人与社会的问题,人、自然和社会三者之间的矛盾也因为这个忽略而长期得不到有效解决。不仅如此,国际社会一些发达资本主义国家对发展中国家强行推行生态殖民主义,它们占有丰富生态资源却承担着不匹配的生态责任,而发展中国家占有少量生态资源,却被强行担负巨大的生态责任。随着全球性生态危机的愈演愈烈,以及其背后所引发的生态责任分配不均问题,逐渐成为学者们关注的焦点问题。面对新时代生态环境渐趋好转的现实,要处理好人与自然的关系,当务之急是引导时代新人正确认识生态文明建设的重要性并积极投身于生态文明建设。

首先,提高时代新人的生态需要和责任意识。从封建社会农耕文明发展到现代社会工业文明,人与自然和谐相处一直是人类奋力追求的目标,生态环境问题也因为与人类生产生活休戚相关而成为学术界关注的话题。马克思主义理论体系,自其诞生以来就一直蕴含着丰富的解决人与人、人与自然问题的世界观与方法论。马克思恩格斯坚持在人、自然与社会三者统一的基础上,以人类实践为中介,基于历史唯物主义分析方法,建构起了处理人与人之间、人与自然之间关系的基本法则。当前,我国主要面临社会资源占有及责任分配不均、自然资源枯竭以及资本主义生态霸权等生态不均衡问题,我们必须要推行绿色发展方式,践行绿色发展理念、构建中国生态文明话语权。习近平总书记指出:"良好生态环境是人和社会持续发展的根本

基础"①,新时代应切实宣传、发动和组织群众,引导人民把追求美好生活和生态文明"美丽中国"建设的伟大实践结合起来,用社会主义生态文明理想引导人的生态需要意识、生态责任的形成和发展。

唤醒人民对生态环境的忧患意识和行动起来保护环境的生态责任意识。人民群众生态责任意识是社会文明和人的全面发展程度的重要反映,也是解决各种生态危机的思想基础。当然,正确的生态意识不是人的头脑自发产生的,必须通过教育才能获得。因此,家庭、社会组织、政府、企业等部门联合起来,运用报纸、书籍、电视、电影、广播以及网络媒体等手段,向人民群众摆事实,讲道理,宣传环境保护人人有责、刻不容缓,提高人们对环境、环境保护和生态环境危机现状的认知水平,抛弃根深蒂固于人民观念中错误的"人类中心观",将保护环境人人有责、合理利用与节约各种资源、造福子孙后代的意识渗透到人民的头脑当中,逐步养成强烈的生态责任意识,尊重自然,善待他物,保护共有的地球家园。

培育时代新人强烈的生态责任感,这是实现人与自然和谐相处的动力与保证。时代新人只有热爱生态环境,才有可能激发创造和保护良好生态环境的动力。因此,应强化人民对自然的情感体验,唤醒他们对生态环境的道德良知。一是培育时代新人热爱自然、崇尚生态的道德情感。新时代回归自然的生态旅游、欣赏生态的自然美成为休闲时尚,这是强化时代新人的生态审美意识的难得机遇,要广泛宣传生态旅游,把公众的闲暇时间、审美情趣引向欣赏自然秀美风光,升华崇尚、热爱自然生态,养成良好生态情感上面。二是唤醒时代新人敬畏自然、善待生命的道德良知。地球及其生物多样性是人类生存与发展的根基,保护地球环境和地球上的生命就是保护人类自身,充分挖掘各种人为原因造成的自然灾害案例中的教育因素,开展教育,使时代新人明白人类只有敬畏自然、按照自然规律办事,与自然和谐相处,人类才能持续生存;否则,"不以伟大的自然规律为根据的人类计划,

---

① 《习近平谈治国理政》,北京:外文出版社,2014年,第209页。

只会带来灾难"①。三是需要将生态和谐作为培养强烈的生态忧患意识和生态责任感的基本方向,渗透到引导人类生成和自然万物和谐共生的世界观、人生观和价值观,为规范人类生态行为奠基。四是切实保障时代新人的生态权益。发挥好时代新人、群众团体、政府部门、企业界之间的联络员作用,推进有关方面积极协商对话。摆脱贫困和生态恶性循环问题一直凸显,必须谋求消除贫困和生态良好的良性互动。目前,生活设施滞后、城市文明病、贫富差距拉大、生态环境恶化等问题,已经成为制约人民群众幸福安康的重要问题。另外,我国人口基数庞大、农村人口众多,必须将科技进步和生态学的优秀成果最大限度地运用到生态社区(包括农村城镇化)建设上来,以保障人民群众(尤其是贫困群众)的居住需要和幸福追求。

质言之,人类整体生态需要和责任意识的确立,是人类的共同责任,只有真正站在全人类全面发展的立场上,以和谐、合作的方式解决生态环境问题,才能够有效保障和实现生态良性运行、人类生态福利和幸福安康,达到高层次的生态享受。

其次,引导时代新人选择生态化消费模式。当前社会上花样百出的炫耀性、过度性、挥霍性、攀比性和一次性消费模式,无形中形成并助长了奢侈消费、相互攀比等不良社会风气,导致了日益严峻的资源枯竭、种群灭绝、环境污染以及生态破坏问题,也造成了教育引导困境。当前,从我国社会主义初级阶段国情出发,弘扬中华民族崇尚节俭的传统美德,汲取倡导绿色消费所形成的有益成果,构建和践行生态化消费模式。

一是弘扬节俭消费。地球就这么大,可供使用的能源资源量和可容纳的环境污染量有限,必须大力弘扬人人"取之有节、用之有度、节俭养德"的中华民族传统美德。节俭践行在点滴小事中,同时也应适当跟上时代发展步伐,不能脱离时代,比如说穿衣,不可能再固守经济匮乏年代的"新三年,旧三年,缝缝补补又三年"的老传统,过度寒碜;应把握适"度",在适当讲究体面的基础上,买得更少,消耗更少,排放更少,杜绝浪费,污染最小。二是

---

① 《列宁全集》第58卷,北京:人民出版社,1990年,第430页。

引导适度消费。众所周知,消费有质和量的规定,不失体面的消费应该使质和量的规定拿捏适度。当前,应引导群众通过创造性活动满足自己的需要,并打造出满足需要的适当手段。同时,要避免用量的扩大遮蔽质的差异。假如贫富差距基尼系数继续拉大,结果是,即使贫困者的收入有较大提高,也难保和谐稳定。在资本逻辑宰制下,物质财富相对丰富,消费上量的增长(种类和数量)常常掩盖了质的差距,在一定程度上削弱了工人阶级的斗争意识和阶级意识。我国必须长期坚守共同富裕原则,让时代新人(尤其是草根阶层)共享改革和发展的"大蛋糕",这样才能有效扬弃异化消费。三是倡导可持续消费。引导时代新人在满足基本需要的基础上,量力而行,必须基于经济社会发展的整体水平和发展趋势,尤其是不能脱离个人的(家庭的)整体财力状况、身体状况和工作能力,做好中长期规划,将工作、一定的财力储蓄和消费统筹安排,使日常消费不致影响正常的工作、生活,实现消费和个人与家庭可持续良性互动。统筹考虑生存需要、享受需要和发展需要,平衡当下需要、近期需要和长期需要,并谨防人们被富裕社会所诱发的各种虚假需要宰制,而失去了精神反思的能力及推动社会历史发展的可能性。总之,要构建和践行生态化消费模式,使时代新人以积极、合理的消费方式满足全面发展之优美生态需要。

第四节　形塑时代新人的全面个性

全面个性是时代新人的重要表征,"建立在个人全面发展和他们共同的、社会的生产能力成为从属于他们的社会财富这一基础上的自由个性"[①]。在马克思的语境中,全面个性标志着人的发展之超越性追求,是共产主义社会个性自由发展的最高境界。现实个人的个性发展,既是在物的束缚下有限范围内的自觉发展,又是特定社会生活为人的个性发展所提供的发展空

[①] 《马克思恩格斯文集》第8卷,北京:人民出版社,2009年,第52页。

间,是个人不断完善和追求"自由个性"的过程。现实的个人是通达全面个性的载体,内在地体现着个性全面发展的主体性样态,而其主体性的充分发挥是经由自觉创造性活动实现的。

一、奠定时代新人全面个性生成的思想基础

马克思指出资本主义"物的关系对个人的统治、偶然性对个性的压抑,已具有最尖锐最普遍的形式"[①],"智慧给予人类以自由,而且是最高的自由,当智慧化为人的德性,自由个性就具有本体论的意义。"[②]时代新人个性的发展,是在一定的社会关系和生产生活方式、道德完善以及对象意识和自我意识的进步过程中的发展,是在同自然和其他人的交往,在教育与培养以掌握人类社会既有文化经验、创造新的文化经验过程中的发展。全面个性是逐渐克服个性异化和分散、分割境况,力求达到一般、特殊和个别、社会和个体的统一,趋向充分地呈现人的本质力量全面发展的过程。当所有人的个性都得到了充分发展时,人类就趋向了乐生意义上的劳动。举个通俗例子,演员爱好表演,而表演又成为他(她)自愿选择的且能充分展现个性的职业,演员对此表演"劳动"的热爱与需要,实属"享受性发展"。

现实生活中,社会分工在很大程度上造成个性发展的局限性。资本主义生产方式具有严密分工体系,它造就了巨大生产力,同时又将个性发展限制在狭窄空间内。因此,培育时代新人的现实性条件是消除强制性分工,构建"自由人的联合体"。马克思认为,人作为个体都有缺欠,人民群众在社会中形成相互补充的关系就是共同体。在马克思所处的时代,作为个体的人不可能真正达到全面发展;有史以来,样样精通、全面发展的人也极其罕见;将来恐怕也是如此。人与人只有组成共同体,才有可能克服个体缺欠,实现全面意义上的生成。在人类之初,生产力水平极其低下,只靠单个人力量无法生存下去,共同体尚不足以满足其成员的温饱,当然也就谈不上人的全面

---

① 《马克思恩格斯全集》第3卷,北京:人民出版社,1960年,第507页。
② 《冯契文集》第3卷,上海:华东师范大学出版社,1996年,第347页。

发展了;在自给自足的小生产方式下,共同体形式松散,人与人之间难以形成相互补充的、紧密的关系;资本主义大生产使共同体达到了高度组织化程度,但在商品经济社会中,大多数人为生计疲于奔命,在行为表现上几近"经济动物",就连教育、体育、艺术等活动也常常笼罩着浓厚的商业色彩,所有这些都困囿了人的全面发展。只有当社会把非自愿的分工扔进垃圾堆,"自由人的联合体"才成为时代新人生成的有效途径。

人是复杂的社会动物,只有在林林总总的社会环境影响下才能生成千差万别的个性特征,离开了人类环境也生成不了真正的"人","狼孩""猪孩"等就是显明例证。"个性以社会性为基础和背景,社会性为个体个性的全面发展和展示提供现实基础。"①时代新人从社会环境中获取、吸收和掌握知识、经验的状况,很大程度上取决于我们所处的社会环境提供的可能性,也取决于同别人交往的能力和对社会的态度。因此,即便是同一种环境也会形成迥异的个性。时代新人的社会性进步,即表现为交往范围、交往理念、交往能力的提升,体现了在交往及价值追寻过程中的高度自觉,交往关系的内涵、形式与内容在较高范畴上实现了全面性。

有学者提出,技术以缩短劳动时间为中介,使人类可以自由支配的时间增殖,从而增加全面个性发展之自由空间,在某种意义上,赢得了技术内在的促成全面个性的现实性。智能制造、机器替人技术深刻影响了时代新人的劳动能力,"技术异化"在劳动时间维度体现为人对技术的"屈从",抑或称之为服从。在劳动时间内人对技术的服从是全面个性得以实现的一种机制,没有人对技术的服从,赢得自由时间与发展全面个性就缺少现实的机制支撑。即使在未来劳动不再具有"外在性",在劳动时间里,要想生成全面个性,或为全面个性生成奠定基础的劳动本身或劳动手段,必须利用技术并与之融合在一起。个体个性解放与类主体个性解放面临不对称性矛盾以及互联网时代日益"内卷""异化"的严峻挑战。回应这些问题,我们以马克思新

---

① 鲁明川,曹克亮:《人的全面发展视域下思想政治教育现代化论析》,《思想教育研究》2022年第1期第59-64页。

人学说作为分析工具,辩证认识到:时代新人生成既是对个体全面个性发展的实践关照,又是对人类整体全面发展的现实关切。

二、培育时代新人的和合共生精神

20世纪80年代人类踏入了全球化进程,即是人类从以往各个民族、国家和地域之间彼此隔离的闭关自守状态走向全球性交往、合作和融合(如经济协作、政治对话和文化交流)的变迁过程。人类生产生活史无前例地呈现出多元化、个性化、差异性、开放性、流动性等新特征,特别是高度不确定性和错综复杂性,社会风险、危机事件频发,网络信息技术日新月异,时代新人越来越习惯于在网络平台上铺展自己的生产生活,人与物在世界范围内流动……正在重构时代新人的行为模式。由人的行为而引发的危及人类自身生存的因素迅速发酵,特别是20世纪末以来,合作问题广受青睐,合作正逐渐成为学术界、民间和政府热议的主导性行为模式,即使是普通人,也能够切身体会到,开放的世界胸襟、合作的情怀是个性生成的应有理念,合作精神是时代新人必备的优良个性特质。

培育时代新人为什么迫切需要合作? 在一定意义上,人的社会性实际上就是时代新人共生共在的本性,合作即是为时代新人的和谐共生提供一种自由秩序。马克思恩格斯提出:"社会关系的含义是指许多人的合作……这种联系是由需要和生产方式决定的。"[①]时代新人在劳动实践中逐渐意识到合作有助于达成共识诉求,孕育公共精神。合作精神普遍存在于各类主体的生产生活之中,不仅是我们面向未来作出各种各样创新性构想的前提,也是我们认识和理解各种各样社会问题的新视角,更为重要的是,它可以为我们解决问题提供新思路。"人类文明是通过社会合作而逐渐发展起来的,文明演进过程中的每一个更高层次,都必然导致更大范围的合作。在一个行动主体多元的社会之中,竞争的结果只能以不同社会群体之间的合作为

---

① 《马克思恩格斯文集》第1卷,北京:人民出版社,2009年,第532页。

第五章 培育时代新人的主要目标

最终结局。"① 比如,劳动解放迫切需要合作:"劳动的解放既不是一个地方的问题,也不是一个国家的问题,而是涉及存在现代社会的一切国家的社会问题,它的解决有赖于最先进各国在实践上和理论上的合作。"② 在全球化进程中,工业社会制度及其治理模式导致了社会风险日益增加和危机事件频繁发生,迫使我们必须"为合作行为模式的确立开拓出一个广阔的空间"③。

合作是一个"大熔炉",它重新熔铸被工业社会碎片化了、失去了自主性的人,重新恢复其全面性;它也重铸社会,使其成为时代新人生发于其中的空间和合作行动的平台。当下,我们需要把合作精神内化成为时代新人的一种生活模式。基于一种生活模式的合作本身就是生活的目的。这样的合作必然带来合作各方互惠共赢以及社会利益的普遍增进。

全球化的影响不局限在经济领域,已经深入到政治、社会、文化、传媒等各个领域,由此深刻地改变着自然、社会,影响着主客体交往、人性和人格整合,形塑着当下时代新人的开放心态、创新精神、效率观念、平等意识等精神气质和人格特征。全球化给时代新人带来有目共睹的成就和进步,但人们也为此付出了沉重代价。审视当下培养时代新人样态,马克思主义提供的观点、方法和多维透视"在某些关键地方被证明是正确的"④。"市场的合作力量确实过弱,以至于无法确保人们采取可靠符合道德的行为"⑤,市场依然是个人、群体或组织生产、分配、交换和消费的主要平台,随着市场外的社会生活空间和范围的持续迅速拓展,需要合作的项目和任务如雨后春笋涌现了出来,时代新人必须通过合作去创造和合共生的机会和条件。

合作需要社会更大程度地开放,因为合作基于信任,开放才能产生信

---

① 王道勇:《从社会整合到社会合作:社会矛盾应对模式的转向》,《教学与研究》2014年第7期第14-19页。
② 《马克思恩格斯文集》第3卷,北京:人民出版社,2009年,第226页。
③ 张康之:《论共同行动中的合作行为模式》,《社会学评论》2013年第6期第3-19页。
④ [美]约翰·格雷:《徒有其名的胜利》,苑洁译,《全球化时代的马克思主义》,北京:中央编译出版社,1998年,第169页。
⑤ [德]米歇尔·鲍曼:《道德的市场》,肖君、黄承业译,北京:中国社会科学出版社,2003年,第26页。

任,社会封闭是合作的大敌。从人类历史发展进程可以看到,在人类社会初级阶段,共同信仰,比如,对自然的敬仰,对神灵、巫术和图腾的崇拜,曾带来了一定区域范围内或群体中的合作。当人类进入较高发展阶段,人民会寻求不同信仰、不同文化之间的共同价值而开展合作——开放社会需要合作。当下社会在一切领域、一切方面全方位开放提出全面合作的要求。起初是扩大贸易和赤裸裸的侵略打开了传统社会的封闭之门,其后是频繁人口流动和迅速扩张的自由市场突破了国与国、政府与政府以及组织间的分隔。乃至现在微博、微信等全球密切联系的网络,已经昭示了人类更大程度开放可能性。全方位开放将预示着合作行为普遍化,甚至将塑造一种合作精神。"个体的流动性和社会关系的动力是充分挖掘人类合作潜力的必要前提。彼此陌生及身处异地的人可以为了共同的计划并在拥有对彼此有益能力的前提下走到一起,共同合作。"[①]"这种联合把个人的自由发展和运动的条件置于他们的控制之下"[②],合作成了时代新人的一种主导精神。人与人之间的合作关系和合作精神源自于个人生存与发展的现实要求。时代新人之间开放性合作关系,将有助于人们自觉地选择有利于个性全面生成的行为。合作者之间的差异性有可能形成互补,从而扩大人们的合作效能。社会瓦解了自然意义上的个体,单靠个人的力量已经无力维护和发展自身的全面性,个人唯有与他人(非固定的、非唯一的)的合作中,才能维护和生成自己的全面性,才能发现自我存在的意义和价值。所以,我们必然要选择走培育时代新人的合作路径。

罗尔斯在《正义新论》中提出,社会是一个公平的合作体系,合作是起组织作用的核心理念,人民积极参与合作是社会运行和发展的基本动力。如果压制任何一个社会群体的主体性,都会对社会合作产生不利影响,甚至会引发激烈的社会矛盾。在社会合作理念的指引和制度框架内,社会行动主体可以平等地参与各种形式的互动,从而使任何社会行动得以具有很强的

---

① [德]米歇尔·鲍曼:《道德的市场》,肖君、黄承业译,北京:中国社会科学出版社,2003年,第470页。

② 《马克思恩格斯选集》第1卷,北京:人民出版社,1995年,第121页。

建构性和灵活性。随着全球意识的形成,人民开始认识到普遍合作比任何竞争、冲突和斗争都更能够实现人类普遍利益和个人利益最大化。这种全球观念将是建构普遍合作关系的前提。在全球化条件下,整个人类社会都处在一个高度相互依存的风险社会状态中,或许合作更能够满足人类社会依存性需要。新的制度设计应基于合作的基础,从时代新人的和合共生出发,而不是从"为我"的个人出发,为合作奠定规范性秩序空间,使其在合作互动中发现真实的自我、生成相互间平等关系。所以,我们需要优先考虑的问题,即提供合作关系确立及合作行为发生的制度空间。

"群体不只是规定其社会成员的一种道德权威,它更是生活本身的源泉。"①然而,怎样凝聚共识,怎样重建共同体,使共同体与个人生活之间更好地实现有机互动和良性循环,而不是仅停留于理念等问题上还有待深入研究。② 有人提出,随着单位人向社区人、社会人和虚拟人的转变,社会治理者逐渐关注组织缺位问题,发挥民间组织和网络社会等新兴组织资源的功能,妥善应对新兴社会形态中的各种社会矛盾。③ 在一个行动主体日益平等化、多元化社会中,竞争、冲突甚至战争或许只能终结于不同社会群体之间的合作。当合作成为社会空间交往特质的时候,人民倾向于享受合作的良好氛围而不去破坏它,所以只有那些激发合作的社会因素才能充分发挥作用。反之,那些不能激发合作甚至破坏合作的社会因素,将会受到有意或无意的忽略或抵制。④ 人类文明正是通过合作而一步步发展起来,文明每演变到一个更高水平,必然产生更大范围的合作。

因此,有必要承认人类存在超越不同意识形态、不同社会制度的共同利益,进而引导人民自觉地以相互之间的共同利益作为行为选择的价值导向。

---

① [法]埃米尔·涂尔干:《社会分工论》,北京:生活·读书·新知三联书店,2000年,第38页。
② 卢岚:《当代中国人精神裂变的社会根源——兼论思想政治教育在社会领域的生长与演绎》,《理论与改革》2015年第1期第168-174页。
③ 全球治理委员会:《我们的全球伙伴关系》,剑桥:牛津大学出版社,1995年,第23页。
④ 张康之:《基于人的活动的三重空间——马克思人学理论中的自然空间、社会空间和历史空间》,《中国人民大学学报》2009年第4期第60-67页。

首先,全球化促成了人类历史向世界历史转变,从而为人类形成共同利益提供了现实主体条件。其次,全球化带来了各种全球性问题,从而以否定形式构成了人类共同利益形成的内在动因,并因此使共同利益成为现实。① 从人的本质实现视角认识和剖析全球化,它是人类实践活动、谋取生存、满足美好生活需要、普遍交往以及自由发展的现实要求。联合国在1999年报告中首次提出并阐述了"富于人性的全球化"概念,从全人类视野、以世界为参照系审视人类的整体生成境况,强调社会行动主体的多元化与平等性,通过协商、互构来共同解决问题。由此我们能够清楚地意识到,和合共生对于自我和他人、自然和社会、民族和国家存在和发展的必要性,更加自觉地保持人类文明的多样性、差异性以及合作性。

三、生成时代新人"交往的普遍性"

培育和践行社会主义核心价值观是巩固全党全国人民团结奋斗的共同思想基础的需要,是增强民族凝聚力、提高国家竞争力的迫切需要,向世人展现了中国共产党思想上精神上的旗帜,有利于引导全社会在思想道德上共同进步。"要在加强品德修养上下功夫,教育引导学生培育和践行社会主义核心价值观,踏踏实实修好品德,成为有大爱大德大情怀的人。"②

其一,以主流价值观涵育时代新人全面个性的现实依据。以"坚定信仰"熏陶时代新人全面个性。精神自身的终极指向性,就是信仰。作为"信仰",它是一种发自内心的、对真理的确信和行动指南,它体现着与理性相结合的自我确信的良心。以往由于我们不了解时代新人的信仰需要状况,不注意区分少数先进人物与大多数普通群众的觉悟之间的层次性,未能深入考察宣传教育的实际效果,特别是未能与时俱进地根据实践发展掌握时代新人真实的需要、体验和心理变化,致使宣传教育脱离时代新人的现实和需要。又由于过去我们教条式地宣传马克思主义,造成了对马克思主义的误

---

① 汪信砚:《全球化与人类的共同利益》,《马克思主义与现实》1998年第4期第22-24页。
② 《坚持中国特色社会主义教育发展道路 培养德智体美劳全面发展的社会主义建设者和接班人》,《人民日报》2018年9月11日第1版。

解和肢解,导致一些人特别是青年人疏远马克思主义。邓小平同志明确指出:"对马克思主义的信仰,是中国革命胜利的一种精神动力。"①在新时代国际国内不同文化的冲突、碰撞和摩擦境遇下,如果不注重学习马克思主义理论,不用马克思主义的立场、观点和方法看问题,就可能陷入思想混乱。习近平总书记指出:"拥有马克思主义科学理论指导是我们党坚定信仰信念、把握历史主动的根本所在。"②失去了信仰,内心无所约束,行为无所顾忌,再多的外部要求,也会流于形式。丢失了主导信仰,再丰裕的物质生活,也难免倍受精神空虚困扰。所以,坚定马克思主义信仰,是满足人民健康成长、武装其头脑、凝聚其精神、激发其斗志、坚定其毅力、培育其优良个性的思想基础。这就要求我们不仅关注教育力度和内容,还要重视教育效果,增强思想教育针对性和实效性。其次,以"胸怀理想"目标导向培育时代新人的优良个性。"胸怀理想"就是引导时代新人树立中国特色社会主义共同理想的方向标。时代新人处在人生"拔节孕穗"期,胸怀理想、志存高远,才能引导自身不断攀登人生高峰。马克思17岁时就将"人类的幸福与我们自身的完美"确立为以身作则且秉持一生的理想和志向。正是因为胸怀为人类幸福而献身的伟大理想,马克思放弃原本荣华富贵的生活,被资产阶级迫害、驱逐国境,过着贫困、颠沛流离的生活,不管是带领工人群众为了解放和自由而斗争,还是埋头书斋进行哲学、政治经济学和科学社会主义的理论建构,都与其青年时期形成和确立的理想分不开,最终成就了"千年第一思想家"美誉。为人类幸福工作,为马克思主义理论的形成和确立奠定了价值前提和信念根基,也为当代大学生的全面发展树立了榜样。第三,以"爱国创新"激励时代新人的优良个性。"爱国创新"就是培育人民坚持以爱国主义为核心的民族精神和坚持以改革创新为核心的时代精神。一个民族、国家或个人的爱国主义行为不能凭一时的感情冲动,引导时代新人不断增强对中华民族的认同感、归属感、理性爱国、行动报国,切实把爱国情、报国志转化为

---

① 《邓小平文选》第3卷,北京:人民出版社,1993年,第63页。
② 习近平:《高举中国特色社会主义伟大旗帜 为全面建设社会主义现代化国家而团结奋斗——在中国共产党第二十次全国代表大会上的报告》,北京:人民出版社,2022年,第16页。

学习、工作和创造更加美好生活的引擎。创新是和爱国紧密联系在一起的，没有远大理想、强烈事业心、责任感和深切的爱，就不可能产生创新的激情，但凡创新，必定是突破前人或同时代人的范式或窠臼，另辟蹊径，别出心裁，必经过个人缜密的独立思考，深刻洞察，大胆设想、推断和科学分析。"正是由于有了这种创造，一块顽石在雕塑家手里才有了生命，几个动作在舞蹈家的形体上才有了奇异的魅力，几抹水彩在画家手里才产生栩栩如生的形象，几个音符在歌唱家口中才产生激动人心的力量。"①国家、社会、学校要积极创造条件，激励时代新人敢试敢闯，敢为人先，保护其创新热情和勇气，容许时代新人犯错误、在错误中不断积累经验。第四，以"明荣知耻"的行为准则范导时代新人优良个性。"明荣知耻"是时代新人确立价值取向、做出道德选择、判断行为得失、分清是非荣辱、明辨善恶美丑的行为准则，是"成为一个人"的向人的本质回归的精神运动，是促进时代新人成就优良个性的精神动力。"人之患莫大于无耻"，耻感是一道极为重要的道德堤防，一旦这一堤防决口，各种丑恶必将横行于世。明荣而为，知耻而避，当时代新人践行社会主流价值观，产生了良好影响和结果之后，会感到满意和欣慰，产生荣誉感；反之，则产生羞耻感。时代新人为了得到社会尊重和承认，便不断地激励自己学习、内化良好的社会主流价值观念，不断激发趋向社会追求的善的优良个性。在全社会积极培育和践行社会主义核心价值观落实中，具有中国特色的传统家风家训文化成为社会主义核心价值观"落细、落小、落实"的微观载体，我们要认真汲取其思想精华和道德精髓，深入挖掘和阐发其时代价值。

其二，以大学生为例培育时代新人的全面个性②。首先，立足于课堂教学培育大学生全面个性。如何使大学生认识和体会到，进入这样一座宫殿——它的名字就是知识和教养，获取人类文化宝藏，这是自己挣得的、能享有的幸福。在当下终身学习型社会里，大学不仅要教授大学生以"鱼"，更

---

① 石云霞:《马克思主义基本原理专题研究》,北京:高等教育出版社,2012年,第437页。
② 丁昀:《以社会主义核心价值体系引领大学生精神动力提升》,《教育与教学研究》2015年第6期第51—54页。

要授之以"渔"——培养大学生的独立思考、自由批判精神,尤其是以经典名著为载体,培养有助于人性完善的永恒素养,培养其学术尊重、学术探究和学术精神,提高其学术创新能力。思想政治理论课教学是培育大学生优良个性的重要途径之一,必须抓紧抓好。思想政治理论课不能采用直线、平面、单向的简单灌输和说教方式,而应采用曲线、立体、双向和渗透渐入的说服方法,解答学生关心的热点问题,给学生以充分的思维空间,注重学生思考能力、想象能力和创造能力发展,倡导启发式、探究式、讨论式、参与式教学,使其形成良好的学习和思维习惯,在情感和思想上产生共鸣。通过阐释思想政治理论课的内在功能和教学方法来寻求破解难题的路径:在"何以特殊"即课程定位问题上,既需要明确思想政治教育所具有的意识形态属性,也需要塑造学生正确"三观"的引导功能和培养学生人民情怀的感化功能,又要倚重其体现出思想政治教育课教师的政治境界;在"讲准什么"即把握教材主题的问题上,要明确思想政治教育课应以教材知识内容及其蕴含的价值意义为基本遵循,教材内容的思想"文本性"与知识体系的现实"开放性"要求教师立足"原典"又跳出"原典",从总体上对教材精神精准化把握和创造性解读来丰富教学的实质内容;在"如何讲好"即思考教学深度的问题上,需要确立思想政治教育课教学"内容为王"的理念,实现教学与科研之间的互补,使教师能够通过教学和科研的双轨并行来为教学活动注入鲜活、丰盈的思想性和艺术性,以此提升教学内容的深度和教学育人的质量。紧密结合社会实际,结合大学生优良个性形成的知、情、信、意、行心理基础,设置"我的父亲是李刚"、马加爵案、刘海洋案、清华大学铊投毒案、小悦悦事件等反面案例,同时设置"夺刀少年"柳艳兵、易政勇、每年度感动中国人物等正面案例,从正反两方面引发大学生思考,集聚正能量,促进其全面个性生成。

其次,植根于生活世界涵育大学生全面个性。马克思主义认为,从现实的人的生活世界出发是理解全部社会历史问题的钥匙。"人们的存在就是他们的现实生活过程"[①],因此,必须从当代大学生的身份图景——群体生活

---

① 《马克思恩格斯选集》第1卷,北京:人民出版社,1995年,第72页。

中的交际疏离、个人自我意识强化、竞争压力使心理负荷沉重、多元社会情景下个人前途的不确定性着眼。要从大学生的生活世界中取材,把社会主义核心价值观倡导的思想、道德、信仰、诚信、荣辱等价值理念,转化为大学生所喜闻乐见的文学、艺术、网络文化作品,使大学生在美的熏陶和享受中内化自己的思想、道德、理想、情感、意志,并付诸行动意义上的呈现,落实到大学生实际生活中的"油盐酱醋茶",融入大学生每一个成长进程中的细碎琐事,切实重视并想方设法满足大学生内心的尊重、认可、发展、求职的需要,让大学生在生活世界中感知它、领悟它。唯有时代新人的个性发展紧密结合时代、社会以至人类整体需要,才能最大限度地展现和成全。诚然,不应当只是在人民遇到思想、政治、道德问题,有接受教育的需要时才对他们进行指导,而应对他们进行超前教育和引导,即墨子所谓"叩则鸣,不叩亦鸣",培养人民适应新时代中华民族伟大复兴和人民幸福所需要的思想观念、道德品质和能力素养,从而增强人适应未来的能力。如果坐等人民产生教育的意识和需要,坐等各种问题充分暴露和出现后,才进行所谓的教育,就不能满足社会发展和人的发展的要求,而满足于做"救火队"和"消防员",就会丧失对人民思想政治、道德发展的主导作用,缺乏实效,疲于应付,以至于这里"烟"未散,那里"火"又起,起了葫芦按了瓢,积重难返,恶性循环。时代新人生成离不开精神世界的全面而自由的发展,马克思认为,精神活动是人的全面个性生成的一个主要方面,能有效促使人的智力获得更高层次的发展;反之,缺乏精神价值追求,人的个性将是畸形的、虚无的。

最后,参加社会实践锻造大学生全面个性。"对于人及其世界的把握应当从人所特有的实践的生存方式入手""个人之间进行交往的条件是与他们的个性相适应的条件……是同他们的现实的局限状态和他们的片面存在相适应的"①,基于此提出,社会实践是培育大学生全面个性的极其重要的途径,应不为过。社会实践使社会因素熏染积淀在个性结构之中,又使个性因素在社会活动中得以展现并逐渐完善。通过社会实践,大学生切身体验鲜

---

① 《马克思恩格斯文集》第1卷,北京:人民出版社,2009年,第575页。

活的社会现实,在与社会碰撞与融合中体验到个性与社会性的相互依存、冲突与统一;通过社会实践的广阔平台,大学生得以展现其各具特色的个性差异,在与他人的竞争与合作中,大学生得到启迪、开发,全面个性将得以生成,通过反省和改进,不良个性将不同程度地得以去除。社会实践活动帮助大学生接地气,全方位地接触社会,认识到自身个性和社会需求之间的差距,以及自身知识和能力的不足,正确把握在复杂社会关系中的位置;重视实习、见习和实验教学等实践环节的指导,促进大学生不断动手、动脑、动嘴,增强适应社会、服务社会的践行能力;在社会实践中,没有了课堂教学条条框框的束缚,他们的积极性容易被充分调动起来,思维会空前地活跃,往往会产生可贵的创造性火花,有利于发展创新个性,从而不断完善行为方式、更新思想观念,充分发挥主体性,尽最大可能实现自身个性能力的发展。社会环境和网络环境是大学生现实生活的两面:大学生喜欢利用微博、微信、QQ群等信息化网络交流手段,轻松地敲击键盘,就可以畅所欲言、放眼世界、博览海量信息、宣泄情绪、晒心情表心声、提高社会参与的深度和力度,这是其积极的一面;但消极的一面在于大学生个性发展越来越深度地浸染于网络。鉴于此,亟需以社会主义核心价值观引导网络舆情,使每一次活动,如搭建"微创业平台",开展"微主题活动",架设连通社会和网络的"桥梁","铺筑"学业发展、求职就业、政治参与、话语软实力等个性提升的"缓冲带",引导大学生在参与社会的热点焦点难点问题中,不断传递正能量,把握价值观引导的主动权和话语权。

小结

本章主要从四个方面阐述培育时代新人的主要目标。

其一,培育时代新人科学的劳动价值观,表现为抑制"消费主义"生成勤俭精神,对抗"躺平"心态生成奋斗精神,主动迎接科技迭代生成创新精神,抵御"利己主义"生成奉献精神。

其二,以积极交往实践拓展时代新人生成的时间空间,即教导时代新人树立正确的时间观,指引时代新人积淀运用时空智慧,涵养时代新人终身学习能力素质,消弭时代新人空间隔离不利境况。

其三,满足时代新人美好精神生活需要,即引导确立美好生活需要满足标准,提升新人满足美好精神生活需要能力,引导时代新人更多追求自我实现需要,导引时代新人确立生态化的生活方式。

其四,形塑时代新人的全面个性,即奠定时代新人全面个性生成的思想基础,培育时代新人的和合共生精神,生成时代新人"交往的普遍性"。

第六章
培育时代新人的体制机制与原则遵循

新时代是理解培育时代新人所处历史方位的关键词。新时代对此研究关注程度日益加深,使培育时代新人这一根本价值更加彰显;而培育时代新人的现实辩证运动,又不断为新时代提出了新的课题。

第一节 培育时代新人体制机制建设

培养时代新人的全面个性应包括自觉的规则意识和制度化意识。当前我国社会生活中一些人的失德现象表明,"徒善不足以为政,徒法不能以自行。"[1]只有"善"或只有"法",都不会自行治理天下,需要当政者对"善"与"法"等予以实际地推行运用,加强培养时代新人的规则意识和制度化意识,甚至道德在一定条件下必须以法律作为自身保障机制[2],即道德需要借助法治化手段予以执行,道德法治化的可行性源自于道德和法律具有内在关联和共通性,笔者认为,针对中国新时代的社会生活环境,亟待推进社会公德、官员职业道德、婚姻家庭道德的法治化建设,即借助于法律的强制力量推行

---

[1] 《孟子·离娄上》第一章。
[2] 刘云林:《道德法律化的学理基础及其限度》,《南京师大学报:社会科学版》2001年第6期第33-38页。

社会道德规则①,这是长期的系统工程。

一、培育时代新人的保障体制建设

社会公德是道德领域的"现场秀",更是私德在公共生活舞台上的曝光。当今随着时代新人社会交往日益频繁,公共生活领域在维护公众利益、保持公共秩序和社会安全稳定方面,社会公德的作用更加彰显,同时它也是时代新人的道德修养和社会文明程度的一面镜子。当下,中国正处于多种转型叠加时期,经济体制、政治体制、社会体制和道德规范尚在发展完善之中,公共道德规范尚在完善,公德与私德的分离,导致公共生活领域出现一系列失德行为。一些人在私人关系中有情有义,而在公共行为中却"事不关己,高高挂起";一些人社会公德意识淡薄,认为公共设施不是自己的财产,用不着爱护,甚至偷盗、破坏公共设施;一些人格外珍爱舒适和整洁的个人生存空间,却从不维护甚至破坏生存其间的公共环境,公共生活规章制度得不到应有的尊重。这些不道德现象的消解,不仅需要提升时代新人的道德修养、公德意识,更需要加强社会公德法治化建设来逐步加以解决。

社会发展到今天,谈公德是一件十分必要且尴尬的事。丢了"公德"的砝码,财富正义和社会公平的天平难免失衡。社会公德缺失不仅有损时代新人的形象,还将成为发展社会主义市场经济的绊脚石。近年来,"小悦悦"事件、"南京彭宇案"等一系列事件的发生,引起了时代新人对见义勇为的顾虑,网络上更是出现了各种支持好人好事的"撑腰体"文章。如何从立法上保护见义勇为,呼声日渐强烈。社会公德可以说是道德体系的底线,如果学校、政府部门、企业、医院等公德缺失,那么普通公众的公德心又从何要求?一个社会公德水准低下的社会,怎会有良好的整体道德素质?公德缺失到一种极端,就导致腐败现象盛行——包括官场腐败、市场经济中的假冒伪劣、坑蒙拐骗、明星逃税等。这种情况下,当我们在大街小巷、公共场所里,看到不断涌现的美好德性行为,才更令人肃然起敬。一批"最美"的人,最美

---

① 丁昀:《当前中国道德法制化建设的思考》,《商丘师范学院学报》2015年第7期第49-52页。

第六章　培育时代新人的体制机制与原则遵循

女教师张丽莉、最美司机吴斌、最美"夺刀少年"柳艳兵和易政勇,如此平凡的人用他们如此不平凡的行动向我们绽放了人性最美的光辉,诠释了大爱的意义。"最美教师""最美司机"等称号表达了时代新人对高尚德性行为的油然敬意和对更多美好行为的期盼! 然而,社会公德建设仅靠宣传、教育远远不够,必须用法律、制度等刚性措施,促使时代新人形成尊重他人和尊重公共生活规则的道德态度,并内化于心外化于行。更重要的是,对于规章、制度、公约的遵守和执行情况必须有具体、切实可行的监督、检查、奖惩等保障实施机制。比如,到了现代社会,诚实信用原则不仅是市场经济活动的一项基本道德准则,而且日本和欧美国家已将这一道德准则进一步提升到民商立法中去,将其规定为民商法的一条基本原则,有的学者将其称为"帝王规则",足见其重要性。但是,诚实信用不应只是一个类似大魔包的"空筐结构",应随着时代与社会生活条件的飞速发展,针对显现出来的社会普遍关注和实践中迫切要求解决的实际问题,逐渐克服其局限性(比如不周延性、模糊性、滞后性),不断挖掘中华优秀传统文化和国际上可资借鉴的资源,丰富其现代内涵和细节性解释的可操作性,使其绽放新的生命力和执行力。

此外,官员道德价值取向昭示着社会的道德导向,官员职业道德建设是我国社会主义道德建设的关键和突破口。"党德、官德是改善社会道德气候的钥匙"[①],一个社会若"官德"不彰,官员职业道德失范,则必然损害公共利益。少数官员以权谋私、贪污腐败的问题严重败坏了党风,污染了社会风气,阻碍了法治建设的进展。首先,以往中国反腐败宣传过于强调道德作用,如各种道德教育宣传方式,而相关制度建设不足,通过道德教育官员的方式来治理腐败很难奏效。所以,对道德功能要有正确的认识,不能以道德为中心,要创新治理腐败的思维方式。同时,要防止对道德功能的实践操作转变为人治,因为道德的解释性太模糊,难以建构可操作性的道德行为机制。其次,正确理解民主化和腐败之间的关系,要警惕"只要民主化就可以解决腐败问题"的观点。民主化转型过程中可能会加剧腐败,解决官员腐败

---

① 王小锡:《正确认识和应对我国的"道德气候"》,《教育科学文摘》2012年第4期第57页。

问题,要立足于中国国情,既不能唯道德主义,也不能唯制度主义,要从道德和制度"两手抓"来治理腐败。在道德教育的基础上,将官员的某些道德规范制度化、法治化,但"不能让制度成为纸老虎、稻草人"①,通过法律强制性手段和威慑作用来防止官员腐化堕落。

充分发挥"第四种权力"的网络舆论监督作用。网络舆论监督是人民群众行使社会主义民主权利的有效形式,其主要监督方式有报道、评论、争论、批评等。舆论监督的实现需要两个环节:一是提供充足的舆论信息,即可以形成舆论的事实和情况,使时代新人充分了解有关的经济生活、政治生活及社会生活;二是在拥有足够信息的情况下,对各种政治、经济和社会现象及有关人和事进行理性的、实事求是的评论。在信息日益丰富的情况下,舆论批评显得越来越重要,通过对普遍关心的问题进行论辩、辩驳乃至争论,即众多个体意见的充分表达和交流互动,最终达到为一般人所普遍赞同且能在心理上产生强烈共鸣的一致性意见,从而推动社会全面进步和时代新人生成。整个舆论监督过程就是发现问题、分析问题、解决问题的过程,以有效地弥补立法监督、司法监督、行政监督、社会监督的不足。其二,加快财产收入申报制度的立法进程,使之早日纳入法治化的轨道之中。亟待完善有关方案细节工作的可操作性,比如财产申报名单范围如何确定,由谁确定及监管,财产登记机关的信息系统向谁上报以避免信息被用于不正当目的,以何种标准界定黑、白、灰色的存量财产等等。其三,进一步贯彻落实《公务员法》《党政干部选拔任用工作条例》《中国共产党问责条例》,建立健全干部问责制度、公务接待制度、随机考核制度。从目前来看,创新探索让时代新人通过法定程序监督和约束干部人事任命,增加时代新人在干部选拔任用中的参与度,减少时代新人对干部选拔任用的猜疑和顾虑,比如重庆的民众"面试"官员这样的新制度,"权为民所赋"中的授权才不会被虚置。

尤其重要的是,应助力婚姻家庭道德法治化建设。"从人类学的视角来

---

① 习近平:《强化反腐败体制机制创新和制度保障,深入推进党风廉政建设和反腐败斗争》,《人民日报》2014年1月15日第1版。

看,人与人之间的关系首先当然是男人和女人的关系。男女之间的关系是人与人之间的最直接的、自然的、必然的关系。"①一夫一妻制是"伟大的历史进步",但随着社会发展,家庭婚姻道德也面临着危机和挑战——传统的爱情观、婚姻观越来越受到社交媒体、性解放等挑战。王宝强离婚事件等折射出爱情观、婚恋观既保守又开放,既跳不出家庭、收入等因素的藩篱,又在网络时代的浪潮里矫枉过正。近几年来,因婚外恋、第三者插足而离婚的案例突显,包养情人现象时有听闻,甚至被有些人当做炫耀的资本。这些人宣称要追求有爱情的婚姻,对其恶劣行为不以为耻,反以为荣。"他们抱着幸福主义的观点,他们仅仅想到两个人,而忘记了家庭"②责任。事实上,婚姻是具有法的意义的伦理性的爱,婚姻作为实体性伦理关系,不仅具有道德意义,而且具有法律意义。因此,对于婚姻伦理关系的调节,不仅有道德的方式,还要辅助有法律方式。

在婚姻家庭道德方面,目前主要有《刑法》《民法典》《婚姻法》《继承法》《老年人权益保障法》《未成年人保护法》《妇女权益保障法》等,把中国相传几千年的优秀家庭道德规范中的重要内容上升到了法律。婚姻法从1950年新中国的第一部法律《中华人民共和国婚姻法》诞生,到1980年、2001年修订,再到2021年新婚姻法,一系列修改和解释体现了婚姻家庭道德法治化进程不断与时俱进。2021年新婚姻法,新增了关于离婚冷静期的规定,比较人性化,可能会有效避免一些家庭的"破碎"。禁止重婚。禁止有配偶者与他人同居。禁止家庭暴力。禁止家庭成员间的虐待和遗弃。财产方面,从"家庭财产"(1950年第一部婚姻法)→"夫妻共同财产"(1981年婚姻法)→个人分割财产制(2001年修订的婚姻法)→市场竞价的方式确定争议房屋的产权(2003年婚姻法司法解释二)→将不动产登记效力的引入(2011年新婚姻法司法解释三)→对个人财产的范围进行了一定的调整(2021年婚姻法),整个婚姻家庭法律规则正朝着从"家庭财产制"到"个人财产制"的

---

① 宋希仁:《马克思恩格斯道德哲学研究》,北京:中国社会科学出版社,2012年,第363页。
② 《马克思恩格斯全集》第1卷,北京:人民出版社,1995年,第347页。

方向发展。新婚姻法在财产权益归属的设定上,体现出了一定的公平合理原则。但质疑者期待的比这更高,他们希望司法解释能够照顾到弱者一方,对于因婚外恋和第三者插足而导致离婚的案件,必须有力度的惩罚过错方和"第三者",能够体现对离婚过错方的不利安排和无过错方的足够补偿,为现实中的婚姻松散开出"药方"。同时,婚姻家庭法应该根据时代发展和时代新人期待做出合乎保护弱者等更人性的法治化举措。

新时代道德建设中虽然不同程度地强化了刚性约束和执行力,法治化建设也取得了可喜效果,但立法还要继续完善,力度也要进一步加强,要加快步伐制定契合各个领域实际情况并有助于提升我国时代新人的道德素质水平、操作性强的道德法典。应当指出的是,在道德法治化建设的过程中,必须将上述层面的道德上升为法律、制度,同时又要注意其限度。道德制度本身必须具有道德合理性,道德法治化必须通过合法的程序才能进行。既然基本层次的道德是社会有序化的必要前提,那么,只有当某种道德规范"不只是一种道德要求,它本身同时就是一种法律要求"①时,且道德保障机制的非刚性特质又难以确保这类道德的有效实施时,此种道德规范的法治化就成为必然了。美国法学家博登海默指出,第一类道德是维护社会最基本的社会秩序的道德,第二类道德包括那些有助于提高生活质量和增进人与人之间紧密联系的原则,比如慷慨、仁慈、博爱、无私和富有爱心等。道德法治化的范围只适合第一类道德规范,不适合第二类道德②。富勒将道德分为义务的道德和愿望的道德,认为义务的道德层面可以道德法治化,而愿望的道德层面不能上升为法律③。唐凯麟教授④认为,只有维持社会有序化层次的道德才可能法治化。而个人道德具有内在体验性、个体性,具有多样的、可选择的完善途径,很难有一个统一的模式和判断标准,无法由法律来

---

① 甘绍平:《伦理智慧》,北京:中国发展出版社,2000年,第112页。
② [美]博登海默:《法理学——法律哲学与法律方法》,北京:中国政法大学出版社,1999年,第373-374页。
③ 沈宗灵:《现代西方法理学》,北京:北京大学出版社,2000年,第54-55页。
④ 唐凯麟,曹刚:《论道德的法律支持及其限度》,《哲学研究》2000年第4期第61-67页。

表达,更不能由法律来强制。因此不能将个人道德法治化。刘云林教授[①]提出,道德法治化必须有合理的限度,即要将全体公民都应该且必须做到的基本道德要求上升为法律,不能将仅为满足行为主体内在需要的道德法治化,也不能将道德规范体系中高层次(即展示理想的和高尚的道德境界)的道德要求法治化。这些中外思想家对道德法治化及其限度的探索,理应成为新时代中国道德法治化建设的有价值的参考。另外,积极构建党的集中统一领导体制、政策导向保障体制、社会协调管理体制同样至关重要。

二、培育时代新人的长效机制建设

制度是刚性约束,国家出台了一系列相关措施为培育时代新人提供制度化保障,以造氛围、辨是非。"抓住制约思政课建设的突出问题,在工作格局、队伍建设、支持保障等方面采取有效措施。"[②]

制度体系应质量并重,重点在质。要坚持以人民当家作主为立足点,构建一套时代新人培养的生成、确立、评价体系,以此涵养积极有序的社会风气和健康向上的精神状态。譬如,制定一系列法律法规、方针政策、规章制度等,保障时代新人培养的财政投入力度、投入方式和管理方式创新,加强党对舆论引导、社区教育、网络信息教育、家庭教育等在内的社会教育的领导体制,形成和完善政府、学校主导、市场运作、社会参与的时代新人培养刚性约束运作机制,整合社会力量。

创新规范、导向、激励、评价机制培育时代新人。首先,坚持创新规范制度培育时代新人。对标时代新人的美好生活需要,对标中国特色社会主义现代化和中华民族伟大复兴的标准和要求,完善培养网络、构建文化资源的合理配送和共建共享的规范制度,培育时代新人的规范意识。其次,强化政策引导、顶层设计。国家制定、出台一系列政策对培育时代新人的理论和实

---

① 刘云林:《道德法律化的学理基础及其限度》,《南京师大学报:社会科学版》2001年第6期第33-38页。

② 《习近平谈治国理政》第3卷,北京:外文出版社,2020年,第331页。

践层面提供了价值指引。最后,建立科学有效的专业化评价体系。应在遵循思想政治教育发展规律和时代新人身心成长规律的基础上,构建德、行、信的完整评价体系,建立评价目标合理、标准科学、多主体参与、多层级评价的系统评价体系,在科学评价中增进时代新人培养实效。此外,应该探索构建内生认同动力机制、理论发展机制、践行激励约束机制、评价考核机制,提高培育时代新人成效。

精准打造制度实施体系,打破学科壁垒。"我们应该重新思考组织知识的方式,为了实现这一点,我们应该推倒学科之间的传统的壁垒和设想怎样把迄今被分离的东西链接起来。"[①]为着一个可行的未来而教育,做好顶层设计与群众广泛实践的互动与协调,抓好思想政治教育的队伍建设、严格规章制度、提高信息管理和综合治理水平,形成科学规范的系统管理,推进落细、落小、落实,使培育时代新人的复杂性得以有庖丁解牛的线索和机会,在实践中检验、丰富和升华。

第二节　培育时代新人的原则遵循

培育时代新人,一切方针政策的制定、一切社会实践活动,都以此为鹄的,消除同此目标相背离的思想和行为,但在近些年的有关讨论中,却在不同程度上质疑马克思主义新人学说理想的现实性,更有学者旁征博引,把马克思主义新人学说讥讽为"浪漫主义"的乌托邦[②],之所以会产生这些错误认识,归因于未能清晰地认识到培育时代新人是一个历史性、现实性与未来性的动态统一,正是在处理一系列的矛盾关系中走向理想愿景。

---

① ［法］莫兰(Morin, E.):《复杂性理论与教育问题》,陈一壮译,北京:北京大学出版社,2004年,第4页。
② 杨兆山:《关于人的全面发展的几点认识——兼论马克思人的全面发展思想的时代价值》,《东北师大学报(哲学社会科学版)》2003年第3期第112-118页。

一、处理好物质生活与精神生活的关系

时代新人活动的思想动机总囿于其物质利益的制约,甚至为之所决定。马克思曾揭示出人的利益关系是社会关系中最为本质的关系,所有社会矛盾和冲突均根源于利益缠绕。恩格斯指出:"'思想'一旦离开'利益',就一定会使自己出丑。"①新时代依然有大量的物质利益矛盾,但"公民权利问题已成为当前我国社会矛盾的聚合点"②。这因为,一方面,市场经济体制的建立诱发人民对物质利益的强烈渴求和收入差距的扩大,国家一直努力使不同地区、人群和阶层达到相对平衡、相对充分的发展。另一方面,新旧体制转换带来时代新人物质利益的调整和重新布局,一些人"公民权利意识不够成熟,法制观念普遍薄弱""严重缺乏公民权利意识,导致侵权事件频繁发生"③。在这个过程中,有人可能丧失一些既得利益,有人会增加一些收益,但同时所得利益又不可能一下子达到自己所向往的程度,或者没有别人得到的多,有些人在经济上明显受益了,但观念上接受不了、习惯上适应不了,"端起碗来吃肉,放下筷子骂娘",都会造成物质利益矛盾突出化。中央提出要扩大中等收入阶层,同时要重视弱势群体,政策上要有倾斜,社会保障上要特别关注,这对于保持社会稳定意义深远。我国依然是一个处于社会主义初级阶段、负担很重的人口大国,国家不可能事无巨细地照顾到每一个人,但笔者认为"尽力而为,量力而行"的政策是非常必要的。比如有人认为一部分富人收入来源不明,主张劫富济贫,但事实上,这一刀切的做法并不符合社会发展规律,所以中央提出要规范资本和权力的运行,"增富减贫""促富济贫"。

要解决时代新人的思想认识问题,在教育引导时代新人正确认识社会

---

① 《马克思恩格斯全集》第 2 卷,北京:人民出版社,1995 年,第 103 页。
② 阎孟伟:《公民权利问题已成为当前我国社会矛盾的聚合点》,《科学社会主义》2012 年第 4 期第 38-40 页。
③ 阎孟伟:《公民权利问题已成为当前我国社会矛盾的聚合点》,《科学社会主义》2012 年第 4 期第 38-40 页。

矛盾的同时,还需要切实解决时代新人生产生活中的柴米油盐实际困难问题。否则,就如同隔靴搔痒,培养时代新人难以取得实效。对时代新人急难愁盼的问题,满腔热情地加以解决,而不是漠然置之、粗暴对待群众困难,激化矛盾。一是要用辩证唯物主义的认识论和方法论,特别是"两点论""重点论"原理,教育引导时代新人认识并分清我国社会存在哪些主要矛盾和次要矛盾,分清主流和支流,切中矛盾要害,缕清事情的来龙去脉,真正弄清哪些是思想问题,哪些是实际问题,属于思想问题的要耐心做好疏导和说服教育工作,确属实际问题的要尽力想办法帮助解决,一时解决不了的要说明原因;二是要从国家大局出发,向时代新人讲明白党的路线、方针、政策和法律法规的有力保障,摆清楚事情的是非曲直和利害关系,勾勒出社会稳定和国家繁荣对时代新人追求美好生活的意义和价值,教育时代新人树立正确的物质利益观。同时把提高时代新人思想认识和解决实际问题结合起来,把教育群众同服务群众结合起来,尊重人、理解人、关心人、善于从时代新人最关心、与时代新人切身利益最密切的问题入手,将培育时代新人融入为群众办实事,解决生活实际困难的过程中,想时代新人所想,急时代新人所急,把温暖送到时代新人的心窝,把精神力量灌输到时代新人的内心深处,才能赢得时代新人的支持和认可,实现与时代新人的共鸣。

  培育时代新人的理想状态是"一切异化、一切压迫性的生存状态和境遇的消解,真正推翻那些使人成为被侮辱、被奴役、被遗弃和被蔑视的东西的一切关系"①,成为真正的主人。生存、浸染于市场经济各种竞争冲突中的人源于"对自身物质利益的关心和追逐"②,有人患上精神生活物化之症③,难以承受物化生活引发的心理、精神压力之痛,冲击时代新人的精神超越诉求,渴求给予心情的开解、思想的畅通和观念的引导。这种情况下,应当如何引导时代新人正确看待物质利益和物质诉求,如何引导他们在适当的物

---

① 《马克思恩格斯选集》第1卷,北京:人民出版社,1995年,第279页。
② 刘建军:《"减压":现代思想政治工作的重要职责和功能》,《思想政治工作研究》2012年第3期第49-51页。
③ 邹诗鹏:《现时代精神生活的物化处境及其批判》,《中国社会科学》2007年第5期第54-63页。

质享受中保持心灵和谐,追寻德性幸福……如何给出时代新人满意的"超越"理由,便成为亟待解决的问题之一。

精神生活的超越性体现在,一是超越物质利益的浅层次享受而追求精神境界跃升,二是超越感官享受而追求时代新人全面生成。培育时代新人,绕不开讲人生的意义和价值问题,绕不开讲崇高理想和信念问题,绕不开讲精神超越性和精神生活如何挣脱物化羁绊问题,讲深、讲透、讲活"超越性"问题,才能为苦于物质利益追逐者茫然、浮躁、抑郁的灵魂,为社会结构嬗变中思想困顿和心理障碍者,营造宁静祥和的精神家园。当前,财富分配不均挑战着公平底线、底层民众承受着更多的生活重负等问题,加剧着理想与现实之间的紧张关系,导致时代新人的社会心态、思想观念的嬗变,并呈现出信仰迷茫的无助心理、社会转轨的困顿心理、法不责众的侥幸心理、等靠要的依赖政府心理。如果说,无法估量贫困对时代新人的尊严伤害和人性向恶造成多么严重的后果,那么,更可怕的是,物质富足激发了时代新人的欲望狂奔,时代新人面临着责任心下降、主体性减弱和灵魂迷失的危险。因此,在此维度上,应当深入探索人文关怀的路径和方法,教育引导时代新人正确认识党情国情世情,正确认识自己和他人、社会的关系,传递普遍的生活感知与生命感悟,唤起时代新人的广泛觉醒和知识文化精英的深度自觉与共同行动,教育引导时代新人从物质世界的漩涡中觉醒与救赎,缓解乃至清除时代新人的思想重压和精神痛苦,构建时代新人的和谐精神家园。

二、协调好基础发展和理想发展的关系

培育时代新人是一个客观的历史过程,是共产主义的目的和建设共产主义手段的统一。因为人是生产力的第一要素,没有时代新人就不能极大提高生产力,就生产不出殷实的物质财富。生产不出富足的物质条件,阶级差别就不会消失,私有制就不会彻底铲除,时代新人就无法生成。所以,否定培养时代新人的基础性和理想性,就从根底上否认了共产主义人的全面发展的未来。培育时代新人,不仅是未来的任务,更是整个社会主义阶段赓

续的现实运动。社会主义不仅要把培育时代新人置放到社会主义的目的和根本任务上来积极创造条件,还要把它放到建设社会主义现代化的最有效手段的高度而倍加重视。传统培养人往往从政治价值观切入,谈意识形态主导的一元化问题,而现实情况却是时代新人有各种不同的价值追求,即使是同一个人在不同时期价值追求也是变化的,多元价值观念并存。随着社会以及育人实践的发展,令人担忧的是,一些人对注重社会发展需要的一元价值导向"矫枉过正",走向另一极端,即忽视甚至排斥社会主义核心价值观的引导。他们不能充分利用自由时间空间,有些人放弃对崇高人生理想的价值追求,甚至失去判断美丑、善恶的能力,漠视理想、拒绝原则。更严重的是,一些人在批评传统的社会价值观念追求高大上、不接地气的同时,也不屑讲人应有的价值观念与精神,亵渎了人应追求的情操,片面强调个人利益和需要,以一种更狭隘的个人价值观念来抵制普遍,以至于把个人与社会对立起来,导致培养时代新人进程显现出低俗化、虚无化等倾向,甚至淡化、背离其本质要求,使培养时代新人偏离社会发展方向,这是应该警醒和大力批判的。

"解放人""发展人",就是要提高时代新人综合素质。时代新人综合素质状况呈现社会风貌和水平,是多维度和层次性的统一,是依层次多维度发展的。因此,解放人、发展人普遍是从低级到高级的层次递进过程,但也不排除特殊条件下的跃升。教育一度曾经顾此失彼、以偏概全和忽视层次递进关系,注重远大理想、宏伟目标等高层次的教育,而较为忽视基础教育和基本素质教育,结果使教育险些失衡,"基础"与"理想"衔接不畅,以致理想性有余而现实性欠缺,培养时代新人实效性难以提高。值得一提的是,《新时代公民道德建设实施纲要》继承了2001年《公民道德建设实施纲要》的主要内容和载体路径,立足新时代新形势新任务新要求,秉持问题导向,彰显着新时代的鲜明特征和品格,尊重群众实践,坚持守正创新,深化教育引导,推动实践养成,加强网络空间道德建设,发挥法治保障作用,加强组织领导,不断净化社会文化环境。从最低层次守法到最高层次奉献等,克服了传统道德建设注重理想性而基础性不足的偏差,达成理想性与基础性的有机结合,在一系列公民道德建设的理论和实践问题上实现了突破。

引导时代新人主动融入中国式现代化进程。"时代新人对个人的存在和发展的认识、对人类文明新形态的把握和理解、对综合素质的掌握与运用,必须在中国式现代化进程中才能得以实现。"①一方面,社会主义现代化强国建设需要时代新人综合素质助力,基本素质是综合素质的基础。只有循序渐进先开展基础性教育,合乎接受心理和知识积淀,才容易为时代新人所理解、接受,否则目标立得再大,口号喊得再响,也是枉然。另一方面,仅有基础性而无理想性则缺乏激励效能,就难以培养好时代新人;仅有理想性而无基础性,不落细落实落地便无实现的可能性,更谈不上转化为普遍的实践。因此,要注意遵循科学的循序渐进理路开展大中小一体化全方位教育,结合地方、领域、社群、人群的实际情况,搞好宏观规划,做好顶层设计,确保培养时代新人遵循社会主义方向和路径选择;把基础教育和高层次理想教育有机统合起来,在倡导大道理的同时,以厚实的重点内容开展公民素质教育和人格教育,使时代新人先练好做人"基本功"。"国无德不兴,人无德不立。"②大到国家,小到个人,"道德之于个人、之于社会,都具有基础性意义,做人做事第一位是崇德修身。"③同时,也要谨防踟蹰于"底线"教育而不前进,因为一旦满足于完成低层次教育目标而不求进取成为习惯,就会否定谋求更高层次素质的必要性,进而否定走向理想境界的可能性。应不应当对时代新人生成顺其自然,只尊重不塑造,只顺应不教化?可否无视国家、社会需要而任性地寻求所谓自己的最佳选择?不关注时代新人集体意识的淡薄、动力系统的脆弱等倾向,在改革中不倡导艰苦与奉献,忽视进行信念与理想的教化?教育的生命力恰在于能够解决当下时代新人所面临的实际思想困惑和解决现实的思想矛盾,因为如今需要个人利益无条件地为集体和国家牺牲的残酷性冲突境遇并不普遍存在,社会不仅需要有最高境界"雷锋式"的无私奉献,更需要低于"雷锋境界"但有道德的普通行为涌现。

---

① 冯刚,王莹:《时代新人培育中的人类文明新形态呈现》,《马克思主义理论学科研究》2023年第5期第67-76页。
② 《习近平谈治国理政》,北京:外文出版社,2014年,第168页。
③ 《习近平谈治国理政》,北京:外文出版社,2014年,第173页。

三、统合好个性发展与全面发展的关系

马克思认为，新人的个性是生物自然性和社会性的辩证统一生成。新人的自然性为其个性的生成提供了生理基础和前提，一个初生婴儿有什么个性心理特征和倾向呢？那只能是当他在漫长地从生物人蜕变成社会人的社会化过程中，社会环境，即社会生产生活和社会关系的实践对个性主要内容及倾向的生成发生了决定作用，方才形成了丰富的个性。也就是说，社会性——比如在个性动力机制中占据核心位置的价值观、人生观的差异，多是由个体所处的社会地位以及所受家庭、学校、同辈群体等社会环境影响——对于个性生成更具有根本的作用。人生活于各种社会群体和社会环境之中，彼此间在态度、观念、判断、评价等倾向性方面会有某些相似或共同之处。更重要的是，阶级、民族、国家，正是基于这种相似或共同的个性，才形成凝聚力和统一的意志，人类社会才在矛盾斗争中向前发展。当前，倡导树立和践行社会主义核心价值观就具有此种普遍意义。

个性是稳定性与可变性、独特性与共同性、多维性与整体性、生物制约性与社会制约性等多种特性对立统一的辩证的复合体，包括一个人对社会、对他人的意向（利己或利他，自私或奉献，同情或嫉妒等）、对劳动的意向（勤奋或懒散，创造性或守旧性，认真或粗率等）、对自己的意向（如自尊或自负、自律或自纵，原则性或屈从性等）。时代新人的个性是独特性与共同性的有机结合——多种共同个性，比如内向与外向、自私与奉献、顺从与自主等等，以特有的方式共存于一个个体上，就形成具有独特个性的整全人了。同时，"时代新人培育工程的提出也意味着应当以系统性思维去构建育人体系、以整体性思维完善育人过程、以科学性思维挖掘育人资源、以动态化视角对待育人成效，适应环境复杂性和人才培养的系统性要求"[①]，促进时代新人的全面发展。

不应抽象而笼统地谈促进和发展独特性。现实中对不同个性有相异的

[①] 冯刚，王莹：《时代新人培育中的人类文明新形态呈现》，《马克思主义理论学科研究》2023年第5期第67-76页。

态度和评价,其中有些个性,如内向与外向、沉稳与活泼、擅长理论与长于实践等等,是中性的,应予以尊重、顺应,使其自然发展,但有些个性,如进取与消沉、勤奋与懒散、宽厚与刻薄、乐观豁达与自私狭隘、自信与自卑(自负)等等,被认为有优劣、善恶、美丑之分,应培育那些美好的善良的品质成为时代新人的共同性倾向。从当前高等教育的现实来看,对于促进大学生个性发展中全面发展的普遍性倾向,有所放松,极有必要加强要求。比如各类考试,在命题原则上力求激发学生运用创造性思维、提出独到见解,但在对待考试的态度问题上,则要求学生具有诚实、认真、乐观、自信、追求卓越等共同个性,而不可放纵其偷懒、投机取巧、欺骗等"独特"个性。

个性发展强调每一个人不同成长阶段的目标任务的不同,强调过程;全面性强调总体的一个人或人类整体不断追求超越,克服各种形式的异化,走向全面发展的状态;要注意每一个人的个体性,不同个人成长阶段的独特性,注重人的个性各个发展阶段的有效衔接,因材施教,安排不同的教育内容及教育内容的逻辑衔接性、系统性;注意人的不同成长环境,如家庭、学校、群体、社会、国际国内之间的有效衔接、协调统一性和凝聚力的整合。比如,针对家庭成员没有形成正确的子女成才观,学校教育缺乏与家庭和社会的互动,社会因素对大学生的影响越来越大(有时更多是负面影响),又与学校、家庭缺乏有效统一,考虑如何通过服务渗透、媒体引导、规则强化、制度安排,构建家庭、学校、群体、社会甚至国际国内之间"全面发展的大学生"合力协同机制,使时代新人处于各种不同的环境时,不会因为各种思想环境之间的巨大落差而导致认识上紊乱和行动上失序。引导时代新人摒弃"社会本位"或"个人本位"的二元思维定式,秉持开放性思维。

四、平衡好主导性与多样性的关系

主导性与多样性的矛盾是培育时代新人面临的一个突出而尖锐的矛盾。西方文化思潮、生活方式、价值观念以各种方式渗透进来,导致时代新人的价值取向日益呈现多样化的趋势,使得社会生活和时代新人的思想观念呈现出某些不稳定性。面对多元并存琳琅满目思想现象的多样性与复杂性，新时代应以马克思主义思想体系为指导，这是必须长期坚持的。具体地说，把马克思主义基本原理和时代新人培养实际相结合，围绕这一根本任务，系统设计培养时代新人的整体学科体系、学术体系和话语表达体系，从课堂教学、科学研究、社会实践、文化发展、网络环境、心理健康、管理服务、组织资助乃至自我教育等环节入手，构建支撑时代新人生成目标的整体机制。实践部门工作者要从更基础和更具体的生产生活环节展开扎实探索，落细落实落地。因为思想现象多元性与指导思想一元性是不可分割、紧密联系的，它们之间存在着一种共生共赢的关系。思想道德领域的多元并存现象是一元主导的前提。如果没有一元主导，多元并存便将走向混乱、无序，甚至毁灭。例如，东欧剧变的起因复杂多样，但深层次原因之一是意识形态领域的斗争十分激烈，苏共领导人放弃马克思主义的一元指导地位，思想上停止探索而放弃社会主义发展方向，以美国为首的西方敌对国家坐收"和平演变"之利。坚持主导性，就是深入探索用社会主义核心价值观教育引领时代新人生成的有效途径，尊重差异、包容多元，同时，坚持不懈用习近平新时代中国特色社会主义思想凝心聚魂，有力抵制各种错误和腐朽思想的侵蚀，最大限度达成思想共识。由于各种社会意识形态之间相互交流交锋交融渗透，影响着时代新人思想的多元多样，所以，针对具体时代新人的培养工作，还要提倡运用生动活泼、丰富多彩的形式去表现培养内容，切忌千篇一律的单一模式。要注意教育内容选择的多样性，比如，将中华优秀传统文化、西方进步学者和思想家的成果、现代科学文化成果的丰富内容等，与培养时代新人内容相符合，大力充实各方面的教育思想营养，以及针对不同教育对象和教育环境实施教育内容的针对性、灵活性。

　　射箭要看靶子，弹琴要看听众，写文章、做演说要看读者和听众，培养时代新人，应针对不同时代新人的类型、层次和个体差异，有针对性地选择不同的教育内容和方法，才能取得理想的教育效果。要处理好主导性与多样性的统一，笔者以为，必须遵循客观规律，通过理论和实际相结合的教育引导，明辨形形色色的社会思潮，认清非马克思主义、反马克思主义思潮的实质并勇于大胆批判。既要克服过去只讲先进性、不顾广泛性，只讲统一性、不顾差异性,只讲社会主义、不讲继承、借鉴中华传统文化和西方文明成果的倾向;又要反对忽视先进性和统一性,不讲原则性,只注重继承、借鉴古代和西方文明的东西,用多样性淹没甚至取代主导性的倾向,做到"古为今用"和"洋为中用",坚持马克思主义主导下发展多样性,在发展多样性基础上更好坚持主导性。

五、协同好理论传授与实践育人的关系

理论研究是十分重要的。马克思指出,"理论一经掌握群众,也会变成物质力量。理论只要能说服人,就能够掌握群众。而理论只要彻底,就能说服人。所谓彻底,就是抓住事物的根本。而人的根本就是人本身。"[①]恩格斯认为,"一个民族要想站在科学的最高峰,就一刻也不能没有理论思维。"[②]若无理论上的自觉,我们的认识就不可能达到必要的高度和深度,把握问题就难以深刻和彻底。批判性是马克思主义的重要特征,必须为思想政治教育所继承和发扬。价值研究从来都是具有批判性和创新性的理论工作,要找出实践中所存在的问题与不足加以改进,并保持和发扬积极进步的成分。在我党历史上,自觉地、批判性地认识以往的理论、总结新实践得出新结论是我们革命、建设和改革取得卓越成就的重要经验之一。若无自觉地、批判性认识"以城市包围农村"的俄国革命道路,就探索不出"农村包围城市,武装夺取政权"的正确道路;若无自觉地、批判性认识"两个凡是",就不可能在汲取正反两方面的经验教训中确立"实事求是"的正确路线;若无自觉地、批判性认识"计划"和"市场"的关系,就走不出中国特色社会主义市场经济的正确道路。面对百年未有之大变局和中华民族伟大复兴全局,面对纷繁复杂的社会现象和各种观念和理论,要自觉地开展批判性研究,吸收其它国家的成功经验,为我所用。同时要冷静关照培养时代新人的新情况新问题,从更深层次、思想观念上匡正一些错误的认识,从理论基础以及理论和实践的

---

① 《马克思恩格斯选集》第1卷,北京:人民出版社,2012年,第9-10页。
② 《马克思恩格斯选集》第3卷,北京:人民出版社,1995年,第467页。

结合上查漏补缺，更好地在理论和实践的双重探索中不断创新。

为此，大胆借鉴相关学科的研究成果，并在不同学科的交叉点上寻找新的理论生长点，使理论和实践形成相辅相成、相得益彰的指导、支撑和验证关系，避免陷入"空洞"与"盲目"的双重困厄，解决培育时代新人理论和实践之间"两张皮"的问题。继承、创新革命、改革和建设过程中中国共产党摸索和总结出来的培养时代新人的"老把式"工作经验，应付新境况和新问题，解开时代新人的思想症结；要使培养时代新人理论深刻而彻底，除了进行理论研究以外，必须加强实证研究，必须经过实践上的试验、实证。任何一门科学，如果没有足够的实证材料对自身的理论予以论证，没有充分的实证研究，仅在理论上"冥思苦想""闭门造车"，终究只能是"纸上谈兵"，想达到科学化的境界是不可能的。用这种理论指导实践不仅毫无效果，更糟糕的会造成恶果。其实，国内外关于伦理学、教育学、心理学等方面有很多实证研究范例，正是通过这些"临床试验"使理论逐步达到科学化。培养时代新人既存在于学校教育、家庭教育和社会教育之中，也渗透在我们的工作和日常生活之中。

国家和社会通过不断生产、制定、执行相关政策以满足培养时代新人需要，而时代新人生成状况会反过来影响国家和社会发展的程度和高度。应立足中国实际，放眼世界大势，从人民群众波澜壮阔的实践中提炼丰富的研究题材，汲取充足的思想养分，总结真知灼见，打造学术精品。研究时代新人现实生活中思想观念的变化和问题，从他们的思想观念和社会生活上查找原因，对症下药切中问题。然后把从社会生活中凝练的理论投入社会实践中检验、修正和推广，破解"实践中行得通，理论上说不通；理论上说得通，实践上行不通"的怪象。科学谋划、精心组织、有效推进实践育人工作，打通理论课堂与社会实践课堂的连接点，突出沉浸式现场体验，探索模拟仿真实验（情境），开辟新的实践平台、载体和途径，实现培养时代新人的理论创新与实践模式跃迁。

第一层次，是从唯物史观视角分析影响培育时代新人的物质因素和精神因素的协调问题，应更多引导人追求共享性的精神生活需要。第二层次，是关于人的各项能力、素质、品质发展中的基础发展和理想发展的关系问题,把全面发展的理想融入人的自我充实、自我提高、自我发展的基础发展中去,考虑的是社会存在中时代新人何去何从。第三层次,是从时代新人作为无数个体来说的,探讨的是作为社会存在中"个体的人"的受尊重问题。强调每一个人不同成长阶段的个性发展目标任务和内容不同,强调过程;全面发展强调总体的一个人或人类整体不断追求超越,克服各种形式的异化,走向全面发展的样态。既要注意每一个人的个体性,不同个人每个成长阶段的独特性,注重时代新人各个发展阶段个性的有效衔接,因材施教,安排不同的教育内容并注意教育内容的逻辑衔接性、系统性,又要关注作为类的整体人生成的世界历史性进程。第四层次探讨平衡好时代新人生成的主导性与多样性的关系问题,是从人的发展的环境因素这一宏观角度来说的,"建设具有强大凝聚力和引领力的社会主义意识形态"[①],因为思想现象存在的多元性与指导思想的一元性是不可分割、紧密联系的,它们之间存在着一种共生共赢的关系。思想道德领域的多元并存现象是一元主导的前提。如果没有一元主导,多元并存便将走向混乱、无序,甚至毁灭。第五层次从理论和实践的结合上寻找不足,更好地在理论和实践互促共进的探索中不断创新。新时代不仅把培养时代新人置放到中国特色社会主义现代化的目的和根本任务上来积极创造条件加以推进,还把它提到建设社会主义现代化最有效手段的高度而倍加重视。

小结

培育时代新人的体制机制包括保障体制建设(党的集中统一领导体制、政策导向保障体制、社会协调管理体制)和长效机制建设(内生认同动力机制、理论发展机制、践行激励约束机制、评价考核机制)。

培养时代新人的原则遵循是,处理好物质生活世俗性和精神生活超越性的关系,协调好基础发展和理想发展的关系,统合好个性发展与全面发展的关系,平衡好主导性与多样性的关系,协同好理论传授与实践育人的关系。

[①] 习近平:《高举中国特色社会主义伟大旗帜 为全面建设社会主义现代化国家而团结奋斗——在中国共产党第二十次全国代表大会上的报告》,北京:人民出版社,第43页。

第七章
培育时代新人的有效路径与基本方法

习近平总书记殷切希望:"努力培养担当民族复兴大任的时代新人,培养德智体美劳全面发展的社会主义建设者和接班人。"① 培养时代新人使命彰显了要紧跟新时代步伐,在充分考察思想实际和社会条件的基础上,更好地帮助时代新人较为科学地把握自己和世界。"'时代新人'是具备中国人的志气、骨气、底气的精神状态,信念坚定、品德高尚、本领过硬、担当实干,德智体美劳全面发展的人。"② 进入新时代,要积极采取各种举措培育时代新人,促进时代新人生成与时俱进的思想观念、锐意进取的精神风貌以及有效力行的行为规范。

第一节 掌好培育时代新人的引领向度

进入新时代,通过价值引领使时代新人获得正确的价值认知,得出正确的价值判断,作出"为他人的主体性"的价值选择;通过信念引领,为时代新人提供前进的动力、指引正确的方向,使其不断在攻坚克难中追求创新实干;通过行为引领,使时代新人由自发到自觉的行为意识得以形成,使理解、

---

① 《习近平谈治国理政》第3卷,北京:外文出版社,2020年,第328页。
② 栾淳钰:《"时代新人":马克思主义新人观的新发展》,《思想理论教育导刊》2022年第5期,第32-38页。

尊重与宽容内化为自己的生活行为方式。

一、价值引领时代新人获得正确的价值选择

价值引领是实现时代新人主体内部凝聚力的一项重要机制，一旦共同价值观为时代新人主体所接受，就易澄清偏颇、错误的认识倾向，凝结为其深厚的思想价值底蕴。"把思想价值引领贯穿教育教学全过程和各个环节"①，价值引领乃最为根本的引领，"举旗帜、聚民心、育新人、兴文化、展形象"②，应引领时代新人获得正确的价值认知，得出正确的价值判断，作出"为他人的主体性"的价值选择。

引领时代新人获得正确的价值认知。"思想价值引领是凝结着马克思主义精神实质及中国特色社会主义理论和实践深刻智慧的价值判断与价值选择"③，"引"有过程，"领"有方向，要从社会需要出发，关注其社会功用，向时代新人传递主流意识形态和价值观念，充分发挥其思想主导性、价值引领性，传播主流思想舆论与建构主流价值认同。价值引领需要经历一个较为复杂的过程，即制定价值引领的培养目标——设计驱动价值引领的培养议题——开发实现价值引领的培养任务，包含知识表层符号识别、中层的思维方法训练和内层的价值观念生成的学习实践过程。这一过程涉及认知、情感和行为倾向等要素，需要我们逐层扎实铺垫知识的、情感的要素，深入时代新人的思想深处，触及其心灵，价值引领才能水到渠成。时代新人在完成培养任务中学习知识内容、生成核心观点、实现价值引领，达成知识学习和价值引领的有机统一。

引领时代新人得出正确的价值判断。当前，共同体价值容易被张扬个体性的个体价值所遮蔽而疏离，有必要建立个体与共同体之间的互促机制。

---

① 中共中央 国务院印发《关于加强和改进新形势下高校思想政治工作的意见》，《光明日报》2017年2月28日第1版。
② 中共中央 国务院印发《关于新时代加强和改进思想政治工作的意见》[EB/OL].(2021-07-12). http://www.gov.cn/xinwen/2021-07/12/content_5624392.htm.
③ 冯刚，史宏月：《思想价值引领在国家治理现代化中的功能研究》，《思想理论教育》2020年第2期第12-18页。

应关照时代新人的价值观念向个体化、实用化与多元化转变的社会现实,坚持以人为本的培养理念,通过启发人的价值思维,满足其主体价值期待,实现培养时代新人的教育目的。时代新人作为意识独立、选择自由的价值主体,在教育过程中要以贴近新时代培养要求、贴近培养现实困境、贴近时代新人的思想困惑为旨归,创新教育方式方法,满足其价值期待、尊重其主体价值地位,其所提供的教育内容能够解决时代新人价值变迁中的"精神饥渴"和"思想骚动"问题,更好实现对时代新人健康成长的指导和引领,保证时代新人的发展符合中国特色社会主义的发展要求,能够始终为他们的健康成长提供"理想的力量",能够真正激励我们自觉追求健康向上的成长成才目标,愿意把自己的发展紧密联系着国家的前途命运、社会的发展进步。

引领时代新人作出"为他人的主体性"的价值选择。时代新人的价值取向影响和塑造着当前和未来社会的价值取向,其能否支持、维系和继承社会共同价值观,事关社会主义现代化建设大局的成败。社会性对培养时代新人做出了基本的规范和要求,只有与群体、国家乃至人类"共同体"的发展相结合,其自我价值方能充分实现。当前要化解"个体主义"价值冲击甚至逐渐取代"共同体主义"价值的困境,就需要摒弃"个体主义",构建新的"关系理性",将个体与他人及社会的共在意义和价值实现相融通,把"自我"与对他人和国家的责任统一起来,把"自己"与"陌生他者"有机关联在一起,培养独立而完整的"为他人的主体性"。"历史告诉我们,每个人的前途命运都与国家和民族的前途命运紧密相连。"①时代新人只有把个人责任、发展统一到国家责任、发展中去,以社会共同价值锚定个人价值,身体力行推动国家、社会持续健康地发展,担当起实现中华民族伟大复兴的时代重任,是时代新人最合理性的价值选择。

二、信念引领时代新人鼓足前进的精神动力

让中国信念与新时代民族复兴更加强大、更加鲜亮,既需要时代新人的

---

① 习近平:《承前启后 继往开来 继续朝着中华民族伟大复兴目标奋勇前进》,http://news.xinhuanet.com/politics/2012-11/29/c_113852724.htm.

价值自觉与积极奉献,更需要有时代新人的广泛认同与共同行动。教育各类主体是自发参与,还是自觉投身于时代新人培养,对于培养进程快慢和成效有着质的差异。各类主体自发参与注定其培养进程的松散性、局部性和不确定的,或因缺乏足够的能力而难以全面把握培养时代新人的意义与价值。

"价值信念是思想政治教育实践智慧的动力系统和核心要素"[①],也是培养时代新人的动力系统和核心要素。理想信念生成于时代新人"否定性肯定"现实生活的精神世界中,主要表现在"超越现实"的价值给予中,体现出对时代嬗变及其精神转向的深刻洞察与理性自觉,理想信念植入时代新人的内心,将为其提供前进的动力、指引正确的方向,使其不断在攻坚克难中追求创新实干。现实中,一些人由于没有信念支撑或信念偏差,在生活中常常感到无所作为、精神不振、心情烦闷,甚至对一切都提不起劲而持无所谓和麻痹的态度。应通过整合物质力量、观念力量凝聚主体合力,将时代新人的信心升华为更高价值上的信念,促使时代新人联结成为有足够能力、有充分自觉性和创造性的自觉主体——不论遇到何种风险挑战,都能够具有内在的前进定力,增强活力和凝聚力,彰显时代新人有意义的价值共在。

建立稳定可靠且操作性强的道德规范体系,为时代新人确立信仰提供可以明确把握的内容。确立信仰常常以某些明确的道德规范为参照,这些规范如果经受不住社会实践的检验,譬如,如果社会上经常发生与这类道德规范内容相悖的热点事件,且能获得人们的普遍认同,那么就将极大削弱人们对此道德的信仰。当前,我国已经建立了一套完善的社会主义核心价值观体系,在实践中其中的道德价值观念不仅为人民群众所广泛认同,国家积极维护这些价值观的立场,弘扬社会正气,摒弃、惩罚不道德的行为,为时代新人确立信仰提供了稳固的理论基础和可靠保障。

---

① 蔡如军:《思想政治教育应用型知识的定位与生成》,《思想理论教育》2021年第5期第59-64页。

三、行为引领时代新人生成自觉的行为意识

价值引领、信心信念引领最终外化到行为引领,这是培养时代新人的核心着眼点。此行为是在任何情境或境遇,包括熟人社会与陌生人社会、平常环境与特殊环境、普通时期与关键时期下都持续稳定一贯的行为,即习惯化行为。引领时代新人不但关注自身的利益,而且尊重并照顾陌生他者的利益。习近平总书记强调,"做到学、思、用贯通,知、信、行统一。"[①]时代新人由自发到自觉的行为意识形成,得以促成一个相互包容的关系群,使理解、尊重与宽容内化为自己的生活行为方式。

应通过榜样示范效应、有利情境建构、积极氛围营造等方式把丰富的教育内容和价值理念系统根植和营造于时代新人的生活世界,在多元多变中立主导、在交流交融中聚共识、在变化异动中一以贯之,以系统化、整体性、隐喻化的形式贴近时代新人的现实生活,并经由指导和引领时代新人将所接受的教育内容内化为思想观念、外化为行为方式,从而实现其引领时代新人健康成长的功能和价值。此外,先进人物的行为示范引领会对时代新人的思想意识、心理习惯、价值理念乃至价值取向产生影响和制约,促进理解、认同和践行等积极行为。"桃李不言,下自成蹊",先进人物为时代新人情感体验、价值选择和精神追求提供了镜鉴,潜隐中形塑时代新人的价值认同和行为方式,为引领其"做人"和"做事"注入了新的动力和意义感。

发挥德、行、信评价体系的引领作用。由于"信"和"行"之间带有天然的张力,使得"行"有可能成为评价对象以及衡量"信"的标准。"信"引导和规范着"行"的内容和价值,并需要借一定的"行"来外化自己,"行"是"信"的自然结果。必须把外在的"行"建立在更重要的"信"之上,"信"因"行"得以可见、成全,两者只有增进人的德性才具有正向的价值,时代新人注重德的外在表现有可能转化为"信"与"行"。据此,依托"德"使"行"与"信"真正地统一起来了,进而培养完整的时代新人并形成真正的"集群"共同体。坚定的

---

① 《习近平谈治国理政》第3卷,北京:外文出版社,2020年,第519页。

"信"仰为"行"的本领习得提供强大的精神动力,扎实的"行"的本领为远大"信"仰铸就了现实条件,使命担当之"德"则是"信"和"行"的目标旨归。当培养时代新人真正成为一种社会信仰时,才能为人们所接受并身体力行。而这种信仰首先立之于行,才能使培养时代新人由可能变成现实。

第二节 完善培育时代新人的内容体系

思想政治教育通过汲取、融入和聚合各种要素,赋予时代新人培养的内容性驱动力。

一、以马克思主义理论培育时代新人的思想内核

马克思主义体现了逻辑和历史、理论和实践、意识形态性与科学性、价值取向与行为方式、高远理想与历史现实的统一。

第一,在师生共同参与的交往过程中建构马克思主义知识理论。一方面,总结马克思主义理论培养时代新人的规律,勘定培养时代新人的历史性根源、内部矛盾和本质规定,在理论上捕捉、概括、提炼培养时代新人的矛盾和张力。另一方面,生成马克思主义知识理论培养时代新人的创新和发展的动力机制。以理论为导向,在思想的自由创新和培养时代新人的现实需要中直面现实世界、寻找自身的本质,发现、筛选马克思主义培养时代新人的真问题,从实践中展开思辨、以实践问题的思路来面向和栖息于时代新人的生活世界,确证马克思主义知识理论培养时代新人的信念。

第二,马克思主义理论是我们国家的意识形态,国家意识形态是培养时代新人的真理性所在。在西方自由思潮的渗透下,社会上出现了盲目地注重人的主体性地位的境况,这提升了个人主义的价值观。实践证明,改革开放以来经济的快速发展恰是得益于个人主体地位的提升。然而,我们在注重个体主体地位的同时,却不觉中滑向了个体主义的漩涡。这种极端化的个体主义倾向总是打着民主的旗帜,消解国家意识形态的整体性价值观,分

化马克思主义理论的整体性目标。因此,国家意识形态能够纠正个人主体性价值观的偏颇,使个人主体性利益统一于国家整体性价值观,亦即以国家集体性为前提培养时代新人的个体性。这一点如果明确了,或许就不会发生因过分注重个人主体性的价值观而蔑视国家意识形态的不良行为。在推进马克思主义中国化时代化的广度、深度和力度的基础上,既要尊重世界的多元多样性、不同社会制度和意识形态的差异性,又要不以意识形态划敌友,注重吸收人类文明的精华。

第三,马克思主义理论更高的目标是培养新人本身。这恰是大学人文精神的教育目标,即培养出具有人文修养的"合乎人性的人"[①]。当前,在市场经济条件下功利主义思潮中,更多注重对某种谋生"技能"的培养,而忽略了对人文修养的培养。马克思主义理论应该着眼于更高的培养新人目标,培养健全的人格和具有人文修养的人。应充实马克思主义制度内容、文化内容、生态内容等,尤其是新媒体出现以后,关于新媒体空间的马克思主义理论研究者相对较少,亟待将反映时代动态、彰显时代特色、党和国家培养时代新人的最新理论成果融入其内容体系中。强化主流意识形态教育培养时代新人,所使用的教学内容、活动方式、思想观点、研究方法、立意论断都应该符合党的方针政策,所选择的资源、教授的知识、操作的方法都应该具有科学性、权威性、正确性,既要遵循教书育人规律,遵循时代新人成长规律,又要对是否真正反映人类发展的共同需要和社会进步方向保持"批判性"审视。

二、以社会主义核心价值观涵养时代新人文化内核

"对社会主义核心价值观的高度认同、积极传播和模范践行是时代新人的重要标志"[②]。

第一,"富强、民主、文明、和谐"定位时代新人的国家价值目标。构筑时

---

① [德]马克思:《1844年经济学哲学手稿》,北京:中央编译出版社,2000年,第81页。
② 冯刚,徐先艳:《时代新人的生成逻辑、基本特征和培育路径》,《教学与研究》2022年第4期第92-101页。

代新人培养共同体，凝聚起一种主体意义上，包括政党与政府、家庭学校、社会组织、人民群众等的"合力"，各安其位以使主体格局更加有序，才能有效地培养时代新人。采取课程教育、理论宣讲、榜样教育、实践活动、大众传媒等形式，遵循学生身心发展规律，发挥好课堂主渠道作用。社会主义核心价值观为培养时代新人明晰坚定的政治原则、政治方向和政治底色，彰显其国家层面对于时代新人的思想认同和主旨理解的统领作用，为实现中华民族伟大复兴打造坚实的群众基础和主体力量。鼓励时代新人自觉投身于新时代中国特色社会主义现代化强国建设，大力发展先进生产力，提高总体经济实力和人民美好生活水平。同时，从最高层次的价值规范出发，将社会主义核心价值观打造为时代新人的独特精神支柱，引导其摆明国家利益与个人利益的辩证关系，将"小我"主动融入"大我"，勇敢担当起民族复兴大任。

第二，"自由、平等、公正、法治"凝聚时代新人的社会价值共识。利用好新媒体积极传播社会主义核心价值观，依托用户活跃的微博、微信、哔哩哔哩等平台，开发有关影视作品，发挥校园文化、现代传播工具等多种手段对学生的生活、学习、心理进行全面的熏陶和教育，培养全面发展的、独立的、道德的、健康的、创新的时代新人，同时也要尊重不同层次时代新人的认知规律和教育需求，区分层次、突出重点，加强不同层次、学段教育的衔接，形成一个层次递进、结构合理的涵育时代新人体系。更重要的是，要跳出传统教育观念的束缚，积极回应人民群众的公平正义诉求，营造敢于表达、善于表达的社会氛围和良好的社会环境，强化法治意识和法治思维教育，建立健全必要的奖惩机制和评价制度，注重社会生活共同体的构建，有机贯通学校教育、社会教育和社会生活，真正活用社会生活的载体培养时代新人。

第三，"爱国、敬业、诚信、友善"划定时代新人的个体价值遵循。把时代新人的认知和行为贯通起来，以乐于接受、并以主体身份参与社会实践活动，获得真实的情感体验和能力提升，鼓励时代新人融实践于日常工作和生活中，使做人做事的道理内化为自身品质，把社会的需要转化为自己内在的需要。譬如，加强对时代新人的爱国主义教育，增强其对祖国、家园、民族和文化的归属感、认同感、使命感、尊严感与荣誉感，使其自觉爱国、爱党、爱社会主义。此外，注重培养时代新人的爱国奉献、明礼诚信、厚德守法等个人品质，在全社会弘扬诚信友善的传统美德，在工作岗位上以制度约束和规范个人行为，创建"模范员工"等先进人物选树机制，激励员工学先进、争做先进，培养爱岗敬业、奉献社会、诚信友善的时代新人。

三、以中华优秀文化激昂时代新人的精神风貌

优秀文化的传承创新会浸润时代新人的思想观念、道德情操、行为规范，激昂其精神境界和精神风貌，生成整体伟力。

以优秀文化驱动时代新人的责任担当。优秀文化有助于驱动时代新人保持昂扬向上的精神风貌，担当起建设社会主义现代化强国的伟大使命和任务。彰显新时代正能量的文化生活持续地濡染时代新人的思想和行为，通过满足其成就需要，使其满意、快乐、幸福地享受生活，充满追求美好生活的精神动力。必须坚持以人民为中心的发展思想，采取有效措施构建稳定、健康向上的文化环境和精神氛围，促进时代新人产生积极的心理变化，激发创新思维、提升创新能力、生成全面发展的现代化创新人才。新时代时代新人主流群体展现了能吃苦、肯奋斗、敢担当的精神风貌，体现了在关键时刻、重要领域、重要岗位上勇挑重担、攻坚克难的责任担当。

以优秀文化鼓舞时代新人勤学笃行、建功立业。优秀文化是满足时代新人各种需要的价值规范体系，规范、制约、激励时代新人在日常生活中舍弃眼前的"苟且"，沉思、期许"诗与远方"。它"润物细无声"地建构着时代新人的未来世界，左右着时代新人秉持何种信念筹划未来。优秀文化通过家庭教育、学校教育、新闻传媒等诸种手段，把普遍性的价值理念、行为规范加诸时代新人，增强时代新人的自我效能。优秀文化遵从时代新人的发展需求和个体差异，融合其思想和行为，不断凝聚共识并内化到时代新人的活动和社会实践领域中，激活时代新人勤学笃行、建功立业的内在力量。

第三节　丰富培育时代新人的基本方法

"信息技术发展与社会深刻转型等多变量合围,不仅改变了人类社会的交往形态,也催生了思想政治教育研究的变革"[①],有助于以交叉融合、多元理解的方式俯瞰培养时代新人面临的复杂问题场景,解析其培养时代新人的内在机理。

一、大思政笃定时代新人的政治方向

"思政课程""课程思政"纵向贯穿、横向连接、校内校外融合、同向并行共育时代新人。时代新人是纵横交错的社会关系、社会生活的主体选择结果,因此,必须在纷繁复杂的社会关系中聚焦时代新人培养的热点难点问题,把握每一阶段教育对象和他们的思想实际、社会关系网络,人性的美好和魅力能够唤起人性的觉醒,从而为时代新人培养敞开无限丰富的可能性。

充分发挥思政课程的主渠道作用。"思政课程"培养时代新人的思想秩序、制度秩序、价值秩序,凝聚共识,付诸行动。"思想政治教育绝非面向学校师生开放的'专供品',应是面向社会全体成员开放的'必需品'。"[②]关注国际国内的时代强音,关注人民当下的思想困惑及其所向往的美好生活需要,注重采用人民喜闻乐见的话语方式和教育方式增强教育的生动性和感染力。培养时代新人不仅要从社会需要出发,关注其社会功用,向人民传递主流意识形态和价值观念,充分发挥其思想主导性、引领性;也应多关注其个体价值与个体功能,研究如何能有效地促进个体的精神成长。"思想政治教

[①] 卢岚:《从互联网到ChatGPT:思想政治教育的技术重塑与建构逻辑》,《探索》2023年第2期第163-174页。

[②] 沈壮海,刘灿:《论新时代思想政治教育的高质量发展》,《思想理论教育》2021年第3期第4-10页。

育的本质是对人的精神世界施以终极性的关照,解决当代人的精神困惑和价值迷失。"①

强化专业知识传授中课程思政的隐性浸润。"充分发掘各类课程的思想政治教育元素,把思想引导和价值观塑造融入每一门课程的教学之中,让所有课程都承载起育人的功能。"②无论是科学技术课程,还是人文课程,都要深化改革其培养目标、知识内容、结构模式,有机贯通进各类课程内在的知识、技能传授中,"挖掘其他课程和教学方式中蕴含的思想政治教育资源,实现全员全程全方位育人"③,充分彰显各类课程培养时代新人的共同责任。聘请专家研讨制定"课程思政蕴含的思政元素参考目录",列出大中小各类课程可能涉及的思政元素,如爱国情怀、法治意识、生态意识、开放意识、文化自信、批判反思精神、人文精神、担当精神等,并对每个元素作出适当说明,以破解分化、孤立、碎片化等培养困境。

二、实践赋能时代新人的能力提升

"理论的对立本身的解决,只有通过实践的方式,只有借助人的实践的力量,才是可能的"④,培育时代新人要落实到实际行动中,体现在人自身发展和人际交往中,强化实践体验,丰富实践活动载体,实践内容贴紧各阶段学生培养实际,加强实践融入培养途径和方法的规划。"思想政治教育实践是个体反思现实情况与目标之间的差异,从差异中寻找问题,进而通过对问题的解决驱动思想政治教育变革的实践活动"⑤,推动培育方式、交往沟通模式、人文环境转型,"在思想洗礼、在实践锻造中不断增强做中国人的志气、

---

① 赵浚:《基于德育哲学的思考:论思想政治教育的本质》,《中国青年社会科学》2018年第1期第96—101页。
② 刘承功:《高校深入推进"课程思政"的若干思考》,《思想理论教育》2018年第6期。
③ 《习近平谈治国理政》第3卷,北京:外文出版社,2020年,第331页。
④ [德]马克思:《1844年经济学哲学手稿》,北京:中央编译出版社,2000年,第88页。
⑤ 卢岚:《从互联网到ChatGPT:思想政治教育的技术重塑与建构逻辑》,《探索》2023年第2期第163—174页。

第七章 培育时代新人的有效路径与基本方法

骨气、底气"①。

"人的思维是否具有客观的真理性,这不是一个理论的问题,而是一个实践的问题。人应该在实践中证明自己思维的真理性,即自己思维的现实性和力量,亦即自己思维的此岸性。"②基于此,把实践育人工作摆在培育时代新人的重要位置,纳入学校教学计划,系统设计实践育人体系,安排、合理增加实践学时学分,确保实践育人工作全面开展。例如,高校思政课教师应以育人过程为实践研修反思对象,经调查、扎根、案例、实验、经历、经验、体验,以内省、体验、监控等方式,"善于运用全媒体技术打造思政课'第三课堂',通过高水平触网、识网、懂网以熟知世情、国情、党情、舆情"③,理性考察教育活动和存在的问题,明智地思考,创新教育理念,推进教育实践,以达到促进教学相长的目的。实践研修反思有助于总结过往、把握现在、筹划未来,扬长避短,为永续发展提供现实支撑和有益借鉴。此外,要区分不同类型实践育人形式,外化为耐心聆听、善待他人、理性解决冲突等道德行为。实践活动是思想观念内化为素质的桥梁和基础,只有在践行思想道德规范要求中,才能接受锻炼、深化感受,强化体验,提高行为能力,实现由知到信、从信到行质的飞跃。

培育时代新人要面向生活实践,一切从实际出发,因人制宜。人们的任何认识都是对客观存在的反映,并随着客观存在的发展而发展。深入生活实践,可以保持思维的开放性与生命力,保持思维方式的灵活与畅通。自我修养的完善还需要在行动中磨砺,做到知行合一,严以律己,在日常言行中"三省吾身"、见贤思齐、景行行止,重视理性思考,尤其是规律性思考,以防就事论事,仅凭直觉、经验和感性行事。自我省察的实践是必需的,因为人性弱点是相通的:如果发现了每个人都可能犯错误、有缺陷,那么同样就能

---

① 习近平:《在庆祝中国共产主义青年团成立100周年大会上的讲话》,北京:人民出版社,2022年,第9页。
② 《马克思恩格斯选集》第1卷,北京:人民出版社,1995年,第55页。
③ 熊晓琳、李国庆:《新时代思想政治理论课教师教学能力探究》,《思想理论教育导刊》2023年第4期第112-117页。

够发现师生之间需要基于开放、同情和宽宏的主体间相互理解。

三、家庭、学校和社会协同育人

培育时代新人是一项系统工程,在学校,其组织主体是思政课教师,参与主体是思政课教师和大学生,实践中务必把大学生的主体地位和思政课教师的主导作用结合好。组织者、志愿者队伍和参与人民、媒体等上下联动,分工合作,在确立具体目标、策划方案、制定规范和组织实施时,都必须基于多数大学生的实际需要和可接受性,结合大学生要求改变现状的普遍心态和需求的热点、难点和焦点问题,设计出大学生便于参与、乐于参与的活动主题、内容和形式。例如,北京科技大学具有崇尚实践的优良传统,设计出"三合一"的实践教学模式,"以课程教学为主导的课堂实践教学,通过经典研读、分组辩论、调研成果展示、小话剧、主题班会等形式,创设生动形象的教学情境,将理论教学内容与社会现实和学生所处的实际环境巧妙结合。"[①]借鉴其他高校思政课实践教学先进经验,应基于地方物质条件、大学生的文化素养和可接受性策划活动,找准最佳"平衡点",切忌生搬硬套。教育引导、舆论宣传、文化熏陶、行为实践、建章立制和严格管理齐抓并行,发挥整体合力。

充分发挥政府、学校、家庭和社会的协同作用,整合实践教育资源、搭建实践平台、打造系列实践活动等途径,建立健全实践场域开放共享机制。政府作为服务者,应该为培养时代新人提供政策、法规、经济、设施、管理等方面的支持和服务;政府作为监督者,应该监督自身在培养时代新人的角色和作用发挥情况,积极引导企业、社会组织等履行社会责任,并对培养效果进行评估。学校要充分利用社会研学考察、高校学生见习、实习、"三下乡"等实践活动,培育时代新人的实践技能、创新创造能力,实现学理知识与社会实践无缝连接。家庭层面,时代新人的生活世界应成为家庭开展行为规范

---

① 彭庆红,鲁春霞:《高校思想政治理论课实践教学的改革与创新》,《思想教育研究》2014年第6期第51-54页。

指导、提供生活服务的有力平台,渗透到时代新人生活世界的各个角落。社会层面打破社会实践、志愿服务与校园文化、教育教学间的传统边界,建设开放多元的社会文化服务场所、公共活动教育空间,搭建层级丰富、向上向善的社会培养网络。

小结

本章论述培育时代新人的路径、方法。

其一,掌好培育时代新人的引领向度,即通过价值引领使时代新人获得正确的价值认知,得出正确的价值判断,作出"为他人的主体性"的价值选择;通过信念引领,为时代新人提供前进的动力、指引正确的方向,使其不断在攻坚克难中追求创新实干;通过行为引领,使时代新人由自发到自觉的行为意识得以形成,使理解、尊重与宽容内化为自己的生活行为方式。

其二,完善培育时代新人的内容体系,表现为以马克思主义理论培育时代新人的思想内核,以社会主义核心价值观涵养时代新人的文化内核,以优秀文化激昂时代新人的精神风貌。

其三,丰富培育时代新人的基本方法,即大思政笃定时代新人的政治方向,实践赋能时代新人的能力提升,家庭、学校和社会协同育人。

结语
展望与反思

马克思主义认为,任何事物的发展都是一个自然历史过程,不能把培育时代新人看做是遥不可及的事情,应当立足现有的历史条件"向这个目标前进"。当前,最大挑战在于,和革命时期不同,现在大多数人的日常生活并不直接面对理论,因而即便彻底的理论也还要经过现实生活的转化才能被大多数人接受。更重要的是,要注重社会生活共同体的培育,有机统一学校教育、社会教育和社会生活,使培育时代新人真正融入社会生活的载体:关键在"自觉培育",目的在"融入生活"。

一、展望

培育时代新人具有历史性,其理论形态和实践式样不断更新发展,关键在于准确把握新时代的使命要求和现实呼唤。

其一,平等互利、合作共赢,构筑共同价值。2015年9月28日,习近平总书记出席第七十届联合国大会,做《携手构建合作共赢新伙伴同心打造人类命运共同体》主题演讲,指出:"和平、发展、公平、正义、民主、自由,是全人类的共同价值,也是联合国的崇高目标。"[①]

从古希腊犬儒学派"世界公民"思想,到康德主张"建立永久和平的社会",再到马克思主义关于共产主义社会"实现每个人自由而全面发展"的崇

---

① 《习近平谈治国理政》第2卷,北京:外文出版社,2017年,第522页。

高理想;从中国传统哲学的"仁爱""和为贵""天下一家",到中国共产党为实现民族独立和人民解放不懈奋斗的历程,无不说明和平、发展、公平、正义、民主、自由,是人类诞生以来就孜孜以求的共同价值,正如习近平总书记所提出"目标远未完成,我们仍须努力。"①

"当今世界,各国相互依存、休戚与共。我们要继承和弘扬联合国宪章的宗旨和原则,构建以合作共赢为核心的新型国际关系,打造人类命运共同体。"②全人类共同价值是培育时代新人的精神动力,而构建和合共生长效机制的目的,即是为了更好地实现全人类共同价值。具有和合共生理念的民族和国家,拥有胸怀世界、胸怀全人类的大格局,能够凝聚起世界各国"和平、发展、公平、正义、民主、自由"的全人类共同价值,为培育时代新人提供精神动力。

新中国成立以来,一直秉持平等互利、合作共赢的外交原则,彰显了中国的世界情怀,为解决世界问题提供了中国方案,贡献了中国智慧。1953年12月,周恩来总理在会见印度代表团时第一次提出和平共处五项原则,即互相尊重主权和领土完整、互不侵犯、互不干涉内政、平等互利、和平共处。1954年6月,中国与印度、缅甸共同发表《联合声明》,倡导和平共处五项原则。几十年来,和平共处五项基本原则在促进世界和平与国际友好合作方面发挥了巨大作用,让世界各国深切感受到了中国胸怀世界的高尚情怀和实践智慧。习近平总书记指出:"我们要坚持多边主义,不搞单边主义;要奉行双赢、多赢、共赢的新理念,摒弃我赢你输、赢者通吃的旧思维"。③

"一带一路"发展战略,是中国推进时代新人培育实践融入各国、形成共识并转化为共同实践的重大举措:倡导"一带一路"沿线国家不以意识形态划界、不拘贫富、无论政体与历史传统,合作共赢共建共享。"一带一路"发展战略为沿线国家和人民创造了更多的就业机会,提升了沿线国家的基础

---

① 《习近平谈治国理政》第2卷,北京:外文出版社,2017年,第522页。
② 《习近平谈治国理政》第2卷,北京:外文出版社,2017年,第522页。
③ 《习近平出席第七十届联合国大会一般性辩论并发表重要讲话》,《人民日报》2015年9月29日第1版。

设施建设,推进了培育时代新人的世界性历史进程。

其二,美人之美、美美与共,凝聚时代新人力量。个体在处理人与世界关系问题时,胸怀世界、胸怀全人类的大格局,是实现人类世界和谐发展、各民族合作共赢的心理基础和情感机制。伴随着经济全球化,世界各国早已是你中有我、我中有你的命运共同体,国家民族利益和人类命运共同体利益密不可分,因此培育时代新人功在当代,利在千秋。各个国家和民族要正确处理世界情怀和家国情怀的关系,做到理性爱国和胸怀世界相统一——不能片面强调国家、民族利益,忽视世界、全人类共同利益。片面强调家国情怀或爱国主义中关于"国"或者"民族"是不科学的,离开世界的"国"或"民族"是狭隘的,任何一个国家或者民族的发展都离不开世界。因此,家国情怀教育或者说爱国主义教育,必须同时增进世界情怀培育,以家国情怀推及培育胸怀世界的大格局;另一方面,世界情怀必须以家国情怀为基础,离开家国情怀的世界情怀会变成抽象空洞的理论说教。只要有国家和民族的界限存在,爱国主义教育就应该得到应有的重视,"爱国是文明人首要的道德","两种情怀的统一,是人性之个性与共性的统一。"①

正确处理家国情怀和世界情怀的关系,应以世界情怀指引构筑家国情怀,以家国情怀推及培育世界情怀,引导世界各国人民理性爱国,为培育时代新人凝聚更多力量。当前世界正处于百年未遇之大变局,世界多极化、文明多样化和单边主义并存,经济全球化趋势和逆全球化现象共在。马克思主义矛盾特殊性原理告诉我们,各个具体事物的矛盾、每一个矛盾的各个方面在发展的不同阶段上各有其特点,每一个民族、国家在各自的文明发展中都形成了具有本民族特色的文明,国与国之间早已是休戚与共的命运共同体,秉持世界情怀的国家、民族和个人能够理性爱国,人类命运共同体本质上是利益共同体,目的是给各民族的发展创造更多机会和条件,是在尊重差异基础上实现共同利益。世界情怀是胸怀世界包容多样性的高尚情怀,倘

---

① 孙英:《论思想政治教育世界情怀与中国情怀相统一的人性基础》,《学校党建与思想教育》2017年第9期第49—52页。

若不能包容不同民族的文明,世界情怀亦是抽象空洞的。

西方文明优越论和文明冲突论,将西方资产阶级定义的"自由、民主、平等、人权"等理念描绘成世界上最先进的价值理念。如"历史终结论""普世价值论"、文明冲突论等,偏执地认为西方文明是所有文明中唯一可以对其他文明产生重大影响的文明,美国则是西方文明的领导者。无论是文明优越论,还是文明冲突论,都否认各民族文明的差异性,实质上将自己的文明强加于其他国家,打着"人权"高于"主权"的旗号,干涉他国内政,引发惨绝人寰的战争,严重地伤害了主权国家公民的生存权,严重阻碍了人类命运共同体的实现,其狼子野心昭然若揭,其霸权和强权政治暴露无遗。

中国秉持胸怀世界的高尚情怀,提出"美人之美、美美与共"的文明交流观,倡导各民族文明在平等的条件下实现交流互鉴。2019年5月15日,习近平总书记在亚洲文明对话大会上讲到,人类只有肤色语言之别,文明只有姹紫嫣红之别,但绝无高低优劣之分。费孝通先生提出"各美其美,美人之美,美美与共,天下大同",处理不同文化关系。"美人之美"是指要尊重其他民族文化差异。"美美与共",是指尊重文化多样性,实现世界文化交流互鉴、和谐发展。这正是中国宽广的世界情怀和人类命运共同体理念在文明交流上的集中体现。

其三,和合共生智慧擦亮时代新人的世界眼光。所谓"智慧",一般是指人们主动运用知识、经验、技巧、能力等解决实际困难和问题的本领,同时它更是人们积极审视、考察与反思历史和现实中个人或人类整体的生存、发展状态,以及明智、勇敢、果断地判断与选择当下和未来人类、事物发展的多种可能性的综合素养和生存方式。智慧体现恰到好处的处事原则、明察秋毫或远见卓识。焦国成教授明确划分智慧的境界:崇尚知识和聪明的智慧——明理,崇尚技巧和权谋的智慧——能行,崇尚道德正义的智慧——有德,崇尚本真和超越的智慧——悟道。在教育实践中,追求本真智慧,使极抽象、极高明的智慧境界,变得在逻辑上可证实,让教师可言说、让学生可习得。另外,智慧多与获取更大利益连在一起,从更宏阔的意义上,尤其是与全人类的共同利益——与和平与发展的时代主题密切相关。新时代要充分发挥育人智慧,研究如何建构培育时代新人的和合共生长效机制。

和合共生理念的提出,其前提正是承认一个社会有不同的阶层、不同的价值观、不同的利益要求,而社会组织形式的多样化、社会利益主体的多元化必然造成社会摩擦和社会矛盾的复杂化,这些矛盾有时甚至非常尖锐。新时代社会主要矛盾是人民日益增长的美好生活需要同不平衡不充分的发展之间的矛盾,展现出一系列新的特征。而思想或理论对于培育时代新人的促进作用,首先体现在对现实状况及其矛盾的揭示,而非遮蔽上,承认矛盾、正视矛盾是研究矛盾、解决矛盾的开端,认识和把握社会主要矛盾影响培育时代新人的特征及成因,是正确处理这些矛盾的前提条件。正如海德格尔所说:"世界向来已经是我和他共同分有的世界,此在的世界就是共同的世界,'在之中'就是与他人共同存在。"[1]自由劳动生成、闲暇时间的获得与有效利用、美好生活需要的满足以及全面个性的生成,都必须依靠人民携起手来,承认差异、尊重多样,强调和谐、合作、共享共赢、共生,通过不同区域、民族、甚或不同文明之间的和谐互动,携手合作,共同应对,在和合共生中前行。

和合共生理念为培育时代新人提供了一种认识论基础。孔子强调在人与人的交往中,"礼之用,和为贵"[2];荀子提出"和"则强的观点,"和则一、一则多力,多力则强"[3];孟子强调"人和"的重要性,"天时不如地利,地利不如人和"[4];管子提出"和则能久"[5]的观点。古代先哲们对"和"的认同和重视,是古代哲学中和合共生理念的体现。而"和"的最终目的是实现"协和万邦"[6]"天下为公""天下大同"的理想社会。和合共生是在总结以往冲突和战争对人类造成的惨痛经历的基础上提出的,也是全球化中产生的突出问题需要时代新人携起手来共同面对的迫切要求。在多元主体的交往、沟通、碰

---

[1] [德]海德格尔:《存在与时间》,陈嘉映等译,上海:三联书店,1987年,第146页。
[2] 《论语·学而》
[3] 《荀子·王制》
[4] 《孟子·公孙丑下》
[5] 《管子·白心》
[6] 《论衡·儒增》

撞中,时代新人生产生活方式、交往方式及其生存境况发生了很大变化,这些因素逐渐将多元差异的主体通过交往实践联结成共生结构。当今世界民族性、地域性不断被消解,公共空间日益增长,每个人有更多机会在同他人的相互交往和依存中生成自身的完整性。和合共生作为人、自然和社会运行的良性态势,是人类社会发展的价值旨归。世界是多样性差异性的统一存在,而多样性差异性的存在为交往、对话和沟通提供了可能——如若没有多样差异,也许就不存在交往、对话和沟通的必要。因此,必然要求包容差异,通过人与人之间的交往、对话、沟通,达成和合共生,培育时代新人。

习近平总书记"建设持久和平、普遍安全、共同繁荣、开放包容、清洁美丽的世界"[①]的倡议,是马克思主义新人学说在中国的生动实践写照。中国共产党不忘初心、牢记使命——为人民谋幸福、为民族谋复兴、为世界谋和平与发展。人类进入21世纪,世界各国相互依赖程度日益加深,中国共产党倡导构建人类命运共同体、建立新型国际关系,将和合共生理念传递给世界各国,得到世界大部分国家的支持和认同,彰显了中国政府和中国人民胸怀世界的博大情怀。

二、反思

培育时代新人研究,究竟是一种纯学术性的工作,还是对社会全面进步和中国特色社会主义现代化建设能起到实际的作用和贡献?难道培育时代新人真与国家的先进与落后有共存亡的关系吗?一个国家没有时代新人,就真的不能实现社会的全面进步和国家名副其实的现代化吗?

在回答这些可能会有读者提出的疑问时,笔者首先予以肯定的答复。培育时代新人的研究成果,已经产生了较充分的证据证明了人越趋近时代新人,其心理态度、价值观和行为越会引发社会全面进步和国家朝向社会主义现代化发展。这些行为的改变,能赋予国家社会主义现代化的经济、政

---

① 习近平:《决胜全面建成小康社会夺取新时代中国特色社会主义伟大胜利——在中国共产党第十九次全国代表大会上的报告》,北京:人民出版社,2017年,第58-59页。

治、文化和法律制度以真正的人文意义和生命,并持久地支撑住国家朝社会主义现代化方向转变。没有时代新人,这些制度大概率会成为缺少灵魂支撑的躯壳,或被扭曲变形,或弊病百出,达不到创建这些制度的预期目的。一个国家移植一个完整的现代化工厂,或者一所大学,或许并不困难,但你能想象出如何移植与这些现代化机构相关联的行为态度、价值观、人与人的关系吗?不可否认,行为能够被逼真地模仿,态度也能伪装得惟妙惟肖,但大多数行为态度植根于个人品性的心理状态和心理倾向,须发自内心,譬如行为态度上的开放和富于灵活性,独立自主精神,须在经年累月的学习和培养沉淀后才能生成,它们的本质不能够被模仿。

在态度和价值观上,时代新人是否会以更全面的方式行动,是非常重要的。包括政治态度和活动在内,时代新人在许多行动领域的作为,对整个社会的现代化过程有着实际的重要影响。时代新人健全的态度和价值观,支持现代化的制度、行为、组织和思想的改变,使社会全面进步易于实现,但是笔者觉得更重要的是,要向那种认为在态度和价值观方面"单独的"改变,不可能成为国家发展过程中的一个真正重要因素的假说提出商榷。诚然,有很多客观因素影响一个国家现代化,但是,时代新人的心理、思想、态度、价值观和行为的改变,是现代机构和制度产生实质性结果和作用的先决条件之一。

那些先进的制度要获得成功和发挥效益,依赖于运用它们的时代新人的完整性品质。现代化机构需要时代新人能够有更高的效率,对共同工作的人表现出相互信任,能将小团体或地方性团体的利益置于较大组织的利益之下,愿意听取和采纳下属工作人员的意见,能自觉地执行工作任务,对下级和同事表示同情和关怀,这些品质同有效地管理一个复杂的现代化机构所需要的其他个人品质,在任何社会中,总是具备得越全面越好。

正像社会制度和环境对时代新人的影响必须加以研究一样,时代新人对社会制度的影响也应当成为研究的对象。我们曾指出培育时代新人是生活中能促成现代化社会环境的结果,但也反复强调,培育时代新人应当走在整个社会现代化的前面,全体人民成为时代新人是实现国家社会主义现代化的先决条件。

  质言之,培育时代新人是一个系统工程,必须始终保持一种自觉的研究态度。对社会发展和培育时代新人存在的问题和未来的发展方向保持批判性检视,对有益现象大力宣传推广,同时对不利因素进行研究、批判和反思,都是研究中极具现实意义的部分,是创新的基础和必要。因为只有认识到自身存在的不足,才可能主动地寻求一种突破现实挑战的路径,但培育时代新人有一定难度,且由于时间和研究水平所限,实证研究仍需加强,体制机制建设尚待完善,培育思路仍需要在理论和实践中进一步深化。

参考文献

一、著作

1. 《马克思恩格斯选集》第1-4卷,北京:人民出版社1995年。
2. 《马克思恩格斯选集》第1卷,北京:人民出版社2012年。
3. 《马克思恩格斯选集》第3卷,北京:人民出版社2009年。
4. 《马克思恩格斯文集》第1、5卷,7-10卷,北京:人民出版社2009年。
5. 《马克思恩格斯全集》第1、3卷,北京:人民出版社1995年。
6. 《马克思恩格斯全集》第30卷,北京:人民出版社1995年。
7. 《马克思恩格斯全集》第31-32卷,北京:人民出版社1998年。
8. 《马克思恩格斯全集》第42卷,北京:人民出版社1979年。
9. 《马克思恩格斯全集》第44卷,北京:人民出版社2001年。
10. 《马克思恩格斯全集》第46卷上册,北京:人民出版社1979年。
11. 《马克思恩格斯全集》第46卷下册,北京:人民出版社1980年。
12. 《马克思恩格斯全集》第47卷,北京:人民出版社1979年。
13. 《列宁选集》第3、4卷,北京:人民出版社1995年。
14. 《列宁选集》第3卷,北京:人民出版社2012年。
15. 《列宁全集》第58卷,北京:人民出版社1990年。
16. 列宁:《论教育》,北京:人民教育出版社1990年。
17. 《毛泽东选集》第3卷,北京:人民出版社1991年。
18. 《邓小平文选》第2卷,北京:人民出版社1994年。
19. 《邓小平文选》第3卷,北京:人民出版社1993年。
20. [德]马克思:《1844年经济学哲学手稿》,北京:人民出版社2000年。

21.《毛泽东邓小平江泽民论思想政治工作》,北京:学习出版社 2000 年。

22.《毛泽东邓小平江泽民论世界观人生观价值观》,北京:人民出版社 1997 年。

23.《毛泽东邓小平江泽民论教育》,北京:中央文献出版社 2002 年。

24. 胡锦涛:《坚定不移沿着中国特色社会主义道路前进为全面建成小康社会而奋斗》,北京:人民出版社 2012 年。

25.《习近平谈治国理政》第 1-4 卷,北京:外文出版社,2014 年,2017 年,2020 年,2022 年。

26. 习近平:《决胜全面建成小康 社会夺取新时代中国特色社会主义伟大胜利——在中国共产党第十九次全国代表大会上的报告》,北京:人民出版社 2017 年。

27. 习近平:《高举中国特色社会主义伟大旗帜 为全面建设社会主义现代化国家而团结奋斗:在中国共产党第二十次全国代表大会上的报告》,北京:人民出版社 2022 年。

28.《中共中央国务院关于全面加强新时代大中小学劳动教育的意见》,北京:人民出版社 2020 年。

29. 郑永廷等:《人的现代化理论与实践》,北京:人民出版社 2006 年。

30. 袁贵仁:《马克思的人学思想》,北京:北京师范大学出版社 1996 年。

31. 韩庆祥:《马克思开辟的道路——人的全面发展研究》,北京:人民出版社 2005 年。

32. 韩庆祥,张洪春:《以人为本——从物到人》,南京:江苏人民出版社 2006 年。

33. 陈新夏:《唯物史观与人的发展理论》,南京:江苏人民出版社 2012 年。

34. 张文喜:《马克思论"大写的人"》,北京:社会科学文献出版社 2004 年。

35. 陈秉公:《主体人类学原理:"主体人类学"概念提出及知识体系建构》,北京:中国社会科学出版社2012年。

36. 金生鈜:《理解与教育》,北京:教育科学出版社1997年。

37. 金生鈜:《规训与教化》,北京:教育科学出版社2004年。

38. 万光侠:《市场经济与人的存在方式》,北京:中国人民公安大学出版社2002年。

39. 段建斌:《思想政治教育的本体维度:基于人的存在与发展》,北京:社会科学文献出版社2013年。

40. 宋希仁:《马克思恩格斯道德哲学研究》,北京:中国社会科学出版社2012年。

41. 王克婴:《中国文化传统、社会变迁与人的全面发展》,天津:天津人民出版社2007年。

42. 杨国荣:《中国现代化进程的人文向度》,上海:华东师范大学出版社2006年。

43. 张天宝:《走向交往实践的主体性教育》,北京:教育科学出版社2005年。

44. 李志:《马克思的个人概念》,北京:人民出版社2014年。

45. 宋萌荣:《人的全面发展:理论分析与现实趋势》,北京:中国社会科学出版社2006年。

46. 杜跟旺:《马克思恩格斯论人的全面发展理论》,北京:北京教育出版社1990年。

47. 高清海,胡海波,贺来:《人的类生命与类哲学》,长春:吉林人民出版社1998年。

48. 陈桂生:《人的全面发展理论与现时代》,上海:华东师范大学出版社2012年。

49. 陈志尚:《人的自由全面发展论》,北京:中国人民大学出版社2004年。

50. 陈延斌,等:《陶铸国魂:社会主义核心价值体系融入国民教育和精神文明建设全过程对策研究》,广州:广东高等教育出版社2015年。

51. 胡绳:《中国共产党的七十年》,北京:中共党史出版社1991年。

52. 王友洛:《人的全面发展与社会主义:多重视域的研究》,北京:社会科学文献出版社2016年。

53. 万资姿:《人的全面发展——从理论到指标体系》,北京:中央编译出版社2011。

54. 陈卫平,晋荣东:《人的全面发展是建设新社会的本质要求》,上海:上海社会科学院出版社2002年。

55. 庞世伟:《论"完整的人"——马克思主义人学生成论研究》,北京:中央编译局出版社2009年。

56. 宋增伟:《制度公正与人的全面发展》,北京:人民出版社2008年。

57. 刘建新:《马克思现代性批判视阈中的人的全面发展》,北京:人民出版社2009年。

58. 任平:《交往实践的哲学》,昆明:云南人民出版社2003年。

59. 张治库:《人的存在与发展》,北京:中央编译出版社2005年。

60. 康渝生:《马克思主义哲学的人学致思理路》,北京:社会科学文献出版社2004年。

61. 张述元:《人的全面发展在中国》,北京:时事出版社2009年。

62. 黄明东:《"完全人"教育观研究——论"完全中国人"及其培养》,北京:高等教育出版社2003年。

63. 范宝舟:《论马克思交往理论及其当代意义》,北京:社会科学文献出版社2005年。

64. 姚纪纲:《交往的世界——当代交往理论探索》,北京:人民出版社2002年。

65. 车玉玲:《总体性与人的存在》,哈尔滨:黑龙江人民出版社2002年。

66. 陈小鸿:《论人的自由全面发展》,北京:人民出版社2004年。

67. 胡大平,姜迎春,郭榛树:《全面建设小康社会与人的全面发展》,南京:江苏人民出版社 2005 年。

68. 曾水兵:《走向"整体人"的教育:人学视野下现代教育路向之探索》,北京:中国社会科学出版社 2012 年。

69. 联合国教科文组织国际教育发展委员会:《学会生存:教育世界的今天和明天》,华东师大比较教育研究所译,北京:教育科学出版社 1996 年。

70. 联合国教科文组织:《教育——财富蕴藏其中》,华东师范大学比较教育研究所译,北京:教育科学出版社 1996 年。

71. 《海德格尔选集》下卷,孙周兴等译,北京:商务印书馆 2011 年。

72. [美]威廉·巴雷特:《非理性的人》,段德智译,上海:上海译文出版社 2007 年。

73. [美]福山:《历史的终结及最后之人》,黄胜强等译,上海:上海人民出版社 2013 年。

74. [印]阿马蒂亚·森:《以自由看待发展》,北京:中国人民大学出版社 2002 年。

75. [美]古尔德:《马克思的社会本体论:马克思社会实在理论中的个性和共同体》,王虎学译,北京:北京师范大学出版社 2009 年。

76. [美]伊夫·R·西蒙:《劳动、社会与文化》,周国丈译,北京:中国经济出版社 2008 年。

77. [德]米切尔·兰德曼:《哲学人类学》,贵阳:贵州人民出版社 1998 年。

78. [美]艾伦·杜宁:《多少算够——消费社会与地球的未来》,毕聿译,长春:吉林人民出版社 1997 年。

79. [法]让·波德里亚:《消费社会》,刘成富,金志刚译,南京:南京大学出版社 2000 年。

80. [苏]卡伊达洛夫:《共产主义建设和人在劳动中的全面发展问题》,上海:上海人民出版社 1958 年。

81. [苏]格里戈里扬:《关于人的本质的哲学》,汤侠声译,北京:生活·读书·新知三联书店 1984 年。

82. [法]埃米尔·涂尔干:《教育思想的演进》,上海:上海译文出版社2003年。

83. [法]埃米尔·涂尔干:《社会分工论》,北京:生活·读书·新知三联书店2000年。

84. [英]斯宾塞著:《国家权力与个人自由》,廖仁义译,北京:华夏出版社2000年。

85. [德]博尔诺夫:《教育人类学》,李其龙等译,上海:华东师范大学出版社1993年。

86. [德]格里芬:《后现代精神》,北京:中国编译出版社1998年。

87. [德]黑格尔:《法哲学原理》,北京:商务印书馆2011年。

88. [德]斯密:《道德情操论》,北京:商务印书馆1997年。

89. [匈]卢卡奇:《历史与阶级意识》,北京:商务印书馆2009年。

90. [匈]卢卡奇:《关于社会存在的本体论》上、下卷,重庆:重庆出版社1993年。

91. [德]韦伯:《新教伦理与资本主义精神》,北京:生活·读书·新知三联书店1997年。

92. [美]杜威:《我的教育信条:杜威论教育》,上海:上海人民出版社2013年。

93. [苏]弗兰克:《社会的精神基础》,北京:生活·读书·新知三联书店2003年。

94. [苏]苏霍姆林斯基:《关于全面发展教育的问题》,王家驹译,长沙:湖南教育出版社1984年。

95. [德]恩斯特·卡西尔:《人论》,甘阳译,上海:上海译文出版社2004年。

96. [美]塞缪尔·亨廷顿,劳伦斯·哈里森:《文化的重要作用:价值观如何影响人类进步》,程克雄译,北京:新华出版社2010年。

97. [美]塞缪尔·亨廷顿:《文明的冲突与世界秩序的重建》,北京:新华出版社1999年。

98. ［法］萨特:《存在与虚无》,陈宣良译,上海:三联书店 1987 年。

99. ［法］萨特:《存在主义是一种人道主义》,周煦良等译,上海:上海译文出版社 1988 年。

100. ［德］马丁·海德格尔:《存在与时间》,陈嘉映,王庆节合译,北京:三联书店 2006 年。

101. ［美］丹尼尔·扬克洛维奇:《新价值观——人能自我实现吗?》,北京:东方出版社 1989 年。

102. ［美］埃·弗罗姆:《占有或存在——一个新型社会的心灵基础》,杨慧译,北京:国际文化出版公司 1989 年。

103. ［美］艾里希·弗洛姆:《健全的社会》,孙恺祥译,上海:上海译文出版社 2011 年。

104. ［美］弗罗姆:《马克思关于人的概念——西方学者论〈1844 年经济学哲学手稿〉》,上海:复旦大学出版社 1983 年。

105. ［苏］贡恰连科:《精神文化:进步的源泉与动力》,北京:求实出版社 1988 年。

106. ［日］福泽谕吉:《文明论概略》,北京编译社译,北京:商务印书馆 1959 年。

107. ［德］费希特:《论学者的使命人的使命》,北京:商务印书馆 2005 年。

108. ［英］英克尔斯,史密斯:《从传统人到现代人——六个发展中国家中的个人变化》,北京:中国人民大学出版社 1992 年。

109. ［日］加藤周一:《日本文化中的时间与空间》,彭曦译,南京:南京大学出版社 2010 年。

110. ［英］特里·伊格尔顿:《马克思为什么是对的》,李杨、任文科、郑义译,北京:新星出版社 2011 年。

111. ［英］保罗·霍普:《个人主义时代之共同体重建》,沈毅译,杭州:浙江大学出版社 2010 年。

112. ［美］理查德·桑内特:《公共人的衰落》,李继宏译,上海:上海译文出版社 2014 年。

113. [德]阿克塞尔·霍耐特:《自由的权利》,王旭译,北京:社会科学文献出版社 2013 年。

114. [美]米勒:《文明的共存:对塞缪尔·亨廷顿"文明冲突论"的批判》,北京:新华出版社 2002 年。

115. [英]安东尼·吉登斯:《现代性与自我认同》,北京:三联书店 1998 年。

116. [英]齐格蒙特·鲍曼:《生活在碎片之中——论后现代道德》,郁建兴等译,上海:学林出版社 2002 年。

117. [英]齐格蒙特·鲍曼:《个体化社会》,范祥涛译,上海:上海三联书店 2002 年。

118. [美]赫伯特·马尔库塞:《单面人——发达工业社会意识形态研究》,左晓思,张宜生,肖斌译,长沙:湖南人民出版社 1988 年。

119. [美]赫伯特·马尔库塞:《现代文明与人的困境》,上海:上海三联书店 1989 年。

120. [德]鲁道夫·奥伊肯:《生活的意义和价值》,万以译,上海:上海译文出版社 1997 年。

121. [美]亚伯拉罕·马斯洛:《人的潜能和价值》,林方主编,北京:华夏出版社 1987 年。

122. Erich Fromm, Man for himself, New Nork: Rinehart, 1947.

123. Robert D. Heslep, Moral Education for Americans, Greenwood Publishing Group Inc. Westport, Connetcut, 1995.

124. Selim Jahan. Measuring Human Development: Evolution of the Human Development Index, UNDP working paper, 2002.

125. Philip Alston & Mary Robinson. Human Rights and Development: Towards Mutual Reinforcement Oxford University Press, 2005.

126. J G Palfrey, U Gasser. Born Digital: Understanding the First Generation of Digital Natives, Basic Books, 2013.

二、期刊论文

1. 习近平:《坚定不移走中国人权发展到路 更好推动我国人权事业发展》,《求是》2022 年第 12 期。

2. 袁贵仁:《人的全面发展学说的新境界》,《教学与研究》2001 年第 10 期。

3. 黄楠森,韩庆祥:《关于建构人学的几点设想》,《社会科学战线》1989 年第 3 期。

4. 梅荣政:《为培养"时代新人"作出新贡献》,《思想理论教育导刊》2019 年第 1 期。

5. 冯秀军:《时代新人培养与新时代的大学使命》,《东北师大学报(哲学社会科学版)》2019 年第 2 期。

6. 王炳林:《培养担当民族复兴大任的时代新人》,《求是》2018 年第 4 期。

7. 冯刚,王方:《国际视野下时代新人培育的理论蕴含与实践路径》,《国家教育行政学院学报》2020 年第 3 期。

8. 冯刚,徐先艳:《时代新人的生成逻辑、基本特征和培育路径》,《教学与研究》2022 年第 4 期。

9. 刘建军:《论"时代新人"的科学内涵》,《思想理论教育》2019 年第 2 期。

10. 骆郁廷,任光辉:《时代新人与家国情怀》,《马克思主义与现实》2020 年第 2 期。

11. 唐艳群:《中国共产党培育时代新人的理念与实践:历史演进与启示》,《重庆社会科学》2020 年第 9 期。

12. 戴木才:《培养担当民族复兴大任的时代新人——党的十九大报告关于社会主义核心价值观的重要论述》,《道德与文明》2017 年第 6 期。

13. 孙颖:《试论时代新人的认知基础》,《毛泽东邓小平理论研究》2019 年第 7 期。

14. 王仕民,黄科:《从"君子人格"到"时代新人"——中华优秀传统文化的传承与创新》,《理论探索》2022年第4期。

15. 龚鉴瑛:《时代新人及其培育:主体、主要内涵及培育着力点——基于道德荣誉感的视角》,《探索》2018年第6期。

16. 张鲲:《新时代"时代新人"之主体性建构》,《思想教育研究》2018年第10期。

17. 王宝鑫,段妍:《论培养"时代新人"的精神实质》,《思想理论教育导刊》2018年第11期。

18. 侯文莉:《从君子人格到时代新人的转化与超越》,《广西社会科学》2020年第3期。

19. 王婷:《关于时代新人特质的思考》,《北京师范大学学报(社会科学版)》2021年第6期。

20. 刘伟:《坚持以社会主义核心价值观涵育时代新人》,《教学与研究》2022年第5期。

21. 张驰,宋来:《论时代新人的道德素养及其培育》,《思想政治教育研究》2021年第3期。

22. 张瑞涛:《论培育时代新人理论思维的内在逻辑及其基本意涵》,《思想政治教育研究》2021年第5期。

23. 胡玉宁:《时代新人的文化理解与传承》,《湖南大学学报(社会科学版)》2022年第2期。

24. 刘谦,王正阳:《时代新人文化自觉性的独特蕴含及培育路径》,《思想理论教育导刊》2022年第6期。

25. 李瑞德,潘玉腾:《习近平关于培养时代新人重要论述:生成逻辑、主要贡献和践行路径》,《思想教育研究》2022年第5期。

26. 夏宝慧:《中国共产党人精神谱系引领培育时代新人的三重维度》,《思想政治教育研究》2022年第4期。

27. 王海霞:《红旗渠精神融入时代新人培育的逻辑理路》,《教育理论与实践》2022年第24期。

28. 龙献忠,陈方芳,刘绍云:《论弘扬中华优秀传统伦理道德文化与培养时代新人》,《郑州大学学报(哲学社会科学版)》2019 年第 2 期。

29. 张彦:《论培育时代新人的思想政治教育使命》,《思想理论教育导刊》2019 年第 4 期。

30. 倪素香,吴题:《论劳动教育的着力点与时代新人的培养》,《马克思主义理论学科研究》2021 年第 12 期。

31. 陈文旭:《"时代新人"的培养与使命》,《石河子大学学报》2018 年第 6 期。

32. 商志晓:《高校要切实担负起培养时代新人的历史重任》,《党建思想理论》2019 年第 3 期。

33. 颜晓峰:《人类文明新形态视域下人的全面发展》,《中国社会科学院大学学报》2022 年第 9 期。

34. 付玉璋:《论时代新人的格局观》,《思想理论教育》2022 年第 12 期。

35. 姚崇,刘叶丹:《推进伟大建党精神培育时代新人常态化制度化》,《中国高等教育》2023 年第 Z2 期。

36. 周湘莲,孙鲁霞,张微东:《马克思人学理论视域下时代新人培育的根本出场和价值场域探析》,《湖南大学学报(社会科学版)》2023 年第 5 期。

37. 林伯海,吴成玉:《新时代好青年"四大品质"要求的时代价值》,《思想理论教育导刊》2023 年第 2 期。

38. 栾淳钰,白洁:《"培养什么人、怎样培养人、为谁培养人"的原创性贡献》,《天津大学学报(社会科学版)》2022 年第 3 期。

39. 栾淳钰:《马克思主义经典作家新人学说及其当代价值——基于青年群体的考察》,《思想教育研究》2022 年第 7 期。

40. 栾淳钰:《"时代新人"全球胜任力及其塑造》,《中国教育学刊》2023 年第 6 期。

41. 栾淳钰:《"时代新人":马克思主义新人观的新发展》,《思想理论教育导刊》2022 年第 5 期。

42. 栾淳钰:《以家风涵养时代新人的逻辑理路》,《思想教育研究》2019

年第 10 期。

43. 栾淳钰:《"时代新人"的精神状态及其塑造》,《理论导刊》2022 年第 7 期。

44. 栾淳钰:《"新人"的概念演变、时代意涵及其启示》,《思想教育研究》2019 年第 10 期。

45. 栾淳钰,陈科旭:《以文化人:"时代新人"担当精神培育现状及对策》,《思想政治课研究》2022 年第 3 期。

46. 栾淳钰:《以培养时代新人统筹推进劳动教育一体化建设》,《中国劳动关系学院学报》2021 年第 4 期。

47. 栾淳钰,白洁:《建党百年思想政治教育培养时代新人的逻辑进路》,《教育评论》2021 年第 7 期。

48. 许庆红,徐鹏:《高校要在担当"育新人"时代使命中展现新作为》,《红旗文稿》2018 年第 20 期。

49. 谢新峰,张鑫凝:《刍议新时代思想政治教育对时代新人的培育》,《思想政治教育研究》2019 年第 5 期。

50. 冯淑萍:《时代新人的基本特质及其培养的着力点》,《思想教育研究》2019 年第 3 期。

51. 史宏波,张澜:《以历史主动精神推进时代新人培育工程》,《学校党建与思想教育》2022 年第 21 期。

52. 李龙:《塑造新人形象,培育时代新人》,《红旗文摘》2018 年第 14 期。

53. 陈泽环:《培育时代新人离不开正确文化观的滋养》,《思想理论教育》2019 年第 1 期。

54. 王燕文:《更好担当培养时代新人的重要职责》,《党建》2018 年第 10 期。

55. 钟明华:《人的全面发展:共同富裕的价值旨归》,《国家治理》2021 年第 45 期。

56. 王东虓,李少兰:《培养担当民族复兴大任的时代新人》,《人民论坛》2019 年第 4 期。

57. 邹广文：《努力促进人民精神生活的共同富裕》，《中国党政干部论坛》2021 年第 20 期。

58. 李成超：《时代新人塑造能力提升的几个关键问题》，《思想政治工作研究》2019 年第 4 期。

59. 张国启，汪丹丹：《担当民族复兴大任的时代新人的逻辑内涵与培养理路》，《思想理论教育》2018 年第 12 期。

60. 郑永安，孔令华：《塑造新人：新时代教育的重大使命》，《中国高等教育》2018 年第 22 期。

61. 陈永福：《中国共产党关于人的全面发展规律的百年探索》，《福州大学学报（哲学社会科学版）》2021 年第 4 期。

62. 韩秋红：《深刻把脉时代新人的历史进程与精神传承》，《东北师大学报》2019 年第 3 期。

63. 沈湘平，刘志洪：《正确理解和引导人民的美好生活需要》，《马克思主义研究》2018 年第 8 期。

64. 张三元，彭歆格：《论美好生活的精神向度》，《思想理论教育》2020 年第 1 期。

65. 段立国：《中国现代化进程中"时代新人"的演进逻辑》，《马克思主义理论教学与研究》2022 年第 3 期。

66. 朱娅琴，孙迎光：《中国共产党时代新人观的历史演进与现实发展》，《学术探索》2022 年第 11 期。

67. 杨文，薛念文：《中国共产党培育"时代新人"的百年历程、继承发展与当代启示》，《决策与信息》2021 年第 6 期。

68. 李佳金：《中国共产党培养时代新人的历史经验及启示》，《中国青年社会科学》2021 年第 4 期。

69. 赵前杰：《中国共产党百年历程中新人培育的理论探赜》，《当代教育与文化》2021 年第 4 期。

70. 夏咏梅，王蕾：《运用党的百年精神谱系培育时代新人研究》，《教育与教学研究》2023年第四期。

71. 张云德,丁丽:《以五四精神涵养时代新人的价值与机制探索》,《理论导刊》2019年第9期。

72. 韩震,王临霞:《以社会主义核心价值观培育时代新人的历史演进与现实路径》,《东北师大学报(哲学社会科学版)》2019年3期。

73. 王凯宗,张小飞:《以党的百年奋斗历史涵育时代新人》,《学校党建与思想教育》2022年第17期。

74. 马丽娟:《新中国成立以来中国共产党新人培育理念的守正与创新》,《重庆文理学院学报(社会科学版)》2022年第3期。

75. 葛士新:《新时代中国共产党培育"新人"的三维探析》,《西北民族大学学报(哲学社会科学版)》2022年第4期。

76. 庞申伟:《习近平关于培养时代新人重要论述的逻辑构架》,《广西社会科学》2020年第5期。

77. 李霞:《新时代美好生活方式的人的全面发展尺度》,《山东社会科学》2021年第10期。

78. 代玉启,杨瑞:《探索"三个规律"培育时代新人》,《中国高等教育》2022年第Z1期。

79. 田海舰:《"时代新人"的基本内涵与培育路径》,《社会科学家》2021年第1期。

80. 邓志强:《"时代新人"的科学内涵、主要特征与培育路径——基于共青团工作视角》,《中国青年社会科学》2021年第1期。

81. 周显信,钟倩华:《百年大党培育新人的历史经验与现实进路》,《贵州社会科学》2021年第5期。

82. 郑士鹏:《高校思想政治理论课对培养时代新人的价值意蕴》,《思想理论教育导刊》2018年第12期。

83. 檀传宝:《劳动教育的概念理解——如何认识劳动教育概念的基本内涵与基本特征》,《中国教育学刊》2019年第2期。

84. 秦兴方,张颖,孙凤娟,陈昊:《人的全面发展及其中国样式》,《教学与研究》2019年第4期。

85. 陈新夏：《马克思主义人的发展理论形成和发展的文本溯源》，《马克思主义理论学科研究》2020年第5期。

86. 刘向军：《不断促进人的全面发展、全体人民共同富裕》，《思想理论教育导刊》2018年第7期。

87. 李建国，范宁宇：《人的全面发展：马克思主义原典精神与新时代的实践指向》，《思想理论教育导刊》2019年第4期。

88. 丁昀：《试析美好精神生活的意蕴、境况与实现》，《社会主义核心价值观研究》2022年第6期。

89. 丁昀，王跃：《马克思"完整的人"思想的内在规定性》，《思想教育研究》2017年第9期。

90. 丁昀：《当今中国人的完整性生成样态透视》，《思想政治教育研究》2016年第4期。

91. 丁昀：《以积极的交往实践拓展人的完整性生成时空——基于思想政治教育的视角》，《湖北民族学院学报（哲学社会科学版）》2016年第5期。

92. 佘超：《论在弘扬友善品德中培养时代新人的依据、价值与进路》，《道德与文明》2021年第5期。

93. 胡华，刘社欣：《培养时代新人的三重维度：思想内涵、内在规定和实践路径》，《广西社会科学》2021年第10期。

94. 王树荫：《人的彻底解放与全面发展——中国共产党百年思想政治教育的价值导向》，《马克思主义研究》2020年第10期。

95. 程从柱：《劳动教育何以促进人的自由全面发展——基于马克思主义劳动观和人的发展观的考察》，《南京师大学报（社会科学版）》2020年第3期。

96. 乔荣生，梁瑞敏，陈曦：《马克思人的全面而自由发展思想的原初意蕴及当代启示》，《东北师大学报（哲学社会科学版）》2019年第4期。

97. 鲁明川，曹克亮：《人的全面发展视域下思想政治教育现代化论析》，《思想教育研究》2022年第1期。

98. 左亚文,高晓英,周绍东:《"完整的人"与中国特色社会主义政治经济学》,《经济纵横》2021年第2期。

99. 朱永新,杨再勇等:《新教育的人学使命:培养"完整的人"》,《国家教育行政学院学报》2014年第12期。

100. 涂源安:《指向理解教育中"完整的人"的认识模型建构及应用》,《中国教育学刊》2022年第12期。

101. 曲建武,郝夏,姜琳:《高校培养担当民族复兴大任时代新人的三重维度》,《现代教育管理》2023年第5期。

102. 杨敏:《习近平人的全面发展思想探析》,《科学社会主义》2018年第2期。

103. 陈琳:《人的全面发展:提升社会质量的根本途径》,《人民论坛·学术前沿》2020年第4期。

104. 张世豪,罗建文:《论劳动教育与新时代人的全面发展》,《思想理论教育导刊》2019年第11期。

105. 刘旭雯:《人工智能视域下的分工与人的全面发展——对马克思分工理论的思考》,《社会主义研究》2019年第4期。

106. 张俊,余小平,江先文:《良性互动:创新与人的全面发展》,《邓小平研究》2021年第3期。

107. 陈红,孙雯:《生态人:人的全面发展的当代阐释》,《哈尔滨工业大学学报(社会科学版)》2019年第6期。

108. 李劲湘:《系统观念视域下时代新人培育的三重向度》,《河南大学学报(社会科学版)》2024年第1期。

109. 谭献民:《论马克思主义新人学说中国化的两次飞跃》,《科学社会主义》1997年第1期。

110. 郭道明:《马克思主义全面发展学说在中国的运用与发展——学习毛泽东同志有关培养新人的论述》,《广西师范大学学报(哲学社会科学版)》1985年第S1期。

111. 袁雷:《试论列宁社会主义新人学说》,《陕西行政学院学报》2014

年第 1 期。

112. 邓灿辉:《中国特色新人学说解析》,《求索》2011 年第 12 期。

113. 余慧娟,钱丽欣:《为培养时代新人构建高质量育人体系》,《人民教育》2011 年第 12 期。

114. Judy Cameron and W. David Pierce, "Reinforcement, reward and intrinsic motivation: A Meta-analysis", Review of Educational Research, Fall, 1994.

115. Nicholas Emler, How Can We Decide Whether Moral Education Works? Journal of Moral Education, No.1, 1996.

三、学位论文

1. 张立鹏:《马克思人的全面发展理论及其在当代中国实现条件研究》,苏州大学 2014 年博士学位论文。

2. 顾相伟:《马克思人的全面发展思想的当代价值研究》,上海师范大学 2010 年博士学位论文。

3. 杨再勇:《心灵的教育:培养"完整的人"的内在向度》,苏州大学 2014 年博士学位论文。

4. 段建斌:《人的存在与发展:思想政治教育的本体维度研究》,江西师范大学 2011 年博士学位论文。

5. 汤建:《中国共产党关于人的全面发展思想之历史考察》,扬州大学 2013 年博士学位论文。

四、报纸、网络资料

1. 江泽民:《全面建设小康社会,开创中国特色社会主义事业新局面》,《人民日报》2002 年 11 月 18 日。

2. 胡锦涛:《在 2010 年全国劳动模范和先进工作者表彰大会上的讲话》,《人民日报》2010 年 4 月 27 日。

3. 《习近平在全国教育大会上强调:坚持中国特色社会主义教育发展道路 培养德智体美劳全面发展的社会主义建设者和接班人》,《人民日报》

2018年9月11日。

4. 习近平:《在庆祝中国共产党成立100周年大会上的讲话》,《人民日报》2021年7月2日。

5. 习近平:《用新时代中国特色社会主义思想铸魂育人 贯彻党的教育方针落实立德树人根本任务》,《人民日报》2019年3月19日。

6.《习近平给复旦大学青年师生党员回信勉励广大党员——在学思践悟中坚定理想信念 在奋发有为中践行初心使命》,《人民日报》2020年7月1日。

后记

本书是在博士论文基础上完善的，实际完成书稿的时间延续三年多，但很多观点和立场要比文字形成的时间更久。感谢恩师王跃教授，书稿始终渗透着恩师的指导和心血，感谢母校南京师范大学马克思主义学院老师孙迎光教授、刘云林教授、王刚教授和王永贵教授等，感谢领导和同仁曹典顺教授、薛深教授、陈延斌教授、靳书君教授、石海兵教授、张文德教授、贾彦峰教授、张存建教授、管秀雪教授、李文亚副教授、王翠副教授、方兵副教授、任祥伟博士、吴琼博士、田启战博士等对论文框架和观点的指导和批评，在此表示衷心感谢！

感谢马克思主义理论学科领域著名专家、学者韩庆祥教授、陈新夏教授、陈秉公教授、冯刚教授、刘建军教授、黄建军教授、沈壮海教授、孙其昂教授、黄明理教授、栾淳钰教授、代红凯副教授、蔡如军副教授、唐芳云副教授等的指点和帮助——或聆听他们的学术讲座，或参加学术会议，或拜读其学术著作、论文，我大胆吸纳他们的智慧，使我的书稿增色不少，在此表达深切感谢！

感谢《思想教育研究》《社会主义核心价值观研究》《学校党建与思想教育》《思想政治教育研究》《湖北民族大学学报(哲学社会科学版)》《江苏师范大学学报(哲学社会科学版)》等杂志，每一次文章投稿(或被拒，或录用)，匿名评审专家总是提出弥足珍贵的建议或修改意见，使我的研究更臻完善和深入。

感谢南京大学出版社黄隽翀老师精心细致的工作！

感谢我的爱人许中亚，大力支持我工作、研究，在我工作和撰写书稿期间，任劳任怨地几乎包揽了全部的家务和教育长子、看护小女的重任。感谢父母、公婆，没有他们的理解和大力支持，就不会成就今天的我。感谢长子许皓南的支持、爱女许沐熙的陪伴,带给我无尽的快乐和希望!

  在写作过程中,深感论题研究意义之大,论域之广实难驾驭,寻求论题解决的过程艰辛而漫长,困顿至极甚至想放弃。在思维混沌中,在对问题剖析和解决的焦虑中,我时常为了斟酌某一个问题达到忘我的状态,习惯在床头放一个小本子,有时夜半醒来,一闪念的想法赶紧记下来。上街买菜、吃饭甚至睡觉脑子一直在思考。曾有无数个不眠之夜,在痛苦和煎熬中彷徨度过,就爬起来赶写书稿,夜深寂静,脑袋也异常清醒兴奋,内心享受着写作的愉悦。多少次在寂寞和孤独中无声宣泄;又有多少次毫无思绪地呆望着电脑,憋不出一个字……没有闲适的周末,没有完全闲暇的寒暑假,没有陪朋友逛街,几无外出旅行……在写作和研究中痛并快乐着。

  对教育深刻而完整地认识,只能基于对人的全面理解。教育对人的理解,对人的本质把握体现了教育的全部智慧:教育就是一个真正人的生成,就是人的精神能力的生长,成为人性意义上的一个完整的人。换言之,如何培育和塑造出符合一定社会规范、道德标准和政治要求的人,是教育,尤其是思想政治教育的根本任务和核心目标,既有深刻的理论价值又有强烈的现实意义。书稿虽已付梓,仍有待完善之处,期待学界同仁多多指导,多提弥足珍贵的意见和建议,又便日后更臻透彻地研究这个论题。

丁昀
2023 年 7 月 10 日

图书在版编目(CIP)数据

培育时代新人理论与实践研究 / 丁昀著. -- 南京：南京大学出版社，2024.2
ISBN 978-7-305-24034-8

Ⅰ.①培… Ⅱ.①丁… Ⅲ.①思想政治教育－研究－中国 Ⅳ.①D64

中国国家版本馆 CIP 数据核字(2024)第 060244 号

出版发行	南京大学出版社
社　　址	南京市汉口路 22 号　邮　编　210093
书　　名	**培育时代新人理论与实践研究** PEIYU SHIDAI XINREN LILUN YU SHIJIAN YANJIU
著　　者	丁　昀
责任编辑	黄隽翀　　　　编辑热线　025－83592409
照　　排	南京布克文化发展有限公司
印　　刷	江苏凤凰通达印刷有限公司
开　　本	787 毫米×960 毫米　1/16　印张 16　字数 241 千
版　　次	2024 年 2 月第 1 版　2024 年 2 月第 1 次印刷
ISBN 978-7-305-24034-8	
定　　价	88.00 元

网　　址　http://www.njupco.com
官方微博　http://weibo.com/njupco
官方微信　njupress
销售咨询热线　025－83594756

＊ 版权所有，侵权必究
＊ 凡购买南大版图书，如有印装质量问题，请与所购图书销售部门联系调换